中公新書 2766

三佐川亮宏著

オットー大帝

——辺境の戦士から「神聖ローマ帝国」樹立者へ

中央公論新社刊

はじめに

このとき、オットーは焦っていた。だが、今は毅然《きぜん》と振る舞わねばならない――。

　国王は、この甚《はなは》だ重大な会戦が、酷《ひど》く不利な状況下で今や目前に迫っていることを看取したとき、仲間たちを励ますために演説をおこなった。「我々がかかる大いなる苦難のときにあって勇敢であらねばならぬこと、我が戦士たちよ、そのことは汝《なんじ》たち自身が見ている通りである。敵が彼方《かなた》ではなく眼前にいることを、汝たちは知っているのだから。これまで余は、汝たちの万全の軍隊と常に不敗の武器によって、見事に戦ってきたし、余の土地であれ王国の外であれ、いずこでも勝利を収めてきた。今、余の土地と余の王国の内にあって、背を向けるなどということがどうしてありえようか？」

（ヴィドゥキント『ザクセン人の事績』第三巻四六章）

九五五年八月一〇日、南ドイツ、アウクスブルクの南方、レヒ川の両岸に拡がるレヒフェルト。東フランク国王オットー一世（九一二〜九七三年）率いる八個軍団は、異教徒の騎馬民族ハンガリー人との歴史的決戦に臨んでいた。早朝に始まった緒戦ではハンガリー人側が、得意とする騎馬での軽快な奇襲作戦をもってして、最後尾の第八軍団に襲いかかった。第八軍団を構成するのは、荷物と軍需品の運搬を担っていた選《よ》り抜《ぬ》きの一〇〇〇名であった。雨あられの如《ごと》く降り注ぐ弓矢に攪乱《かくらん》された後、側面からの攻撃によって壊滅的被害を受けた。もっとも、若き戦士たちの奮闘により、略奪に耽《ふけ》っていた敵勢を一時蹴散らすことはできた。しかしながら、戦況は明らかに不利であった。オットーが軍隊を前にして鼓舞演説をしたのは、このときであった。

勇猛果敢に檄《げき》を飛ばし、聖槍《せいそう》を手にして戦士の先頭に立って敵陣目掛けて突撃していったオットーは、このときすでに四二歳。約二〇年前に国王に登位して以来、異教徒のスラヴ人、隣接する西フランク、イタリア両王国との対外戦争、あるいは幾多の内戦を見事に勝ち抜いてきた。宿敵ハンガリー人との戦いは、その総決算とも言うべきものであった。

激闘はオットーの歴史的大勝利に終わる。彼が、すでに同時代人によって〝大帝〟と呼ばれるようになった理由である——。

西欧中世史でもう一人〝大帝〟と呼ばれる英雄がいる。フランク国王・ローマ皇帝のカール大帝／シャルルマーニュ（国王在位七六八～八一四年、皇帝在位八〇〇～八一四年）である。カールが征服・支配した王国の版図は、今日の西欧の主要国であるフランス、ドイツ、イタリアを包み込むほどに広大であった。八〇〇年の降誕祭（クリスマス）にローマ教皇の手によっておこなわれたカールに対するローマ皇帝冠の授与は、理念的には四七六年に地図からその姿を消した西ローマ帝国の復興を、実質的には「大フランク帝国」の樹立を意味する出来事であった。それは「ローマ」「ゲルマン」「キリスト教」の三大要素が融合し、歴史的世界としての「ヨーロッパ」の形成を画する事件であった。その意味では、同時代人が早くもカールを「ヨーロッパの父」と評したのは、卓見と言えよう――。

オットーもまたレヒフェルトでの勝利の七年後の九六二年、かつての大フランク帝国の大半を支配下に置いて、ローマで念願の皇帝の冠を授けられた。このときに樹立され、実に一八〇六年まで存続した帝国は、一三世紀半ば以降「神聖ローマ帝国」と称されるようになる。カールの支配は、西方のフランスを含む一方、東方辺境においては異教徒のスラヴ人世界との境界を画するエルベ川を越えることはなかった。今や皇帝として「聖ローマ教会の守護者」となったオットーは九六八年、エルベ川畔のマクデブルクの地に大司教座を設置し、東方のスラヴ人に向けた伝道組織を確立する。

それと並行して、スラヴ人世界にも国家形成、それに連動したキリスト教化への動きが見られる。オーデル川の向こうにポーランドが誕生したのはこの頃である。レヒフェルトで大敗したハンガリー人も、牧畜に加え農耕を営む定住生活に入り、やがてローマ教皇をトップとする同じカトリック世界の仲間入りをするであろう。いち早くキリスト教を受け入れたベーメン（チェコ西部）の首都プラハに初の司教座が置かれたのは、オットーが亡くなる九七三年のことである。ポーランドのグニエズノとハンガリーのエステルゴムに大司教座が設置されるのは、それぞれ一〇〇〇年、一〇〇一年、それを実現したのは同名の孫のオットー三世（国王在位九八三～一〇〇二年、皇帝在位九九六～一〇〇二年）であった。

オットーが生まれたのは、東フランク王国の最北端の辺境の地ザクセンの一貴族の家門であった。その彼がどのようにしてわずか一代でローマ皇帝という権力の最高位にまで到達し、ビザンツやイスラームといった世界帝国の君主たちと対等に渡り合う、西欧カトリック世界の覇者となることができたのか。

本書が課題とするのは、浮き沈みに富んだその六〇年の生涯の軌跡を追いつつ、今日のヨーロッパの原型が形作られた「長い一〇世紀(1)」という一つの時代の中に位置付けることである。

ところで、この一〇〇年間は「暗黒の世紀」とも呼ばれる時代である。

見よ、新たな世紀が始まる。それを人は「鉄の世紀」と呼ぶ、険《けわ》しい堅さのゆえに。人はまたそれを「鉛の世紀」と呼ぶ。歪《ゆが》められた悪に溢《あふ》れかえるがゆえに。あるいはまた、「暗黒の世紀」とも呼ぶ、歴史叙述者たちの欠如のゆえに。

（バロニオ『教会史』第一〇巻、一六〇二年）

「カトリック教会史の父」と賞讃《しょうさん》されたヴァティカン図書館長で枢機卿《すうききょう》のチェーザレ・バロ

ニオ（一五三八～一六〇七年）が喝破《かっぱ》したように、乱世における文化的活動の停滞に伴う「歴史叙述者たちの欠如」という事実は否めない。特に当時混乱の渦中にあったイタリアでは、代表的な叙述史料である「年代記」はわずかに一点しか伝わっていない。東フランク王国においてもまた、包括的な歴史叙述は一〇世紀初頭を最後に途絶え、以後半世紀の間沈黙を守り続けた。カール大帝はアインハルトという優れた伝記作者を得たが、オットー朝（九一九～一〇二四年）の統治者たちはそれに恵まれることもなかった。

ところが、一〇世紀後半になると、優れた歴史叙述作品が相次いで執筆される――クレモナ司教リウトプランド『報復の書』、ヴァイセンブルク修道院長アーダルベルト『レーギノ年代記続編』、コルヴァイ修道士ヴィドゥキント『ザクセン人の事績』、それにメールゼブルク司教ティートマル『年代記』。これらオットー朝四大叙述史料は、一〇世紀後半の歴史、すなわちオットーの後半生についての貴重な同時代史料となる（巻末「史料解題」を参照。いずれも筆者による邦訳がある）。また、史料に乏しい一〇世紀前半についても、口承世界における〝事実〟の変容プロセスという問題を考える上での格好の材料を提供するものである。

もちろん、近現代史のように、圧倒的な量の史料に立脚しつつ、主人公の行動の軌跡のみならず内面の心理にまで深く立ち入った「伝記」を書くことは困難である。しかし、個性豊かな著者たちの手になるこれらの作品は、オットーの生きた「時代」の諸相から主人公を逆照射する「評伝」を執筆することを可能にしてくれるであろう。史料からの引用を本書で頻繁《ひんぱん》に用いたのも、我が国ではほとんど知られていない「暗黒の世紀」に生きた歴史叙述者たちに、生の言葉を存分に語らせたいとの思いに駆られたからである。いまだ粗野で野蛮ではあるが、普遍的秩序の確立を模索して苦悶《くもん》する一世紀――遠き過去の歴史に秘められた「ヨーロッパ」の古相を探索する旅に読者を誘《いざな》うことができれば、と考えて筆を執った次第である。

目次

凡例

1　聖書の引用は、岩波書店刊行の『旧約聖書』『新約聖書』を用いた。

2　オットー朝期の主要叙述史料の四点（クレモナのリウトプランド『報復の書』、ヴァイセンブルクのアーダルベルト『レーギノ年代記続編』、コルヴァイのヴィドゥキント『ザクセン人の事績』、メールゼブルクのティートマル『年代記』）の概要については、付録の「史料解題」を参照されたい。いずれも本書の筆者による邦訳がある。また、長文の引用箇所については、前後各一行空け、行頭二字下げとし、教科書体のフォントを用いた。

3　引用に際しては、表記統一等のため、一部字句を改めた箇所がある。引用文中の〔　〕は引用者による補足である。

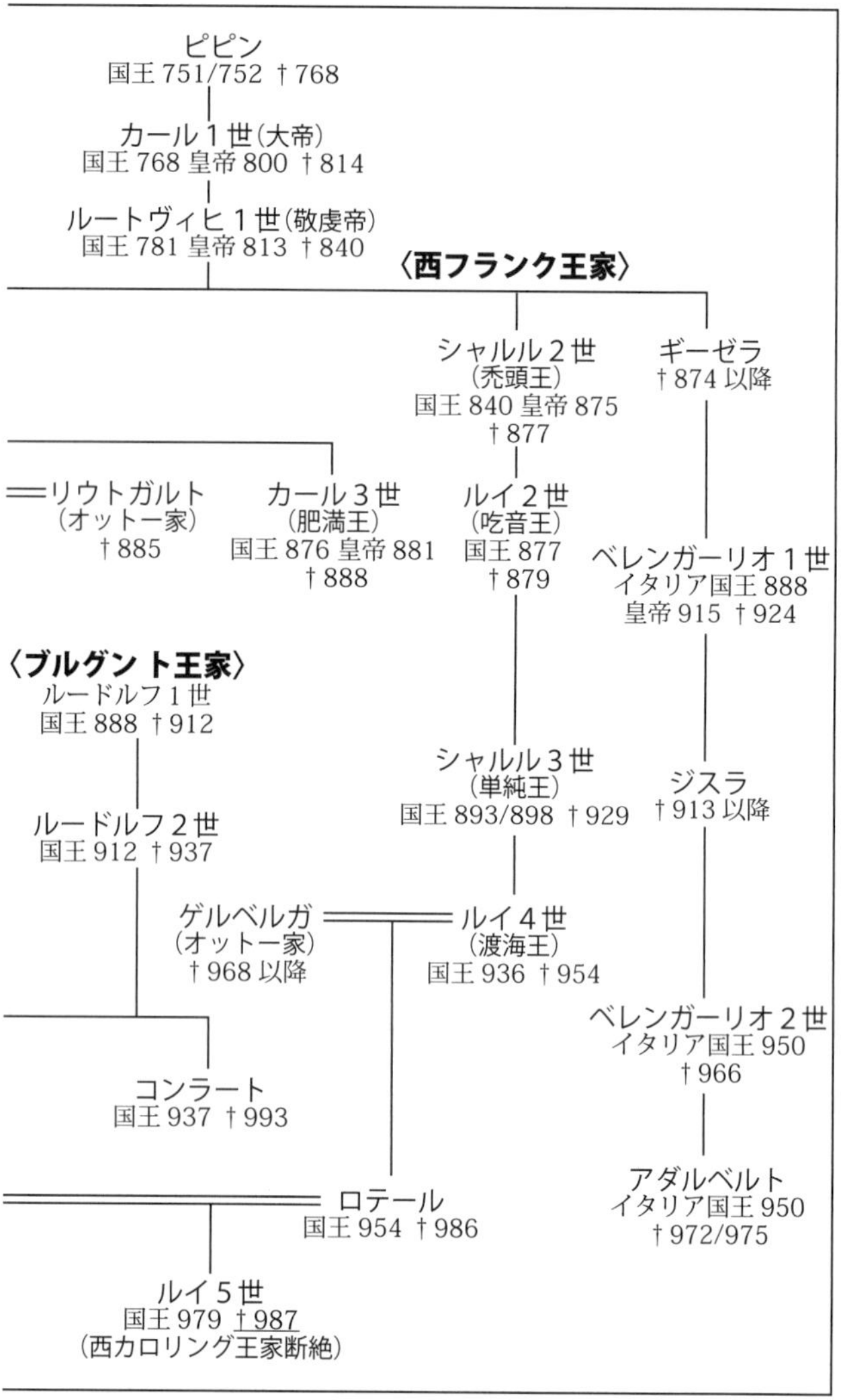
ピピン
国王 751/752 †768
カール1世(大帝)
国王 768 皇帝 800 †814
ルートヴィヒ1世(敬虔帝)
国王 781 皇帝 813 †840
〈西フランク王家〉
シャルル2世
(禿頭王)
国王 840 皇帝 875
†877
ギーゼラ
†874 以降
リウトガルト
(オットー家)
†885
カール3世
(肥満王)
国王 876 皇帝 881
†888
ルイ2世
(吃音王)
国王 877
†879
ベレンガーリオ1世
イタリア国王 888
皇帝 915 †924
〈ブルグント王家〉
ルードルフ1世
国王 888 †912
シャルル3世
(単純王)
国王 893/898 †929
ジスラ
†913 以降
ルードルフ2世
国王 912 †937
ゲルベルガ
(オットー家)
†968 以降
ルイ4世
(渡海王)
国王 936 †954
ベレンガーリオ2世
イタリア国王 950
†966
コンラート
国王 937 †993
アダルベルト
イタリア国王 950
†972/975
ロテール
国王 954 †986
ルイ5世
国王 979 †987
(西カロリング王家断絶)

〈系図1：カロリング家・ブルグント王家〉

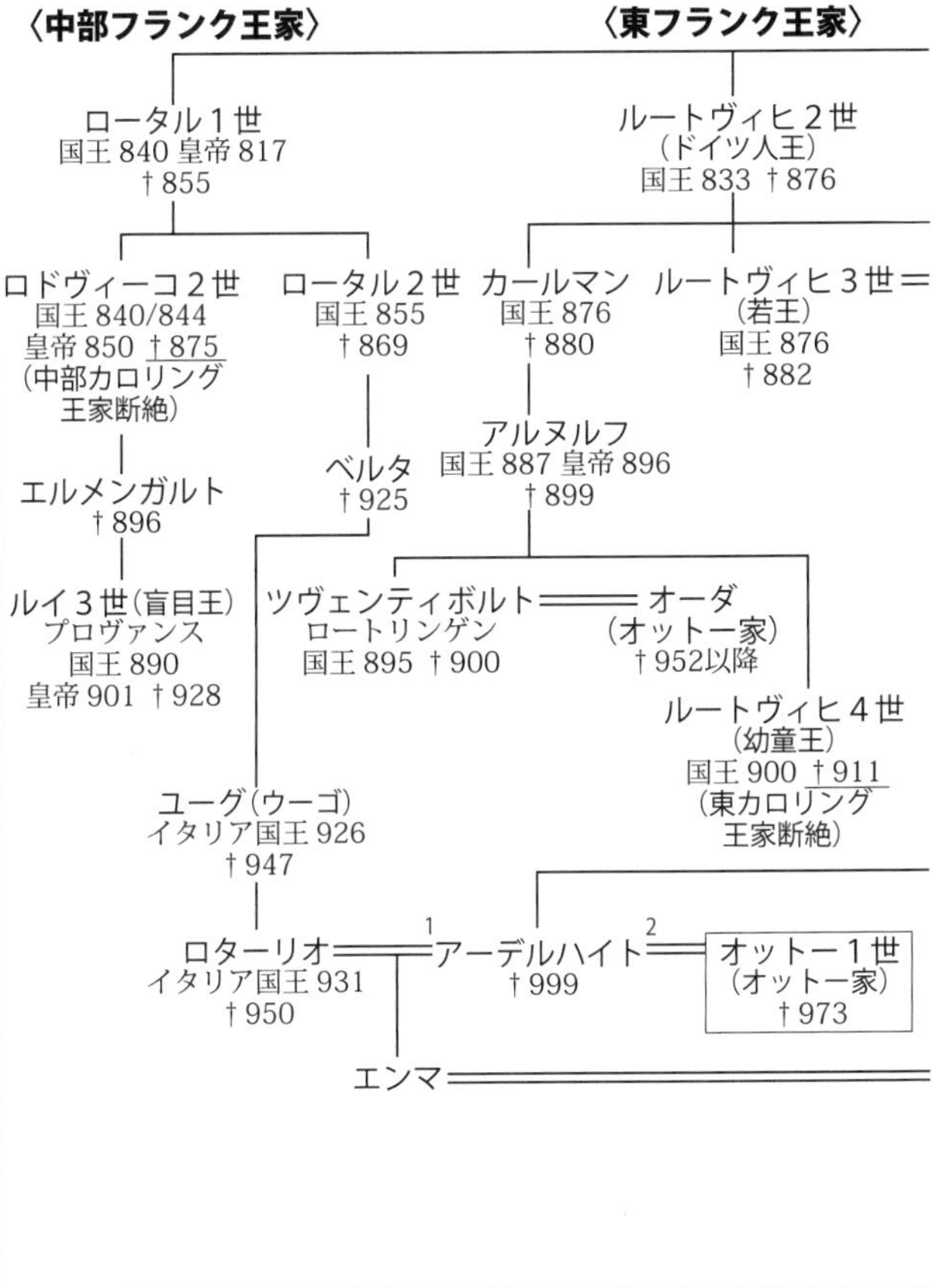
〈中部フランク王家〉
〈東フランク王家〉
ロータル1世
国王 840 皇帝 817
†855
ルートヴィヒ2世
（ドイツ人王）
国王 833 †876
ロドヴィーコ2世
国王 840/844
皇帝 850 †875
（中部カロリング
王家断絶）
ロータル2世
国王 855
†869
カールマン
国王 876
†880
ルートヴィヒ3世
（若王）
国王 876
†882
エルメンガルト
†896
ベルタ
†925
アルヌルフ
国王 887 皇帝 896
†899
ルイ3世（盲目王）
プロヴァンス
国王 890
皇帝 901 †928
ツヴェンティボルト
ロートリンゲン
国王 895 †900
オーダ
（オットー家）
†952以降
ルートヴィヒ4世
（幼童王）
国王 900 †911
（東カロリング
王家断絶）
ユーグ（ウーゴ）
イタリア国王 926
†947
ロターリオ
イタリア国王 931
†950
1
アーデルハイト
†999
2
オットー1世
（オットー家）
†973
エンマ

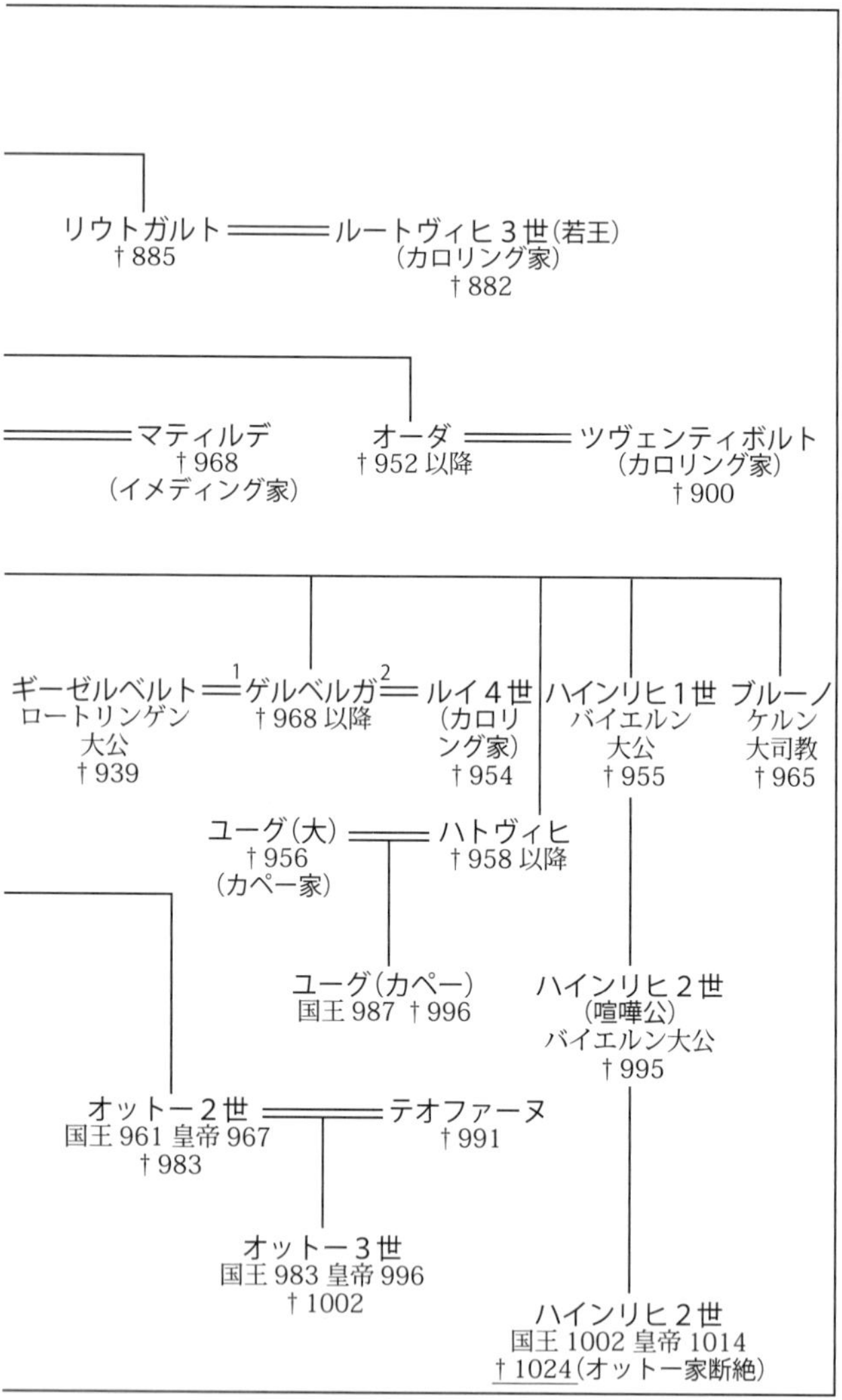
リウトガルト
†885
ルートヴィヒ３世（若王）
（カロリング家）
†882
マティルデ
†968
（イメディング家）
オーダ
†952以降
ツヴェンティボルト
（カロリング家）
†900
ギーゼルベルト
ロートリンゲン
大公
†939
1
ゲルベルガ
†968以降
2
ルイ４世
（カロリング家）
†954
ハインリヒ１世
バイエルン
大公
†955
ブルーノ
ケルン
大司教
†965
ユーグ（大）
†956
（カペー家）
ハトヴィヒ
†958以降
ユーグ（カペー）
国王987 †996
ハインリヒ２世
（喧嘩公）
バイエルン大公
†995
オットー２世
国王961 皇帝967
†983
テオファーヌ
†991
オットー３世
国王983 皇帝996
†1002
ハインリヒ２世
国王1002 皇帝1014
†1024（オットー家断絶）

〈系図２：リウドルフィング＝オットー家〉

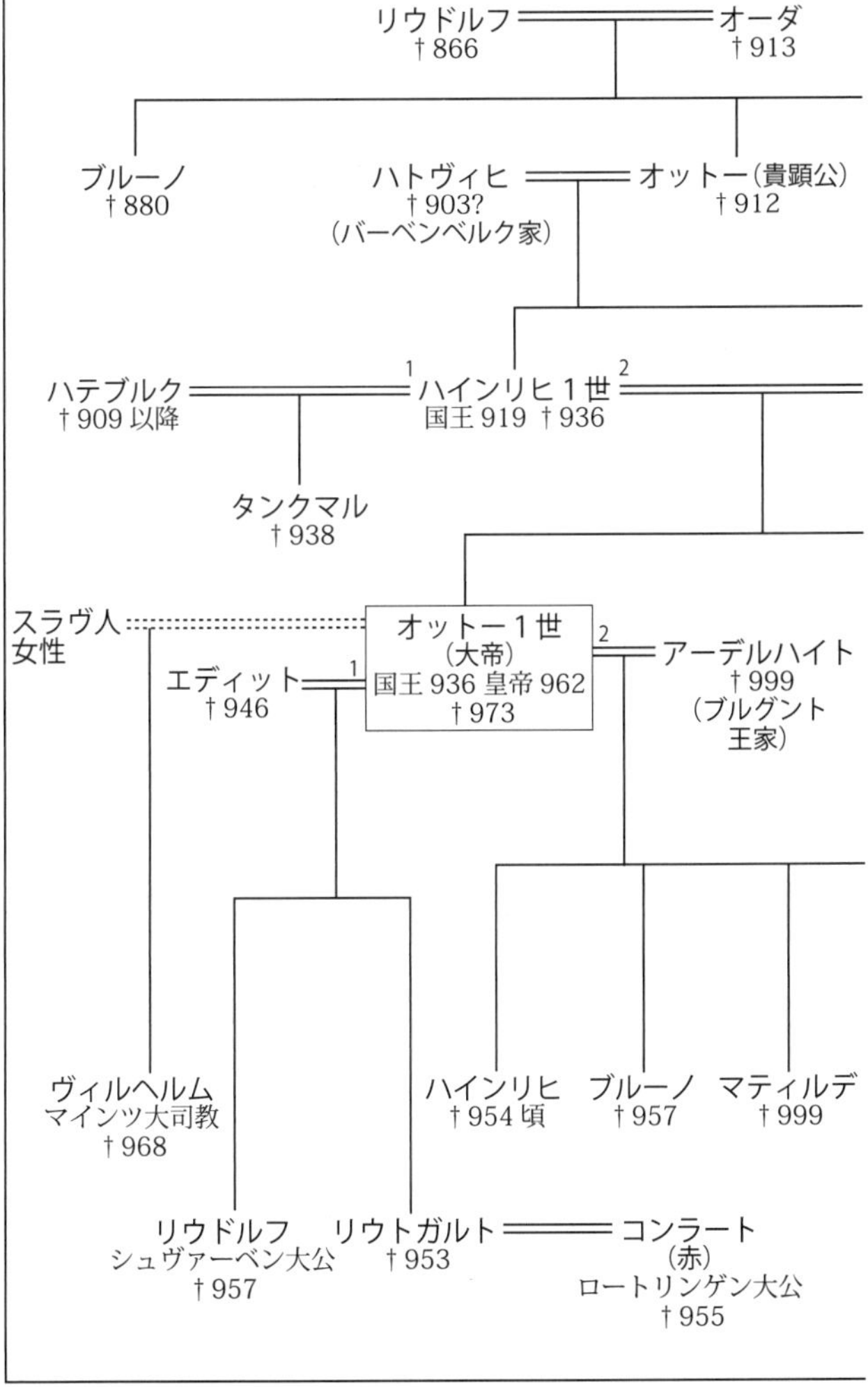
リウドルフ
†866
オーダ
†913
ブルーノ
†880
ハトヴィヒ
†903?
（バーベンベルク家）
オットー（貴顕公）
†912
ハテブルク
†909 以降
1
ハインリヒ１世
国王 919 †936
2
タンクマル
†938
スラヴ人女性
オットー１世
（大帝）
国王 936 皇帝 962
†973
エディット
†946
1
2
アーデルハイト
†999
（ブルグント王家）
ヴィルヘルム
マインツ大司教
†968
ハインリヒ
†954 頃
ブルーノ
†957
マティルデ
†999
リウドルフ
シュヴァーベン大公
†957
リウトガルト
†953
コンラート
（赤）
ロートリンゲン大公
†955

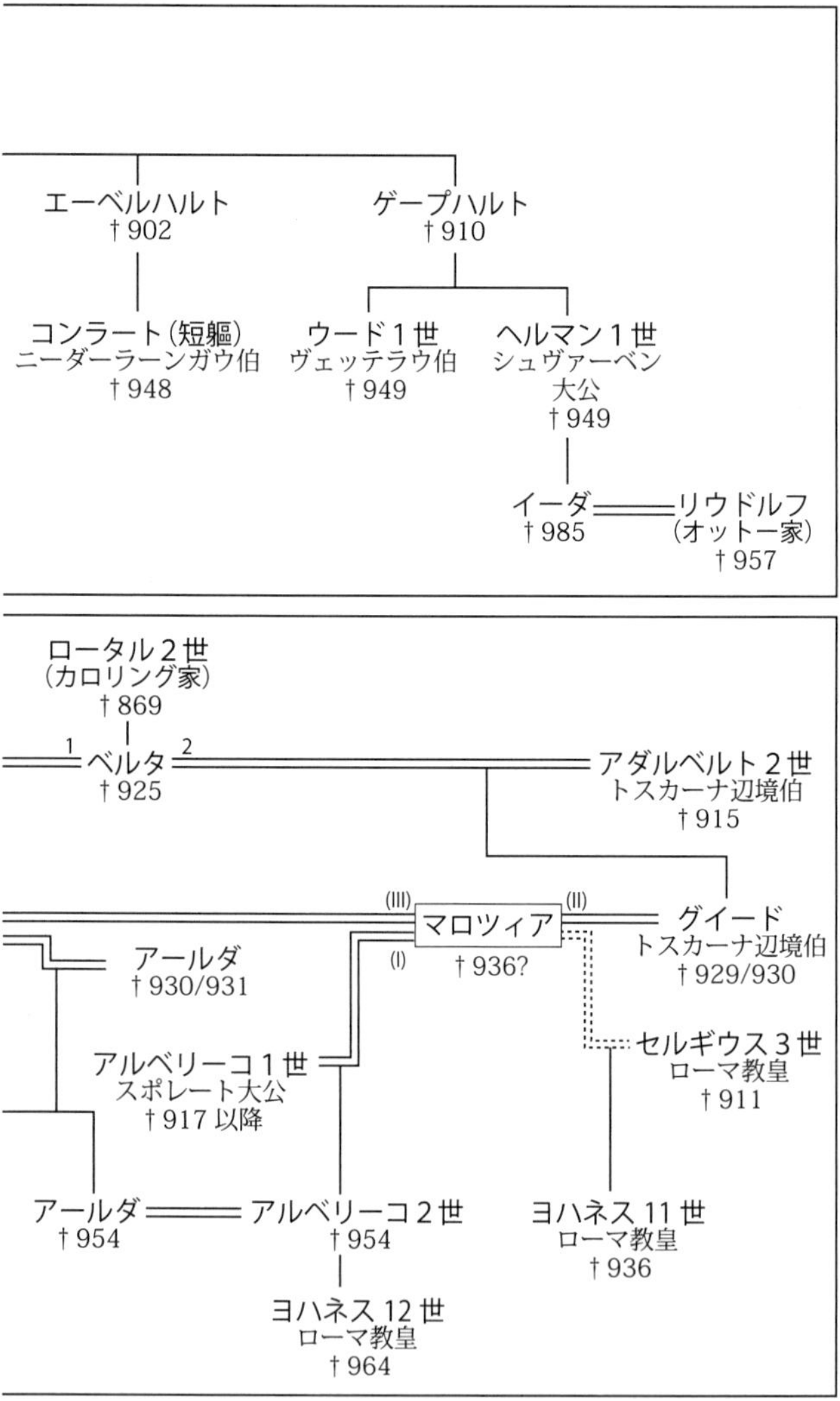
エーベルハルト
†902
ゲープハルト
†910
コンラート（短軀）
ニーダーラーンガウ伯
†948
ウード1世
ヴェッテラウ伯
†949
ヘルマン1世
シュヴァーベン
大公
†949
イーダ
†985
リウドルフ
（オットー家）
†957
ロータル2世
（カロリング家）
†869
1
ベルタ
†925
2
アダルベルト2世
トスカーナ辺境伯
†915
(III)
マロツィア
†936?
(II)
(I)
グイード
トスカーナ辺境伯
†929/930
アールダ
†930/931
アルベリーコ1世
スポレート大公
†917以降
セルギウス3世
ローマ教皇
†911
アールダ
†954
アルベリーコ2世
†954
ヨハネス11世
ローマ教皇
†936
ヨハネス12世
ローマ教皇
†964

〈系図３：コンラート家〉　※ 破線部は推定

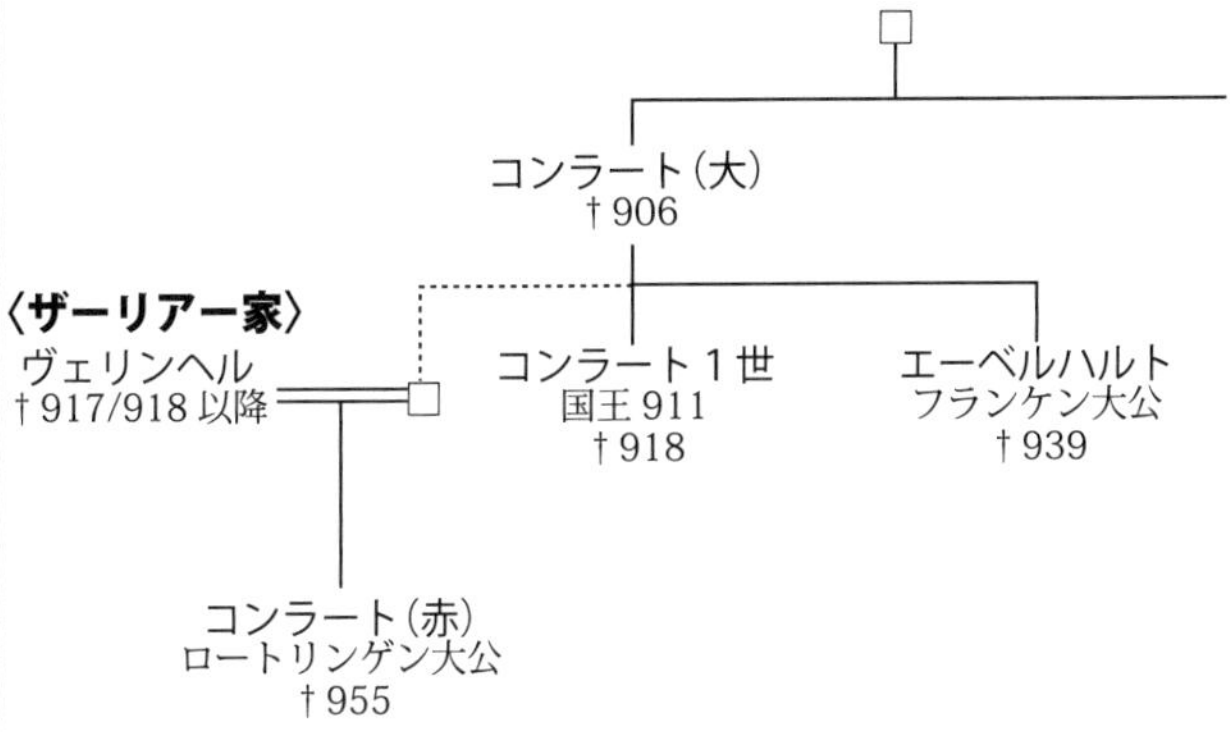

〈系図４：ユーグとマロツィア〉

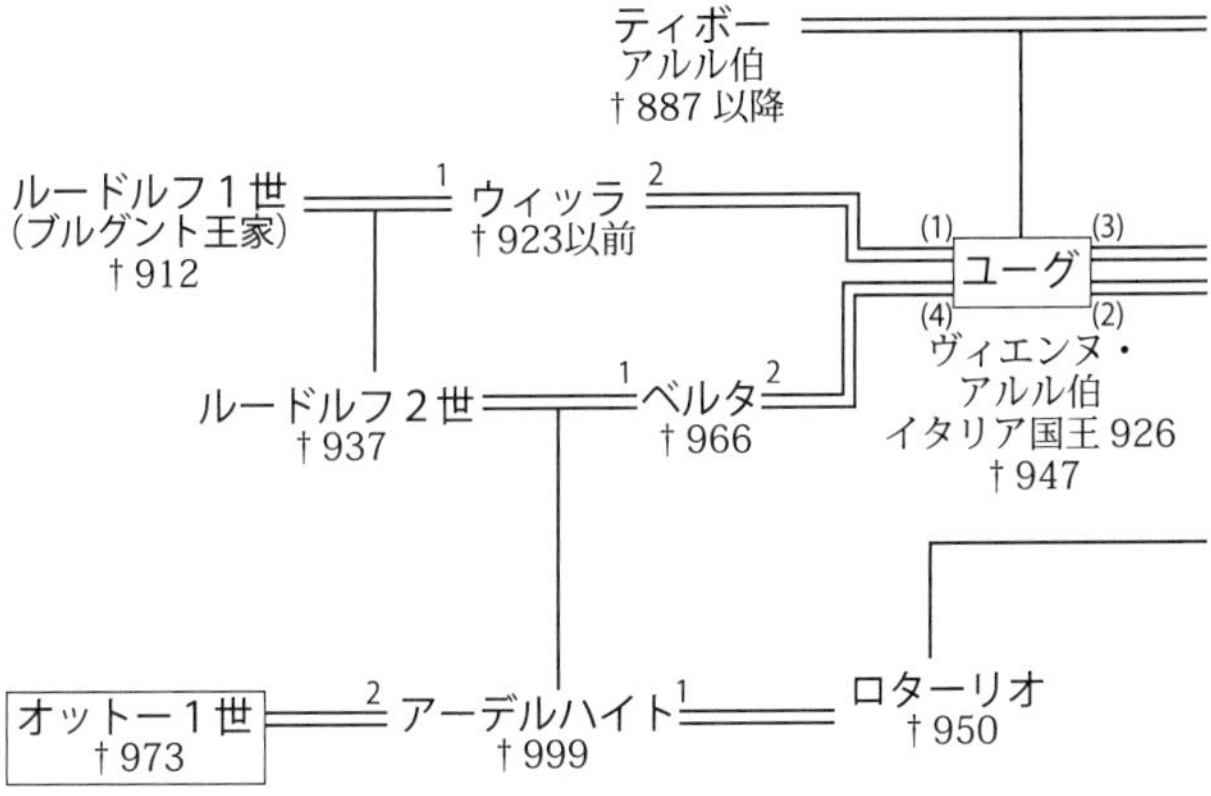

(1) ～ (4)：ユーグの結婚歴
(I) ～ (III)：マロツィアの結婚歴

〈系図５：ルイトポルディング家〉

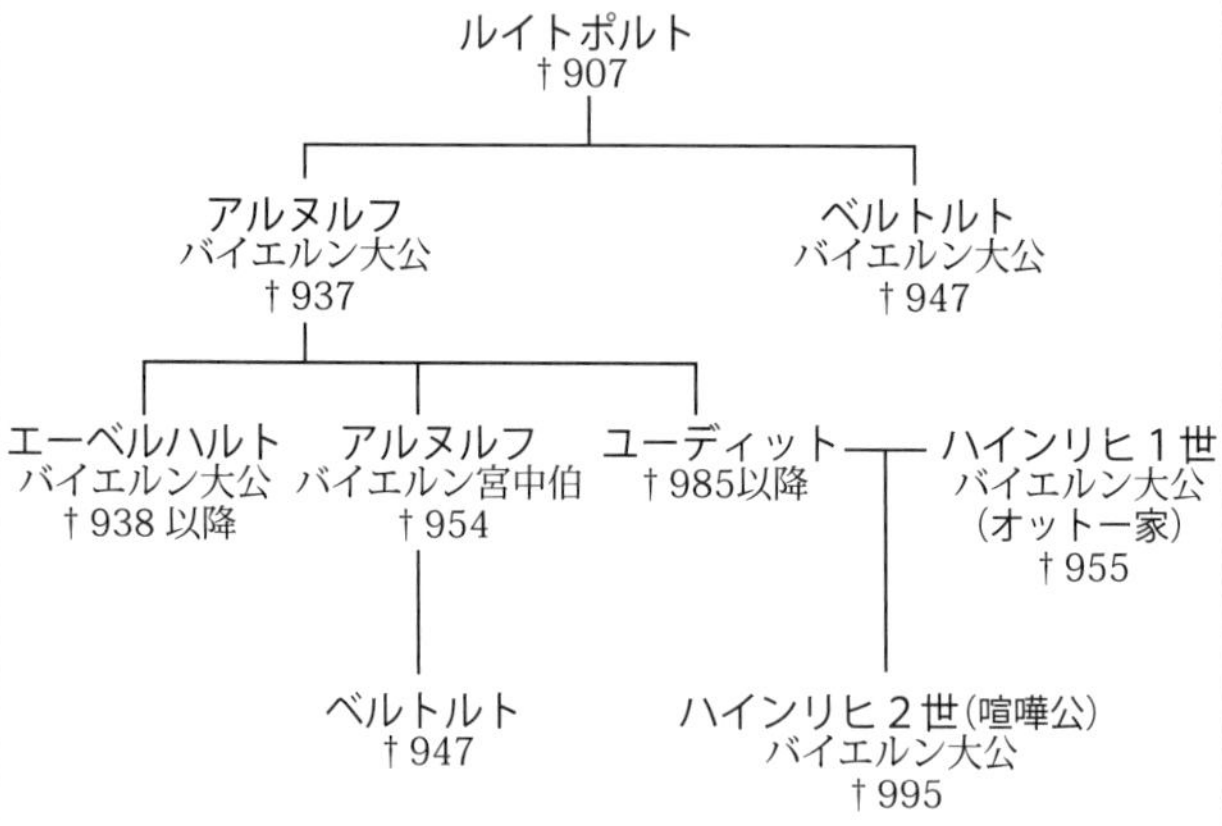
ルイトポルト
†907
アルヌルフ
バイエルン大公
†937
ベルトルト
バイエルン大公
†947
エーベルハルト
バイエルン大公
†938 以降
アルヌルフ
バイエルン宮中伯
†954
ユーディット
†985以降
ハインリヒ１世
バイエルン大公
（オットー家）
†955
ベルトルト
†947
ハインリヒ２世（喧嘩公）
バイエルン大公
†995

〈系図６：ビザンツ帝国・マケドニア朝家〉

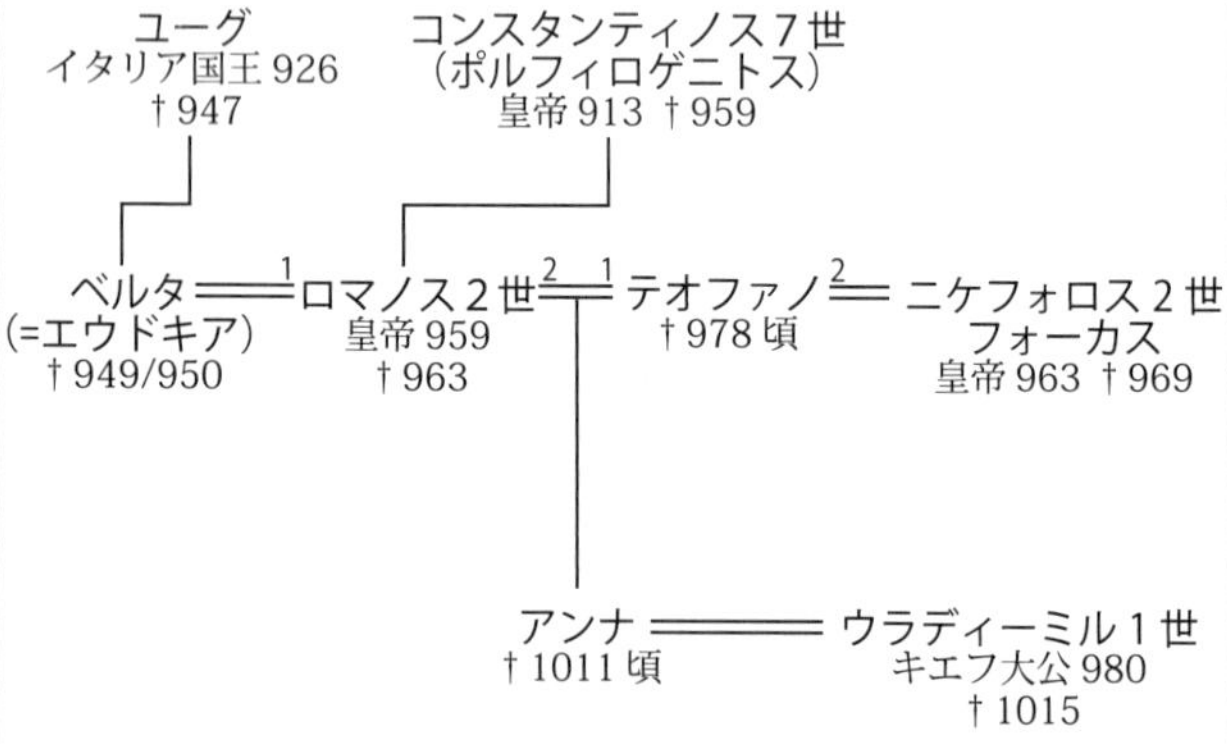
ユーグ
イタリア国王 926
†947
コンスタンティノス７世
（ポルフィロゲニトス）
皇帝 913 †959
ベルタ
(=エウドキア)
†949/950
1
ロマノス２世
皇帝 959
†963
2
1
テオファノ
†978 頃
2
ニケフォロス２世
フォーカス
皇帝 963 †969
アンナ
†1011 頃
ウラディーミル１世
キエフ大公 980
†1015

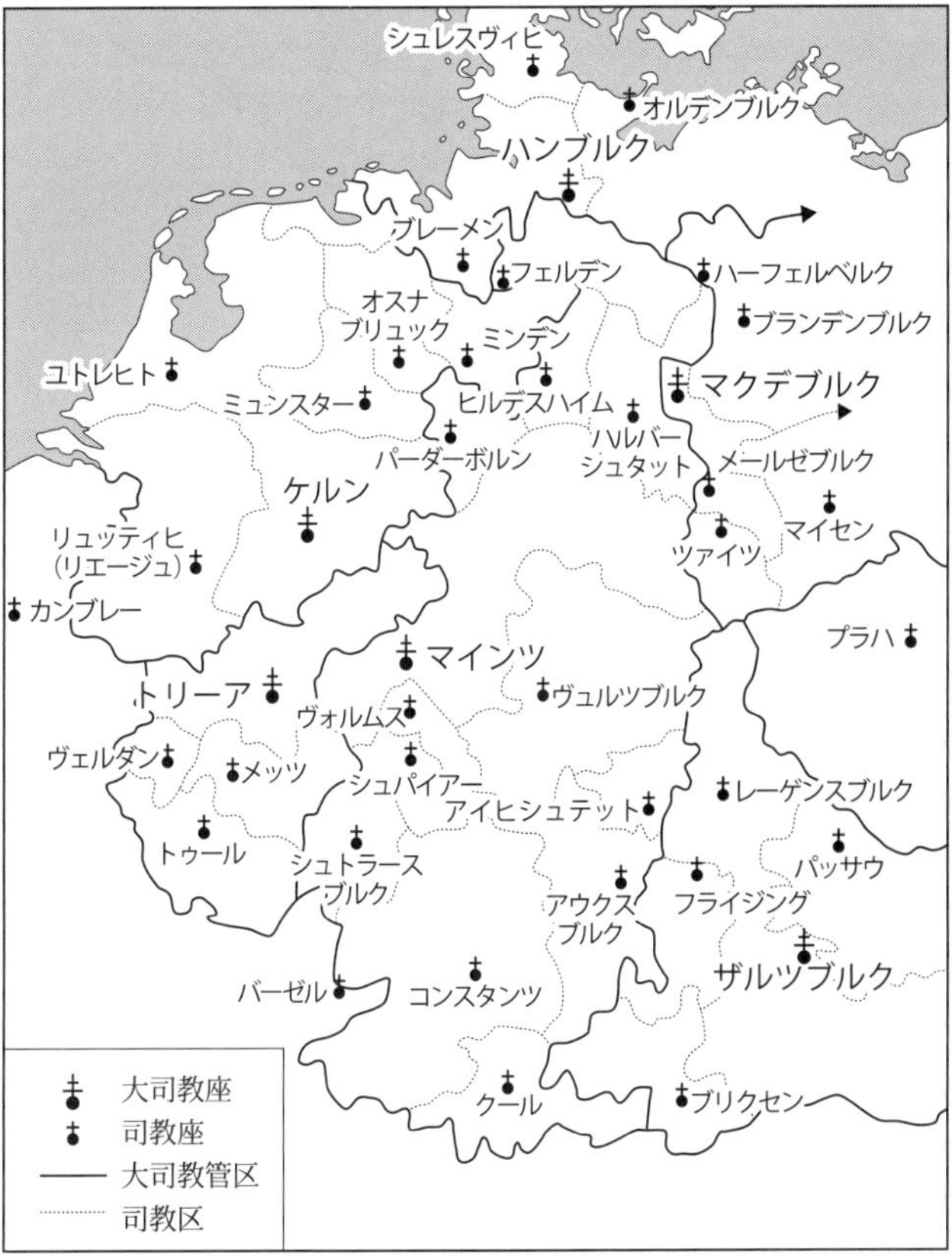

オットー大帝期（968年以降）の司教区　矢印はスラブ人伝道地域の司教区画がオープンであることを意味する

デンマーク
バルト海
ハンブルク
エルベ川
オーデル川
ハーフェルベルク
グニエズノ
（1000年）
オストファーレン
ブランデンブルク
ポーランド
ヴェルラ
マクデブルク
ハルツ地方
ハルバーシュタット
クヴェトリーンブルク
ガンダースハイム
メールゼブルク
カルプスリート
ウンストルート川
ロンマッチュ
メムレーベン
ナイセ川
エアフルト
ツァイツ
マイセン
オーデル川
ヴァイマル
テューリンゲン
フルダ
ザールフェルト
エルベ川
アルンシュタット
プラハ
ベーメン
バンベルク
メーレン
（モラヴィア）
ランゲンツェン
レーゲンスブルク
ホーエンアルトハイム
オストマルク
パッサウ
ウルム
アウクスブルク
ブラティスラヴァ
ドナウ河
フライジング
レヒ川
レヒフェルト
バイエルン
ザルツブルク

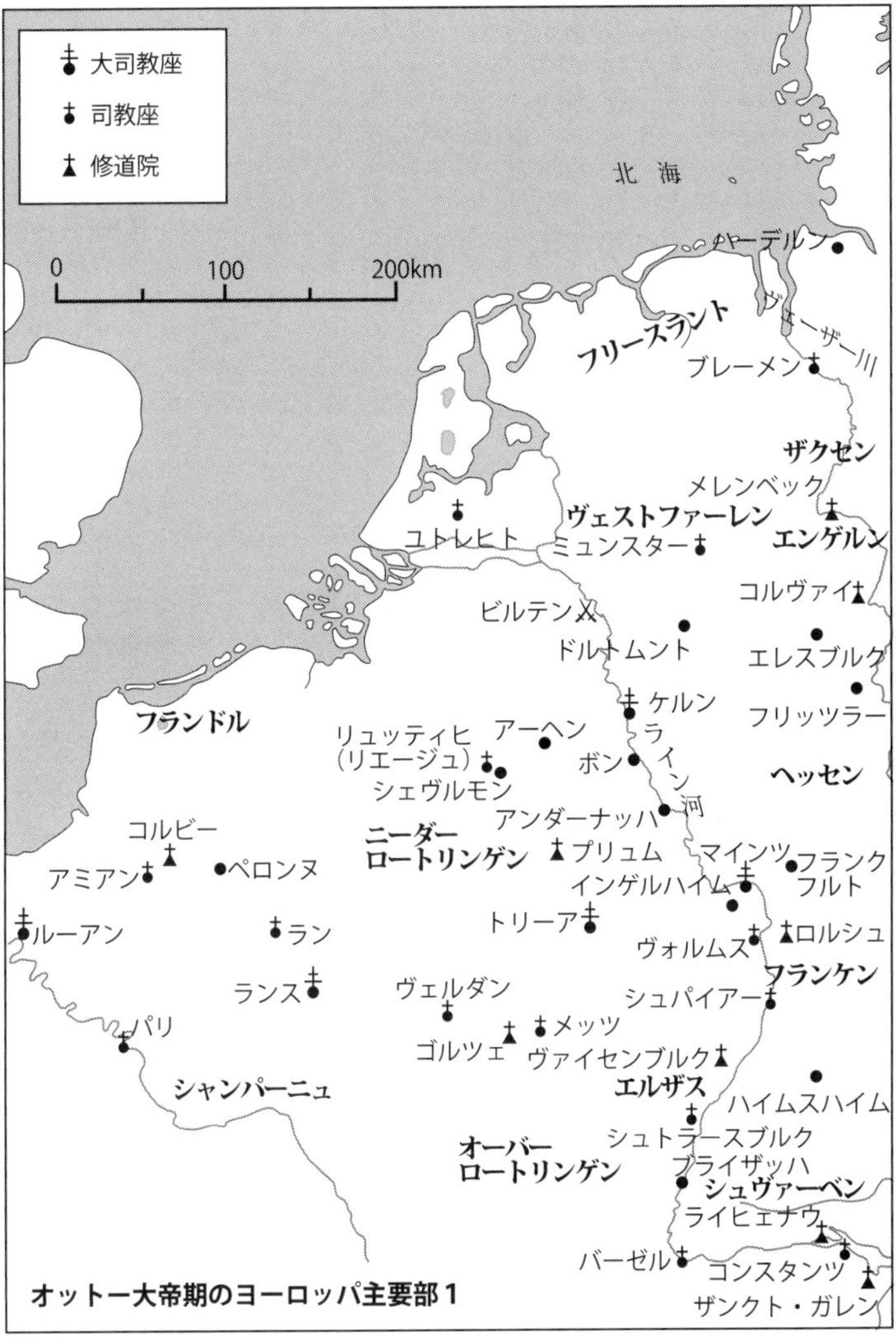
大司教座
司教座
修道院
0
100
200km
北海
ハーデルン
フリースラント
ヴェーザー川
ブレーメン
ザクセン
メレンベック
ヴェストファーレン
エンゲルン
ユトレヒト
ミュンスター
コルヴァイ
ビルテン
ドルトムント
エレスブルク
ケルン
フリッツラー
フランドル
アーヘン
リュッティヒ
(リエージュ)
ボン
ライン河
ヘッセン
シェヴルモン
アンダーナッハ
コルビー
ニーダー
ロートリンゲン
プリュム
マインツ
フランク
フルト
アミアン
ペロンヌ
インゲルハイム
ルーアン
ラン
トリーア
ヴォルムス
ロルシュ
ランス
ヴェルダン
フランケン
シュパイアー
パリ
メッツ
ゴルツェ
ヴァイセンブルク
シャンパーニュ
エルザス
ハイムスハイム
シュトラースブルク
オーバー
ロートリンゲン
ブライザッハ
シュヴァーベン
ライヒェナウ
バーゼル
コンスタンツ
ザンクト・ガレン
オットー大帝期のヨーロッパ主要部1

ウルム
アウクスブルク
パッサウ
オストマルク
フライジング
バイエルン
ドナウ河
ブラティスラヴァ
レヒフェルト
ザルツブルク
レヒ川
ハンガリー
ブレンナー峠
ケルンテン
サンモリッツ
セプティマー峠
ヴェローナ辺境伯領
トレント
アクィレイア
ガルダ湖
ベルガモ
ヴェネツィア
ヴェローナ
クレモナ
ポー河
クロアティア
レッジョ・ネッレミーリア
ラヴェンナ
カノッサ城
サン・レーオ山
フィレンツェ
ピーサ
トスカーナ辺境伯領
アドリア海
スポレート大公領
ソラッテ山
リエーティ
ローマ教皇領
ティヴォリ
ローマ
オスティア
テヴェレ川
プッリア
カンパーニャ地方
ベネヴェント
(969年)
バーリ
カープア
ティレニア海
ナポリ
サレルノ

オーバー
ロートリンゲン
シュトラースブルク
シュヴァーベン
ライヒェナウ
バーゼル
コンスタンツ
ザンクト・ガレン
クール
ルクマニア峠
ブルグント王国
ジュネーヴ
コモ湖
マッジョーレ湖
リヨン
オルタ湖
コモ
ヴィエンヌ
イヴレーア
ミラノ
トリノ
パヴィーア
ロンバルディア
ジェノヴァ
プロヴァンス王国
アルル
ニース
バルセロナ
伯領
フレネ
マルセイユ
大司教座
司教座
修道院
コルシカ島
バルセロナ
0
100
200km
サルディーニャ島
オットー大帝期のヨーロッパ主要部２

第一章
北の辺境ザクセン
——カロリング朝の遺産

コルヴァイ修道院の西構え

コルヴァイ修道院の西構え《ヴェストヴェルク》

修道士ヴィドゥキントの活動の舞台となった同院は、ザクセンの地で最初の、そして長らくの間唯一の修道院として、822年にヴェーザー川畔に建立された。創建者は、カール大帝の従兄弟《いとこ》のアーダルハルトとヴァラの兄弟で、最初の修道士は現在のフランス北部、アミアン近郊のコルビー修道院から到来した（そのため〝新コルビー〟とも呼ばれた。コルヴァイはコルビーに由来する）。創建の主たる目的は、カールがザクセン戦役を通じて軍事的に征服し、半強制的にキリスト教徒に改宗させたザクセン人を、フランク帝国の統治・教会組織の中に編入することにあった。

同院はまた、フランク帝国内にあって最もキリスト教化の遅れたザクセンにおける布教の前進基地でもあった。コルビー出身の修道士アンスガールがスカンディナヴィアの異教徒伝道のため初代ハンブルク大司教（在位831～865年）に任じられて以降、歴代の大司教は、10世紀前半に至るまで、コルヴァイ出身の修道士によって占められた。

９世紀後半になると、親修道院からもたらされた多数の蔵書と教育の充実に伴い、コルヴァイは、ザクセンにおけるキリスト教文化の中心地としても隆盛を見ることになった。カロリング様式の西構え（西正面堂）が完成したのは885年、今日もなおほぼ完全に保存されており、2014年にユネスコ世界遺産に登録された。

1　ザクセン人貴族の世界

オットーの誕生

九一二年一一月二三日――。誕生の日付そのものは無味乾燥な数字でしかない。だが、史料の乏しい「暗黒の世紀」においては、オットーの誕生日が知られていること自体がすでに〝事件〟である。

一〇世紀の東フランク王国において誕生日の記録が残されている人物は、オットーの弟の孫で、オットー朝最後の皇帝となるハインリヒ二世（五月六日）、それに『年代記』の著者のメールゼブルク司教ティートマルのみである（七月二五日）。そもそも、その誕生日が史料に書き留められた中世の統治者は、カール大帝が最初である（四月二日）。

もっとも、誕生日の記録が少ないのは、史料の乏しさゆえのみではない。古代末期以降のキリスト教教義の厭世《えんせい》的な死生観において、子供の誕生は、エデンの園でアダムとイヴが犯した原罪のゆえにいつかは死すべき罪深き人間が、この世にまた一人増えたことを意味する。聖書の記述中で自らの誕生日を祝したとされているのは、エジプトのファラオ（『創世記』四〇・二〇）と、イスラエルの領主ヘロデ・アンティパス（『マタイによる福音書』一四・六）のみである。しかも、両者はその日を流血で汚したのであった。

1—1　オットー大帝　ゲオルク・シュパラティン『ザクセン人とテューリンゲン人の年代記』の挿絵。ルーカス・クラナッハ（父）の工房（1530年頃）（コーブルク、バイエルン州立図書館蔵）

むしろ後世のための記録に値すると考えられたのは「第二の誕生」、すなわち肉体の死を通じて魂がこの儚《はかな》い現世を去り、天の永遠の平和の世界に召されることを記念する命日である。一一世紀以降の西欧では、カレンダーの日付の横にその日に亡くなった故人名を記載した「死者祈念の書《ネクロローグ》」が盛んに作られた。王侯貴族は、死後の魂の救済を願って、生前に教会に所領・財産を寄進した。その見返りとして教会の側では、聖職者が祭壇に奉納された「死者祈念の書」を日々開帳し、ゆかりある故人の年忌には記念祈禱《メモリア》として追悼ミサを挙行し、貧民に施し物を与えた。ハインリヒ二世の誕生日が伝わっているのも、オットー朝王家に縁ある親族と友人たちを対象とする『メールゼブルク死者祈念の書』の故人のリストの中に、国王本人が生前に記載させたからである。

なお、「死者祈念の書」は歴史書ではないので、命日は記録されても、生年はもとより歿年《ぼつねん》も記載されないのが通例である。ハインリヒとティートマル、いずれの場合も生年については議論がある。かのカール大帝についてさえも、七四二年、七四七年、それに七四八年と争われている。

オットーの誕生日が算定可能なのも、命日と関連している。「大公オットー〔オットー大帝の祖父〕の嘆き悲しむべき逝去〔九一二年一一月三〇日歿〕の八日前にその息子、将来の国王ハインリヒに赤児《あかご》が生まれた(1)」。この一節を伝えるのは『ガンダースハイム修道院の起源』〔九六七～九七三年〕で、著者ロツヴィート（ロスヴィータ）は、一族とゆかりのある同院の修道女であった。

その後、ハインリヒの長男は、洗礼式で慣習に即して祖父と同じ名「オットー」を与えられた。その後、彼がどのような少年時代を送ったのか、その痕跡は一切残されていない。将来優れた戦士となるべく、騎馬、狩猟術、武器の扱いなどを訓練されたことであろう。文字の読み書き能力は、武人には無用の長物とされた戦士社会である。オットーの姿が再び確認されるのは、一六歳の若者になった九二九年、彼が結婚したときのことである。

古ザクセン人の社会

「ザクセン人」――その名はタキトゥス（五五／五六～一一六年以降）の『ゲルマーニア』には見えないものの、二世紀半ばに成立したプトレマイオスの『地理学』に初出する。ただし、近年の研究によれば、これは中世における『地理学』の写本作成時の誤記に由来するようである。

プトレマイオスが本来記したのは、Saxonesではなく Aviones、すなわち『ゲルマーニア』でも言及されたアウィオネス人のことであった。(2)

ゲルマン民族の一つであるザクセン人の本来の原住地は、フリースラントからエルベ川下流域の地方である。三世紀前後に南下を開始し、今日のドイツ連邦共和国のニーダーザクセン州に相当する地域を占有した。三世紀末以降になると、ブリテン島やライン河以西のガリア地方の海岸地帯を略奪する海賊として、しばしばローマ側の史料に登場する。さらに五世紀に入ると、一部は隣接するアングル人やジュート人とともに征服者としてブリテン島に渡り、幾つかの王国を建てた。アングロ＝サクソン七王国《ヘプターキー》の始まりである。ザクセンの英語形である〝サクソン〟の名は、エセックス（「東サクソン」の意）、サセックス（同じく「南サクソン」）、それに九世紀にイングランドの統一を担ったウェセックス（「西サクソン」）の各王国名に冠せられている。

大陸のザクセン人社会に特徴的なのは、彼らが一人の国王をトップとする垂直的な権力構造を知らなかったことである。各地に幾多の首長たちが分立する水平的な社会で、緩やかな部族連合体を組んでいたようである。地域的にはヴェストファーレン地方、エンゲルン地方、オストファーレン（東ザクセン）地方の三つから構成される。

なお、概説書等では、各地の首長《サトラーパ》が貴族、自由人、半自由人の三身分の各々の代表計三六名を伴って一年に一度、ヴェーザー川畔のマルクローなる地に集まって全体会議を開催した、と書かれている。しかし、この「世界史上最初の議会」なるものは、後世のフィクションである。(3)ただ、征服者として土地を占取した貴族層と、一般の平民や被征服民との間に鋭い対立関係があったことは間違いない。それは、八世紀になると、貴族層の多くが支援を求めて新たな征服者たるフランク国王と提携する誘因ともなった。

ザクセン人の起源説話

一方、オットー大帝の皇帝戴冠後に『ザクセン人の事績』を著したコルヴァイの修道士ヴィドゥキントは、ザクセン人の起源と初期の歴史についてまったく異なる歴史像を提示している。「ある人は、ザクセン人がデーン人とノルマン人に出自すると信じるのに対し、別の人は、ギリシア人に由来すると主張しているのである。私自らは、まだ若かったときに誰かが賞讃するのを聞いたことがある。ザクセン人は、かつてアレクサンドロス大王に従い、その早世後に全世界に散らばったマケドニアの軍隊の末裔《まつえい》である、そのようにギリシア人自身が主張している、と」（第一巻二章）。著者ヴィドゥキントは後者のマケドニア人説に与《くみ》する。

ザクセン人の「マケドニア起源説話」はこれが初出である。他方、ライヴァルのフランク人は、早くも七世紀以来「トロイア起源説話」を有していた。それによれば、陥落した都市トロイアを脱出し世界を彷徨《ほうこう》したトロイア人の将兵は、三つの集団に分枝した。すなわち、マケドニア人、英雄アエネーイスに率いられイタリアの地に建国したローマ人、そして（伝説上の）

国王〝フランキオ〟なる者に従ってライン河畔に定住したフランク人である。

今日の眼《め》からするならば、この種の民族の系譜物語は、空想的ファンタジーにすぎないとの誹《そし》りを免れえまい。だが、聖書などが描き出す普遍史的歴史観に立脚した中世人にとっては、自らの民族の起源を太古の「世界の歴史」に接合させることを通じて、古き良き伝承、すなわち歴史によって裏打ちされた権威と正統性を獲得することが何よりも肝要であった。ヴィドゥキントの解釈に即すれば、ザクセン人は、キリスト教の救済史上の最後の「世界帝国」の担い手たるローマ人（後述二一二頁）、あるいは（かつての）支配民族のフランク人と肩を並べうる、否、彼らを凌駕《りょうが》しさえする、かの帝王アレクサンドロスのマケドニア人軍隊の子孫にほかならないのである。

テューリンゲン戦争

ヴィドゥキントが伝える流離譚《りゅうりたん》によれば、マケドニア人の軍隊の末裔であるザクセン人が、彷徨の末に船を降りたって上陸したのは、北海に注ぐエルベ川の河口近くに位置するハーデルンという地であった。彼らは、先住民のテューリンゲン人を言葉巧みに騙《だま》して同地を占取した。その後、代表たちを和平交渉の場に誘い出すと、服の下に隠していた大きな匕首《あいくち》で襲いかかった。「匕首は、我々の言葉では〝ザース sahs〟と呼ばれる。ザクセン人と命名されたのは、彼らがこの匕首でおびただしい数の人々を打ち倒したからだというのである」（同第一巻七章）。

『ザクセン人の事績』第一巻はその後、ブリテン島の征服を経て、宿敵テューリンゲン人との最終戦争において叙述のクライマックスに達する。フランク国王ティアドリヒと義兄弟のテューリンゲン国王イルミンフリートの確執、イルミンフリートの配下の勇者イリングがめぐらす権謀術数の罠《わな》とザクセン人の老戦士ハタガートのあっぱれな奮戦、策に溺れたテューリンゲン人の敗北と国王の非業の最期、勝者となったフランク人と提携したザクセン人によるテューリンゲン地方の獲得……。まさに『ニーベルンゲンの歌』を彷彿《ほうふつ》とさせる、勇者たちが織りなす壮大にして血腥《ちなまぐさ》いドラマである。

物語の歴史的舞台となっているのは、五三一〜五三三年頃にフランク人とテューリンゲン人の間で繰り広げられたテューリンゲン戦争である。ヴィドゥキントほどにドラマティックではないが、ザクセン人側の他の史料二点（フルダ修道士ルードルフ『聖アレクサンダー移葬記』〔八六五年頃〕、『クヴェトリーンブルク編年誌』〔一〇〇八年頃〕）も類似の物語を短く伝えている。ところが、フランク人側の主要な同時代史料であるトゥールのグレゴリウス（?〜五九四年）の『フランク人の歴史』（第三巻四、七、八章）は、戦争へのザクセン人の関与について一言も触れてはいないのである。ヴィドゥキントらの後代の叙述の信憑性《しんぴょうせい》を口頭伝承の観点から擁護する研究者は、ヤーコプ・グリム（言語学者、文献学者、グリム兄弟の一人）の研究以来、この戦争を題材とする英雄叙事詩「イリングの歌」なるものが口承世界に実在したと推測する。もちろん、これを後世に創出された虚構と切り捨てる研究者もおり、議論は尽きることがない。

1—2　騎馬像　メッツ（870年頃）。カール大帝像というのが通説であったが、近年では孫のシャルル２世（禿頭王）の可能性が有力視されている（ルーヴル美術館蔵）

カール大帝のザクセン戦役

史実として確かなことは、ザクセン人の歴史においてカール大帝による軍事征服とキリスト教への強制改宗が決定的な転換点となったことである。

カールによる五大遠征（ザクセン、ランゴバルド、ヒスパニア、バイエルン、アヴァール）の中で最も難航しかつ長期に及んだのが、ザクセン戦役（七七二～八〇四年）である。北方の辺境に居住するザクセン人は、西欧では「南」から「北」へと向かって進行した文明化＝キリスト教化のプロセスの最も遅れた未開の民族であった。「ザクセン人は、ゲルマーニアの地に住むほとんどすべての民族と同様に、生まれつき獰猛《どうもう》で、悪魔への崇拝に身を献《ささ》げ、我々の宗教に反感を抱き、神と人間の法を汚しても蹂躙《じゅうりん》しても、不名誉とは思っていなかった」。『カール大帝伝』（八二八年？）を著したフランク人のアインハルトの率直なザクセン人観である。(4)

三〇年にも及ぶ戦役の中でも最も猖獗《しょうけつ》を極めたのは、七七八年以降抵抗運動を指導したヴェストファーレン地方の領袖ヴィドゥキントとの戦いであった。しかし、七八五年に彼がついに降伏しキリスト教に改宗したことにより、大規模な戦闘は終息する。カールは、フランク王国の地方統治の中核となる伯制度をザクセンの地にも導入した。また、強制改宗させられた人民からは、教会の重要な財源である十分の一税を徴収した。伝道司教の派遣から始まった改宗策は、徐々に司教座の設置へと移行し、それは九世紀の半ばまで継続されることになる。新設された司教区の大半はマインツ大司教の管轄下に置かれた。こうして地方分立を特徴とするザクセン人の水平的な社会は、「聖」と「俗」の双方において国王をトップとする垂直的な統治・教会組織、すなわち「教会帝国」の枠組みの中に組み込まれたのである。

かの英雄ヴィドゥキントの後裔《こうえい》とも目される前述の同名のコルヴァイ修道士は、『ザクセン人の事績』においてフランク人による征服戦争とザクセン人の服従の過程に踏み込むことを巧みに避け、むしろ改宗に伴う両者の対等性に焦点を定め、次のように記した。「〔ザクセン人は、〕かつてはフランク人の同胞であり友人であったが、我々が眼前にしているように、今や兄弟となり、キリスト教信仰を通じてあたかも一個の民族になったのである」（『ザクセン人の事績』第一巻一五章）。修道士が日々の生活を営むヴェーザー川畔のコルヴァイ修道院も、布教の前進基地としてカロリング王家の後押しで八二二年に創建されたのであった（本章扉参照）。

ところで、ザクセン人貴族、特に平民や被征服民と鋭く対立していた高級貴族の多くは、カールによるフランク王国への統合をむしろ歓迎し、積極的に支援しさえした。オットー大帝の出自するリウドルフィング家の祖先もまた、このときフランク人の支配とキリスト教信仰を率先して受け入れた親フランク的党派に属していたと推定される。

祖先の記憶

「リウドルフィング」という家門名は、始祖の伯リウドルフ（?〜八六六年）の名にちなんで研究者が命名したもので、「リウドルフの子孫」という意味である。名家ではあるが、系譜はオットーの曽祖父であるこの人物までしか追跡することができない。

リウドルフは、同時代の史料では「分国の頭領《プリンケプス》にして偉大な勇者」「東ザクセン人の軍事指揮官」と言及されており、有力貴族であったことは間違いない。もっとも、その二人の息子ブルーノとオットーも含め、歴代東フランク国王から授けられた伯領は、南に隣接するテューリンゲン地方に見出《みいだ》されこそすれ、意外なことにザクセン地方では確認されない。他方、主たる家領は東ザクセンのハルツ地方と北テューリンゲンに集中しており、その影響力は一時期西方のヴェストファーレン地方や、フランク人の勢力圏であるヘッセン地方にも及んでいた。リウドルフの妻のオーダも、ザクセン人ではなくフランク人貴族家門の生まれである。九世紀後半に同家は、ザクセンのローカルな一在地貴族ではなく、超域的なネットワークで結ばれ活動する一握りのエリート集団、「帝国貴族」にすでに上昇していたのである。

彼の時代には独自の家門意識も形成されつつあった。それを示すのが家修道院の創建である。八四五／八四六年頃、リウドルフは妻とともに、遠きローマへの巡礼行に出た。その際、拝謁したローマ教皇からの贈り物として、五世紀初頭の二人の教皇の聖遺物を得ている。八五六年、リウドルフはガンダースハイムの地に女子修道院を建立し、両教皇を守護聖人として祀《まつ》った。

ガンダースハイム修道院は典型的な「私有教会」である。貴族は家領内に私財を投じて教会や修道院を建立し、その守護《フォークト》として聖職者を自由に任免した。さらに、財産や所領を寄進して持続的で安定した支配と経営の拠点とする一方、同地を管轄する伯の影響力を排除すべく、国王に対してその保護と、伯の立ち入りや裁判権行使を禁じる不輸不入権《インムニテート》の授与を働きかけた。

1—3　リウドルフィング家の系譜図『聖パンタレオン年代記』(12世紀後半)、第226葉（ヴォルフェンビュッテル、大公アウグスト図書館蔵）

　この頃ザクセンでは、有力貴族が競うように女子修道院を建て、幼い娘たちの保護と養育を託した。それはまた、寡婦《かふ》となった貴族女性が穏やかな余生を送る場でもあった。ガンダースハイムでも、歴代院長職にはリウドルフィング家の娘や係累が就いた。オーダも夫の死後同院に身を寄せ、前出の修道女ロッツヴィートによれば実に一〇七歳となる九一三年まで生きたとされる。創建者をはじめとする家門に由緒ある故人の魂の救済のために記念祈禱《メモリア》を掌《つかさど》り、その記憶を後世に伝えること、これも女性たちに託された重要な任務であった。

2　大フランク帝国の分裂

東フランク王国の成立

ここで目を帝国史に転じる。

カール大帝の孫たちの時代になると、今日のドイツの空間的枠組みが初めてその輪郭を見せるようになる。八四三年に締結されたヴェルダン条約で、ルートヴィヒ二世が得た東フランク王国がそれである。大フランク帝国の相続をめぐって三人の兄弟が激しく争い、均等に三分割することで最終的に合意した結果であった。末弟のシャルル二世（〝禿頭王《とくとう》〟）は、西フランク王国の領有を認められた。長兄の皇帝ロータル一世が継承した南北に細長い中部フランク王国は、その死後ロートリンゲン、プロヴァンスおよびブルグント南部、そしてイタリアの三つに再分割された。その後、「東」はロートリンゲンを併合してドイツの、「西」はフランスの歴史的母胎になっていく。

フランク王国に特有な分割相続は、メロヴィング朝の事実上の創始者であるクローヴィス（?～五一一年）の死後に、四人の息子たちが王国を均等に分割し継承したことに由来する。[5] 王国をあたかも王家の私的な相続財産であるかのように見なす国家観の背後にあるのは、「公」と「私」の未分離というアルカイックな社会の現実である。分国王の一人が男子の後継者を欠

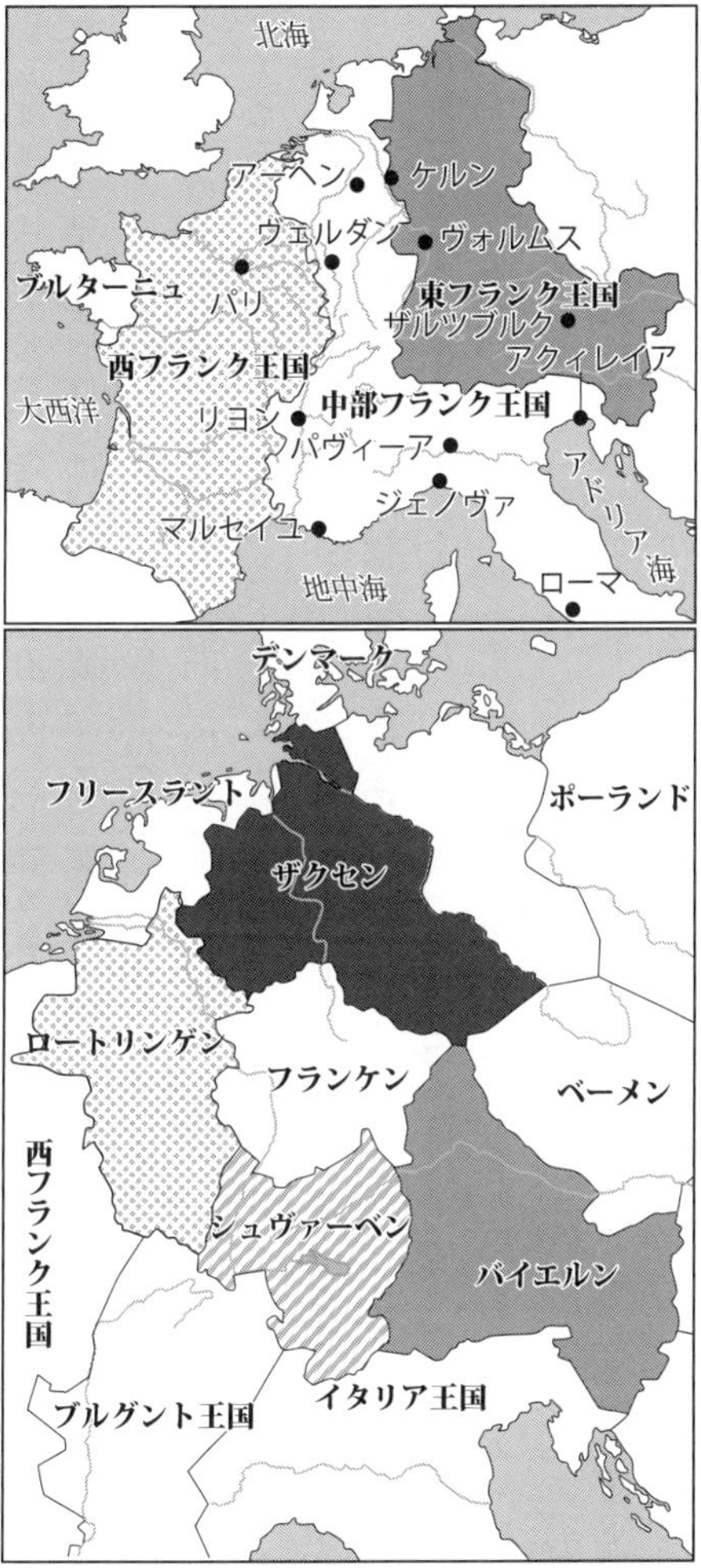

1—4　ヴェルダン条約による帝国の分割（上）と東フランク王国の分国構造

いたまま死去した場合、その国土は存命中の兄弟が統治する他の分王国に帰属する。こうして存続する「兄弟共同体」は、王家一族による王国の独占的相続を可能とするが、そこには予想されるように王家内部のはてしなき権力抗争へとエスカレートする火種も潜んでいる。メロヴィング朝の衰退の主たる要因も一族間の内紛であった――。

ところで、ルートヴィヒは、〝ドイツ人王〟というあだ名で呼ばれることが多い。これは、近世の歴史家が「ゲルマン」=「ドイツ」という（今日でもしばしば見られる）誤った解釈に基づき与えたものである。同時代人が与えたあだ名は「ゲルマーニア」、すなわちライン河以東の地の国王（*rex Germaniae*）であった。「ドイツ人」という概念はこの頃まだ存在しなかった。

ヴェルダン条約をもって、「ドイツ王国」の成立を画するのもまだ早すぎる。カロリング王家内の私的事情に基づく分割相続は、その領域を画定するに際して王国の住民たちの言語的・民族的属性を考慮してはいなかった。そもそも、ヴェルダン条約自体、あくまでも暫定的性格の妥協の産物であって、さらなる分割、あるいは逆に再統合の可能性を内に秘めていた。三つの分王国の将来は、なおまったくオープンな状況にあったのである。

フランク人とザクセン人の分国

実際のところ、ルートヴィヒ二世が八七六年に死去した後、東フランク王国は三人の息子たちにより再度分割された。長男カールマンはバイエルンおよび東方の辺境地域を、次男ルートヴィヒ三世（〝若王〟）はフランケン、ザクセン、テューリンゲンを、末弟カール三世はシュヴァーベン、エルザスほかを各々分国として相続した。

「分国」とは、東フランクなどの分王国を構成する行政上の下部単位で、カロリング朝期に新たに設置された。現代のドイツを特徴づける地域的な「多元性」と「対等性」の調和的な共生関係、たとえば地方分権的連邦体制の淵源《えんげん》は、この時代にまで遡る。その分国内では、有力貴族が伯職のみならず、辺境地域の防衛を託された辺境伯といった重要官職、広大な所領、そして王家との姻戚関係を梃子《てこ》に互いに鎬《しのぎ》を削り競合していた。

カロリング家の分国王に次ぐ実力者が頭領的大貴族《プリンケプス》である。ルートヴィヒ三世の「フランク人とザクセン人の分国」においては、リウドルフィング家のほかにバーベンベルク家、それにコンラート家がその代表格であった。

リウドルフィング家興隆の直接のきっかけとなったのは、そのルートヴィヒ三世が八六九年頃にリウドルフの娘リウトガルトを妻に娶《めと》ったことであった。ルートヴィヒの宮廷には、妻の兄弟のブルーノとオットーの姿がしばしば見出される。リウドルフィング家はまたこの時期、同じ分国の中で特にマイン＝フランケン地方を権力基盤とするフランク人の帝国貴族家門バーベンベルク家との結び付きを強めている。オットーは、バーベンベルク家の惣領《そうりょう》ハインリヒの娘ハトヴィヒを娶り、八七六年頃に生まれた三男にこの母方の祖父の名を与えた。後の国王ハインリヒ一世である。

ところが、上昇気運にある同家の行く末に影が差すことになる。九世紀は、ノルマン人（ヴァイキング）やハンガリー人[6]のいわゆる「第二次民族移動」が始まった時代である。当時、東・西フランク王国にとって最大の脅威となったのはノルマン人であった。八八〇年、リウドルフィング家の惣領ブルーノ率いる精鋭の軍隊は、エルベ川畔に侵攻してきたノルマン人の大軍を迎え撃った。しかし、結果は壊滅的な敗北であった。死者はブルーノ以外にも司教二名、伯一一名、分国王ルートヴィヒの直臣一八名ほか多数に及んだ。

大フランク帝国の最終的分裂

リウドルフィング家にとっての不運は続く。最大の庇護者《ひごしゃ》ルートヴィヒ三世を失ったのである。

この時期、各分王国の支配者たちを予期せぬ世代交代の波が襲うことになった。八七五年〜八八四年の一〇年の間に、カロリング王家の国王八人と王族の男子五人が相次いで死去したのである。東フランクでは八八〇年に長男カールマンが病死し、バイエルンは、その非嫡出子アルヌルフの手をすり抜け、ルートヴィヒ三世の支配下に編入された。末弟のカール三世は兄のカールマンが目指した皇帝位を得るべくイタリアに軍を進め、八八一年、「東」の国王としては初めて皇帝として授冠された。

ところが、翌八八二年、三兄弟中最も精力的であったルートヴィヒ三世も病死し、カール三

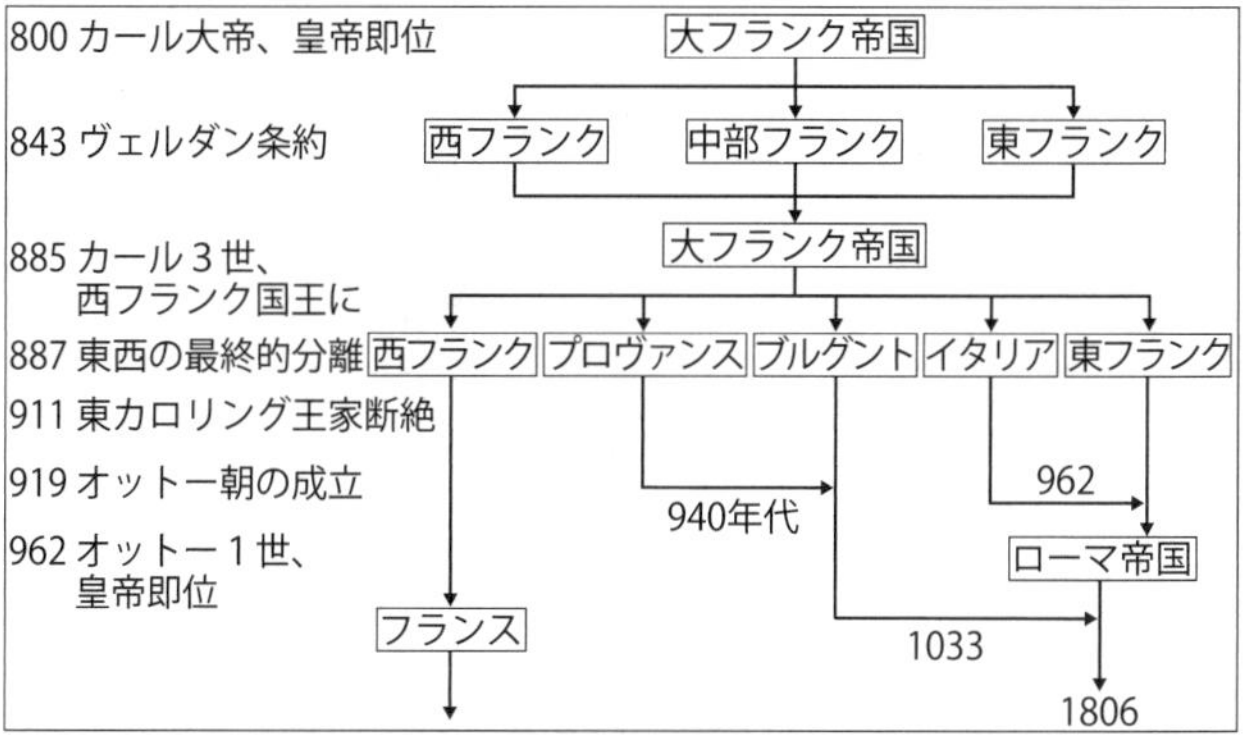

１―５　大フランク帝国の分裂と再統合

世は期せずして皇帝にして東フランク王国の単独支配者の地位を得ることとなった。加えて、「西」でも二人の国王が相次ぎ事故死の不運に見舞われ、八八五年、有力貴族はカール三世に王位を提供した。この結果、分裂へと向かいつつあったカール大帝の大フランク帝国は、ヴェルダン条約の四二年後、再び一人の共通の君主の支配の下に服することになったのである。

もっとも、カール大帝と同名の曽孫による帝国の再統一は、王族の相次ぐ死という偶然の連鎖の結果であり、彼個人の政治的力量によるものではなかった。このときに西フランクが直面していた最大の懸案は、ノルマン人の度重なる襲撃への対処であった。だが、カール三世が示した宥和的《ゆうわてき》姿勢と行動の鈍さは、統治者としての資質の欠如を露《あら》わにするものであった（一二世紀半ばに彼に付されたあだ名は、いみじくも〝肥満王〟である）。傑出した軍事指揮官としてルートヴィヒ三世、カール三世の二代に仕えたバーベンベルク家惣領

1—6　カロリング時代の騎馬兵
『黄金の詩篇集』（9世紀末頃）（ザンクト・ガレン修道院蔵）

の伯ハインリヒも、八八六年のパリでの対ノルマン人戦において戦死を遂げた。

　さらに、病弱なカールは同年末から繰り返し卒中の発作に襲われ、後継者問題が取り沙汰されるようになる。カロリング王家内でただ一人の正嫡であることを理由に各分王国を相続した皇帝は、皮肉なことに自らの嫡男に恵まれなかったのである。八八七年一一月、甥《おい》のアルヌルフは、東フランク王国の有力貴族の支援を得て蜂起し、カールを廃位に追い込んだ。

　この皇帝失脚事件の結果、大フランク帝国は再度分裂した。ただし、今回は五つの分王国にである――東・西フランク、ブルグント、プロヴァンス、そしてイタリア。しかも、各分王国の新国王は、「東」を除きもはやカロリング家の出ではない。「西」では、ノルマン人との戦闘で名声を博したロベール家のパリ伯ウードが王位に就いた。

　アルヌルフはその後、教皇の求めに応じて二度にわたるイタリア遠征をおこなった。そして、八九六年、ついにローマを強大な武力をもって攻略し、皇帝として戴冠したことで、その権威はピークに達したかに見えた。ところが、同地から北上して行軍中、新皇帝は重度の卒中の発作に襲われてしまったのである。病床に臥《ふ》せったアルヌルフが死去したのは、三年後の八九九年末である。後に遺《のこ》した正嫡の息子はルートヴィヒ四世ただ一人であった。〝幼童王〟というあだ名が物語るように、当時わずかに六歳であった。

3　東カロリング家の衰微

バーベンベルク・フェーデ

ところで、アルヌルフが八八七年に王位を奪ったとき、新たに重用したのは、正妻の出身家門であり、「フランク人とザクセン人の分国」の中でもライン＝フランケン地方を本拠地とする帝国貴族コンラート家であった。同じ分国内で競合関係にあるリウドルフィング家のオットー、あるいはバーベンベルク家のハインリヒが遺した息子たちは、当初政権の中枢から遠ざけられた。

もっとも、アルヌルフはその晩年、勢力均衡を図る目的からオットーにも肩入れしている。彼にはツヴェンティボルトという名の非嫡出子がおり、イタリア遠征に先立ちロートリンゲンの分国王に就けていた（八九五年）。イタリアからの帰還後、そのツヴェンティボルトとオットーの娘オーダとの結婚を取り結ばせたのである。だが、正嫡の弟ルートヴィヒが九〇〇年に新国王に即位して間もなく、孤立したツヴェンティボルトは、在地貴族との戦闘であえなく殺害されてしまった。その後、同地方に向けて勢力の拡大を図ったのはコンラート家である。

幼少の国王の後見者的存在として事実上統治の実権を握ったのは、聖界諸侯ではマインツ大司教ハットー一世、コンスタンツ司教ザロモー三世、世俗貴族ではバイエルンとその東方の辺境地域に勢力を張る帝国貴族家門ルイトポルディング家の始祖ルイトポルト、そしてコンラート家の惣領の伯コンラートであった。

コンラート家は、八九七年以来バーベンベルク家との間に凄絶な私闘《フェーデ》を繰り広げていた。「フェーデ」とは、自らの侵害された権利を、公的な裁判ではなく実力行使で回復する一種の自力救済で、一定の手続きを踏めば合法的な紛争解決法と見なされた。もっとも、氏族間での復讐の連鎖へとエスカレートし、社会を無秩序状態に陥れていく危険を常に内に秘めていた。バーベンベルク家のアーダルベルトは、四年前に殺害された兄弟たちへの報復として、九〇六年にコンラートとフリッツラーで闘い、これを倒した（二月）。だが、そのアーダルベルトもマインツ大司教ハットーの奸計《かんけい》にかかり処刑された（九月）。ヴィドゥキントはこのときハットーが弄した二枚舌について、次の有名なエピソードを伝えている。

最後に、深刻な争いを調停するために最高位の聖職者〔ハットー〕が派遣された。この者は、アーダルベルトの城に足を踏み入れると、一つの誓約を立てた。それは、彼のために国王との和平を実現させるか、さもなくば彼を無傷でその住処《すみか》に連れ戻す、というものであった。アーダルベルトは、この契約に同意し、その上で忠誠と友好のためにささやかな食事を提供することを申し出た。司教はこれを断り、直ちに城を出立した。

ところが伝えられるところによれば、ハットーは従者全員とともに城を後にしたとき、次のように呼ばわったという。「嗚呼《ああ》、人はしばしば、一度は断ったものが後になって再び提供されるならば、それを所望したくなるものだ。あまりに長い道程と夜更けの時間は、余を疲れさせる。我々は、空腹のままで一日中旅することはできないのだから」。アーダルベルトは、喜んで司教の膝の前に腰を屈《かが》め、城に戻って食事を摂《と》るよう切に請うた。司教は、アーダルベルトとともに再び城に戻った。ところで、司教の考えによれば、自らはそのことで誓約した義務を果たしたことになる。なぜならば、司教は実際のところ、彼〔アーダルベルト〕を無傷でその住処に連れ戻したのだから。その後、アーダルベルトは、司教によって国王ルートヴィヒに引き渡され、有罪の判決を下された後、処刑されてしまった。

（『ザクセン人の事績』第一巻二二章）

ヴィドゥキントに先立ち、すでにリウトプランド『報復の書』もこの物語を詳述している。オットー……アーダルベルトの姉妹ハトヴィヒは、前述のように後の国王ハインリヒ一世の母である。オット一朝宮廷に伝わる口頭伝承が共通の情報源と思われる。まさしく、バロニオの言う「鉛の世紀」である――「歪められた悪に溢れかえるがゆえに」。

若き日のハインリヒ

バーベンベルク家の敗北は、リウドルフィング家の政治的影響力の後退を意味する大きな痛手であった。ただし、オットーはこの私闘に直接加わることはなかった。むしろ、同じ九〇六年に息子ハインリヒを異教徒のダレミンツィ族征伐に派遣している。史料で初めて確認されるハインリヒの動向である。生年は八七六年頃と推定されており、三〇歳前後のことである。

ザクセン地方の東端を画するエルベ川とその東方のオーデル川との間の地域には、中世初期以来異教徒の西スラヴ系諸民族が進出していた。ダレミンツィ族はその一つで、マイセン周辺が定住地域である（五六頁の地図を参照）。ハインリヒは初陣を飾り、故郷に無事帰還した。

ところで、ほぼ一世紀後に東ザクセン地方のメールゼブルクの司教として『年代記』を著したティートマルは、『ザクセン人の事績』を引いて同じ事件を叙述した際、このダレミンツィ族の住む地方に位置するロンマッチュで、当時なお〝異教的迷信〟が蔓延《はびこ》っていたことを伝えている。

ロンマッチュは、エルベ川から二マイル〔三キロ弱〕も離れていないところに位置する泉の名である。それはある湖の水源である。そこでは、地元の住民が真実であると主張し、数多くの目撃者も認めるように、しばしば不可思議なことが起きる。穏やかな平和が土地の者に幸《さち》を与え、ここの大地が豊饒《ほうじょう》を拒まぬとき、そこは小麦、烏麦《からすむぎ》、オークの実で覆われ、頻繁に集《つど》い来たる近隣の幾多の住民たちの心を歓喜させる。ところが、苛酷な戦闘の嵐が吹き荒れるとき、それは血と灰燼《かいじん》によって、将来の出来事についての確たるお告げを与えるのである。地元の住民たちは皆、教会にも増してこの泉を不安と期待を抱きつつ崇拝しかつ畏怖している。

（『年代記』第一巻三章）

自然界の巨大な樹木、岩、泉などに宿る霊を神々として崇敬する素朴なアニミズムと、農耕社会の豊饒祈願が合体した姿である。ザクセン戦役以来すでに二世紀の時を経ている。だが、キリスト教の伝道はなお表面的なものにとどまり、民衆の信仰世界の深層には到達していない。

二人の妻

ハインリヒに関するもう一つの出来事は結婚である。もっとも、それは二度に及んだ。最初の結婚は九〇六〜九〇八年頃、相手はメールゼブルクの領主の娘である。

この間ハインリヒは、ハテブルクという名の女性の名声を聞きつけ、若者の愛への情熱に動かされて結ばれることを望んだ。彼女は領主エルヴィンの娘であった。父は、前述の都市〔メールゼブルク〕の大半（中略）を所有していたものの、息子はおらず、死に際して二人の娘たちにそれを遺したのであった。その彼女の美貌と豊かな遺産の利益のために、ハインリヒは、自らの望みを叶《かな》わせるべく急ぎ介添えの使者を遣わし、約束を請い求めさせた。

（同第一巻五章）

メールゼブルク司教が、結婚の主たる理由が財産目的の野心であったと批判していることが注目される。もう一つの問題は続く一節である――「もっとも承知してはいたのである、彼女〔ハテブルク〕が寡婦であり、すでに袈裟《けさ》を纏《まと》っていたことを」（同前）。教会は女性の再婚に対しては否定的であり、ましてや夫の死後に修道院に身を寄せた寡婦との再婚は、この結婚から一世紀を経たティートマルの時代には、教会法に反するスキャンダラスな行為にほかならなかった。ティートマルは、同地を管轄するハルバーシュタット司教がハインリヒを破門の罰をもって威嚇したと伝えている。

しかし、キリスト教の禁欲的モラルがまだ浸透していない辺境の俗人世界では、現実には同時に複数の妻を持つ複婚も珍しくはなかったようである。半世紀前のヴィドゥキントは、結婚の事実自体について言葉を濁し、ハテブルクの名にも言及していない。
それから間もない九〇九年。

この間、タンモが生まれていた。しかし、妻に対する国王の愛情は衰えていた。彼は、その美貌と財産のゆえに、マティルデという名の処女に密《ひそ》かに恋い焦がれていたのであった。それからほどなくして、隠された愛情の炎は燃え上がることとなった。ついに彼は、誤った結婚によって重い罪を犯してしまったと告白し、親族と使者を通じて、国王ヴィドゥキントの一族の出のディートリヒとラインヒルトの娘〔マティルデ〕に対して、自らの望みに服するよう頼み込ませたのである。女心とは従順なものである。マティルデもまた、ハインリヒがあらゆる点で秀でていることを見て取ったので、この申し出を認め、聖俗の双方において価値ある妻となった。

（同九章）

ヴェストファーレン地方の名門貴族イメディング家の出のマティルデは当時一三歳。夫より二〇歳年下である。引用文中で〝国王〟とされている祖先のヴィドゥキントについては先に触れた。ハインリヒの変節の理由は、この間二人の兄たちが早世しており、リウドルフィング家の将来の惣領として、名家との結び付きが期待されたからである。なお、離縁されたハテブル

1―7　コンラート・アストファルク画「ハインリヒのマティルデへの求愛」（1896年）（ヘルフォード国民高等学校蔵）

クは、再び修道生活に戻ったようである。『メールゼブルク死者祈念の書』の六月二一日の項に、彼女と覚《おぼ》しき女子修道院長の名が見える。もっとも、ハテブルクが婚資としてもたらしたメールゼブルクの地を、ハインリヒはその後も保持し続けた。息子のタンモ（〝タンクマル〟の愛称形）は、この恨みを後に異母弟のオットーに向けることになる。

レヒフェルトの悲劇

この頃、国王後見人の筆頭格であるハットーと並ぶもう一人のキーパーソンが命を落としている。

ルートヴィヒ四世の即位と同じ九〇〇年、東フランク王国にとってノルマン人に代わる新たな脅威として東方から姿を現したのが、異教徒の騎馬民族ハンガリー人である。九〇七年、バイエルンの頭領的大貴族ルイトポルトは、ウィーンの東方に位置するブラティスラヴァ近郊で彼らとの決戦に臨んだ。しかし、無惨なまでの大敗を喫し、ルイトポルト、ザルツブルク大司教、司教二名のほか、多数の伯が戦死した。

リウトプランドはハンガリー人の狂暴さを、偏見と誇張を交えて次のように活写する。

喉《のど》の渇いた者は冷たい飲料を激しく求めるものだが、この狂暴な民族以上に戦闘を渇望する者は、他に見た例《ため》しがないほどである。彼らを悦《よろこ》ばせるものは戦いを除いて他に何もない。私がこの民族の起源について書き記した書物で読んだところによれば、その母親たちは、息子たちを産むと直ちにその顔を極めて鋭利な刃物で切り刻むという。それは、乳の滋養を与えられる前に傷の痛みに耐えることを学ばせるためである。生きている者たちは、親族の死を嘆き悲しむ代わりに自らの身体《からだ》に傷をつけるという。この話は先の一節に対し信憑性を与えるものである。この者どもは神をもたぬ不信心な輩《やから》なのであり、実際のところ涙を流す代わりに血を流すのである。

（『報復の書』第二巻三章）

九一〇年、幼い国王ルートヴィヒは、フランク人とシュヴァーベン人から成る大軍を召集し、アウクスブルクの南のレヒ川畔でハンガリー人を迎え撃った。だが、同じ戦場で四五年後に繰り広げられることになる歴史的決戦とは逆の結果となった。長文ではあるが、ギリシア・ロー

1—8　雪に覆われた冬のレヒフェルト

マの古典的知識をちりばめたリウトプランドのドラマティックな叙述から引用する。

かくして、アウローラ〔暁の女神〕がティトヌースのサフラン色の臥所《ふしど》を離れて立ち昇る、その前に、血を渇望し戦いに飢えたハンガリー人は、まだ眠りこけているキリスト教徒に早くも襲いかかったのである。多くの者たちが目を覚まされたのは、敵勢の叫び声を聞くよりも前に放たれたその矢によってであった。寝床で槍《やり》に刺し貫かれた他の者たちは、喧騒《けんそう》によっても傷によってももはや起き上がることはなかった。生の息吹は、眠りよりも素早く彼らの元を立ち去ったからである。その後、至る所で激しい戦いが起きたものの、トルコ人〔ハンガリー人〕は、あたかも逃走するかの素振りで背を向けつつ、その弓矢で多くの者たちを鋭く地に撃ち倒した。（中略）

すでにポエブス〔太陽〕が沈みゆき七つ時《どき》に達したとき、明るく輝くマールス〔勝利の女神〕はなおルートヴィヒの側に味方していた。しかし、その後、狡猾《こうかつ》なトルコ人は、あらかじめ待ち伏せを仕掛けた後、あたかも逃走するかの如き素振りを示した。そこで、国王の軍隊は、この術策を知らぬまま彼らの後を全速力で追跡し始めたところ、それまで雌《し》伏《ふく》していた敵勢が至る所から姿を現したのである。かくして、敗者と思われた者が今や勝者をなぎ倒したのであった。国王は、自らが勝者から転じて打ち負かされる有様を驚愕《きょうがく》の念をもって見る結果となった。この不幸は、かかる顚末《てんまつ》を予期していなかっただけに、なおさら重くのしかかって来たのである。その場の光景は、広大な森と野が死体で覆い尽くされ、川と水路が血に赤く染まっている姿であった。馬の嘶《いなな》きと喇叭《らっぱ》の叫喚は、逃走する者たちには繰り返し恐怖心を、追跡する者たちにはますます鼓舞を与えたのであった。

（同四章）

戦闘では四年前のバーベンベルク・フェーデで殺害されたコンラートの弟で、ロートリンゲンの統治を託されていたゲープハルトも倒された。確かに、ハンガリー人の一部は帰還に際しバイエルンで、ルイトポルトの息子アルヌルフが率いる軍隊によって打ち負かされた。しかし、国王の権威失墜は今や誰の眼にも明らかであった。国王の側近であるコンスタンツ司教ザロモ
ーは、友人宛の書簡中で聖書から次の一節を引いている。——「王が若輩である国よ（中略）、

お前こそは禍《わざわ》いだ」(『コーヘレト書』一〇・一六)。

第二章
少年時代の世界
——オットー朝の始まり

オットーとエディット（推定）

オットーとエディット（推定）の石像

マクデブルク大聖堂、13世紀半ば頃。

オットーが建立した大聖堂は、1207年の火災で焼失した。その後大司教アルブレヒト（在位1205～32年）、ヴィルブラント（同1235～53年）により、ゴシック様式での再建が進められた（図７－２参照）。通称「天国の夫婦」と呼ばれる作品は、後者の時代に制作されたと推定される。玉座に坐《ざ》す理想的支配者像については、これを大聖堂の創建者であるオットーとエディットの夫妻と解釈するのが通説である。もっとも、世界の統治者としてのイエス・キリストと擬人化された教会と見なす異説もある。

なお、近年エディットの亡骸《なきがら》が発見されたとのニュースが駆け巡った。2008年、考古学者チームによって大聖堂の内陣後方の回廊にある彼女の石棺（図３－５参照）の中から、長さ70センチの鉛製の棺《ひつぎ》が発見された。蓋に刻まれた碑文は、エディットの遺骨を1510年にこの中に収納したと書き留めていた。それが正しいことは、その後の科学的検証によって2010年に確認された。身長は157センチと推計され、大腿部《だいたいぶ》の関節には騎乗による摩耗跡が確認された。遺骨を包んだ布は、王妃の地位にふさわしいシルク製であった。同年10月22日、遺骨は新たに製作されたチタン製の棺に納められ、再び元の場所に安置された。

1　ハインリヒ一世によるオットー朝の樹立

新国王コンラート一世

対ハンガリー人戦に大敗した翌九一一年の九月二四日、ルートヴィヒ四世は独身のまま親政を行うこともなく、一七〜一八歳で早世した。ここに東フランク王国のカロリング家の王統はついに断絶した。キングメーカーのマインツ大司教ハットーの後押しを得て一一月に後継国王に選出されたのは、二八歳前後の若きコンラート一世である。前記のコンラートの息子で、この間にライヴァルの相次ぐ死によって最大の実力者となり、幼少の国王を事実上そのコントロール下に置いていた。

しかし、その船出は多難な将来を暗示する事件から始まった。ロートリンゲン地方の一部有力貴族は、すでにその死の直前の夏、病身の国王ルートヴィヒを早々に見限り、西フランク国王ウードの後継王位を獲得していたカロリング家のシャルル三世（〝単純王〟）に鞍替《くらが》えしていたのである。コンラート家が同地方に多大な権益を有していたこともあり、新国王はこの甚大な損失によって出鼻を挫《くじ》かれる形となった。

コンラートは、九一二年から翌九一三年にかけて三回に及ぶロートリンゲン遠征をおこなった。しかし、いずれも為《な》すところのないまま失敗に終わった。彼が国王として本来期待され、

2—1　コンラート1世の国王印璽（912年、DKoI 7）（マールブルク、ヘッセン州立文書館蔵）

また解決すべきもう一つの懸案はハンガリー人からの国土防衛であった。ところが、度重なる外敵の侵攻に正面から立ち向かったのは、国王に次ぐ実力を有する各地の頭領的大貴族たちであった。バイエルンのアルヌルフは、規模は小さいものの九〇九年と九一〇年に、さらに九一三年には母の兄弟であるシュヴァーベンの有力貴族エルカンガーとベルトルトの兄弟らと協力して勝利を収めている。これに対し、コンラートは、権力基盤であるフランケン地方が直接侵攻に見舞われることがなかったためか、自ら軍隊を率いて戦闘に臨むことはついぞなかった。

ロートリンゲンの喪失と対ハンガリー人防衛への無策は、国王の威信を傷つけ、選出者の期待を裏切るものであった。頭領的大貴族たちの眼から見れば、コンラートはその王位獲得を彼らの賛同と助力に負っているのであり、詰まるところ同輩者中の第一人者であるにすぎない。しかし、その権威低下にもかかわらず、コンラートが頑《かたく》なに譲歩を拒み、自らがあたかもカロリング家の国王であるかの如く居丈高に振る舞い続けたことは、これら諸侯の側からの激しい反発を招くことになった。そして、国内の抗争が泥沼化していく中で、若き国王は独自の統治を積極的に実践できないまま、結果的に自らの精力を使い果たしていくことになる。

なお、この間の九一二年一一月三〇日にはリウドルフィング家のオットーが高齢で死去している。亡骸はガンダースハイム女子修道院に埋葬された。その後継者たるハインリヒとその妻マティルデの間に祖父の名を受け継いだ最初の男子が生まれたのは、八日前の一一月二三日のことであった。

最後のフランク人国王

国王と諸侯との最初の軍事衝突は九一五年、ハインリヒとの間で起きた。両者の勢力が角逐するフランケンとザクセンの境界で、二度にわたり戦闘が繰り広げられた。しかし、休戦が成立し、以後相互不干渉の関係が保たれることとなった。むしろ、コンラートにとって命取りとなったのは、バイエルン、シュヴァーベンの頭領的大貴族との四年間にわたる抗争である。

前年の九一四年、前王の後見役であったコンスタンツ司教ザロモーがシュヴァーベン内部の権力闘争に絡んでエルカンガーによって拘禁されるという事件が起きていた。コンラートは司教救援の軍隊を進めたものの、そのことでエルカンガーの甥であるバイエルンのアルヌルフをも敵にまわし、両地方を戦場とする熾烈《しれつ》な抗争の連鎖に火を点《つ》けてしまうという結果になった。

九一六年に挙兵したアルヌルフに対して、確かに国王軍はバイエルンの首都レーゲンスブルクの攻略に成功し、アルヌルフはハンガリー人の元に逃亡した。ますます孤立化を深める中でコンラートが支援を期待できたのは、一族を除けば教会勢力のみであった。同年九月二〇日にフランケンとシュヴァーベンの境界域にあるホーエンアルトハイムで開催された教会会議は、「主の塗油されし者」たる国王の神聖にして不可侵なる権威を高らかに決議した。

しかし、翌九一七年、コンラートがこの間捕縛されていたエルカンガー兄弟の処刑を断行したことで、抗争は極点に達する。シュヴァーベンでは兄弟のライヴァルであったブルヒャルト二世が、新たに分国の頭領の地位を襲った。バイエルンでも逃亡していたアルヌルフがハンガリー人の元から帰還し、レーゲンスブルクを奪還、同地に駐屯していた王弟エーベルハルトを駆逐することに成功した。

九一八年、コンラートは自ら軍を率いてバイエルンに進撃したが、めぼしい戦果を挙げることなく空しくフランケンに引き返した。一二月二三日に三五歳前後という若さで死去した国王の死因を、ヴィドゥキントはアルヌルフとの戦闘で受けた傷に帰している。この時点で東フランク王国は、分裂・解体の危機に直面していたと言っても過言ではあるまい。

ハインリヒの国王推戴

その後、国王〔コンラート〕はバイエルンに軍を進め、アルヌルフと闘ったが、ある人々が報じるように、そこで傷を負い、故郷に帰還した。そして、国王は、自らが病身であり、かつ当初の幸運《フォルトゥーナ》が去ってしまったことを悟った。弟〔エーベルハルト〕が訪ねて来たとき、呼び寄せ語った。「弟よ、わしは、この命をもはや長らえることはできないと感じている。神がそのように定め命じられたのであり、重い病がわしを苦しめている。それゆえ、お前は自ら充分に熟慮し、フランク人の王国全体のために汝がなすべき最善のことについて心を砕き、兄たるわしの助言に留意するのだ。弟よ、我々は、軍隊を召集し指揮することができる。我々は、城塞や武器、国王の権標、国王たる地位が必要とするものすべてを有している。ただし、我々には幸運と適性が欠けているのだ。幸運は、弟よ、傑出した才能とともどもハインリヒの手に移った。国家の決定権はザクセン人の下に在る。だから、これらの権標、すなわち聖槍、腕の黄金の留め金、加えてマント、剣、古《いにしえ》の諸王の冠を手にしてハインリヒの元に赴くのだ。そして、彼を常に同盟者とすべく友誼《ゆうぎ》を結ぶのだ。一体何ゆえに、ハインリヒを前にして、フランク人の人民が汝とともに没落していかねばならぬのか？　彼こそは、真の国王にして多数の諸民族に対する命令者なのだから」。このように告げると、弟は落涙しながら了解したと返答した。国王はそれから間もなくして亡くなった。

（『ザクセン人の事績』第一巻二五章）

九一八年一二月二三日の国王コンラートの死から、翌九一九年五月中旬の新国王ハインリヒ一世の選出に至るまでの五ヶ月の間、統治者を欠いた東フランク王国で一体何が起きていたのか。この点は、同時代史料の欠如のためまったく不明である。歴史人類学的な「記憶史論」を唱えてドイツ中世史研究に転換をもたらしたJ・フリートが、「二〇世紀の歴史学においてもなお未解決の大きな謎」と評したゆえんである。(1)

ハインリヒの息子オットー一世が九六二年にローマで皇帝として戴冠して以降、リウトプランド『報復の書』、アーダルベルト『レーギノ年代記続編』といった本格的な歴史叙述作品が相次いで成立した。それらの叙述があるにもかかわらず、繰り返し引用され続けたのは、コルヴァイの修道士ヴィドゥキントが『ザクセン人の事績』で描き出した、コンラートの「政治的遺言」によって平和裡《へいわり》に実現した〝王位禅譲〟についての最も詳細かつドラマティックな物語である。

そこで、エーベルハルトは、国王に命じられたようにハインリヒの元に赴き、服従してすべての宝物を引き渡し、和約を結んだ後、友誼を得た。それを死のときまで誠実にして堅く守り抜いた。それから、フリッツラーと呼ばれる地にフランク人の軍隊の指導者と有力者が集結すると、エーベルハルトは、すべてのフランク人とザクセン人の人民の前で、ハインリヒを国王へと指名した。ハインリヒに対し「マインツ」大司教――当時はヘリガーがその地位にあった――によって塗油と王冠が提供されたとき、彼は、それを無下に斥《しりぞ》けこそしなかったものの、しかしながら受け入れることはしなかった。彼は「充分である」、彼は述べた。「余にとっては、並み居る有力者たちに先んじて、神の恩寵《おんちょう》と汝らの恩愛のお蔭《かげ》で、国王と呼ばれ、指名されたことだけで。塗油と王冠は、余よりもふさわしい者の手に帰することはあっても、余がかかる名誉に値する者であるとは思わない」。かくして、この言葉は、すべての会衆の意に適《かな》うものとなり、人々は、天に向かって右手を挙げ、祝福を祈願しつつ新国王の名を繰り返し大きな歓呼をもって叫んだのである。

（同二六章）

オットー朝宮廷伝説？

『ザクセン人の事績』の劇的な叙述が研究者によって評価されたのは、諸民族ないし諸侯による満場一致での新国王選出を伝えるリウトプランドやアーダルベルトとは異なり、分裂の危機に瀕《ひん》していた当時の東フランク王国の政治的状況に最も合致しているからである。だが、〝事実〟は、幾重もの「記憶のヴェール」に包まれたままである。

三点の史料は、確かに基本的方向性（コンラートの死の床での後継指名、国王権標の移譲、有力貴族の集会での新国王選出等）において一定の共通性を示す。しかし、細部ではかなり異なっている。王弟エーベルハルトの主導的役割、フランク人とザクセン人のみによる国王選出、選出地としてのフリッツラー、マインツ大司教による塗油の提供と拒絶は、ヴィドゥキントのみが伝えている。

2―2　ハインリヒ1世『皇帝年代記』（1112～14年）、第40葉（裏）（ケンブリッジ大学コーパス・クリスティ・カレッジ蔵）

他方、リウトプランドとアーダルベルトとの間にも齟齬《そご》はある。前者は、コンラートが自らの死の床に、ハインリヒと逃亡中のアルヌルフを除く王国の頭領的大貴族たち全員を呼び寄せ、言わば荘厳な「王国会議」を開催したとしている（『報復の書』第二巻二〇章）。これに対し、後者によれば、呼び寄せられたのは、コンラートの「兄弟と親族、すなわちフランク人の有力者たち」（『レーギノ年代記続編』九一九年の項）のみであった。

口承世界における「記憶の変容」と「想起された過去」の連鎖関係を鋭く説くフリートによれば、当時の歴史叙述者の思考を規定していたのは、「そもそも過去に何があったのか」という客観的考証ではなかった。「そもそも過去は〝現在〟にとっていかにあるべきか」という主観的要請であった。事件から約半世紀の歳月を経て成立した前記史料は、「もはや正確な事件の報告を提示するものではない。これらはいずれも、文字をもって書き留められる以前の時点においてすでに、長きにわたりオットー朝宮廷やその他の場所を起点とする口頭伝承の針穴へと圧《お》し込められていたに相違ない(2)」からである。

仮に三点の史料の共通の「原」情報が「口頭伝承の針穴へと圧し込められていた」、すなわちハインリヒによる王権獲得を事後的に正当化すべく宮廷周辺ですでに加工、整形され伝説として流布していたとするならば、共通点を抽出して〝事実〟を再構成するという歴史学のオーソドックスな手法は意味を成さないであろう。一九世紀以来の文献実証主義は、歴史的〝事実〟と構築された〝虚構〟を峻《しゅん》別《べつ》してきたが、言語学的転回を経験した今日の歴史研究は、後者を排除するのではなく、それをも対象とするのが基本的スタンスである。もちろん、その方法論的危うさのゆえに、「オットー朝宮廷伝説」説に対する批判も尽きることはないのであるが……。

ヴィドゥキントにとっての主観的〝真実〟ではなく、叙述の核心に潜む客観的〝事実〟として確実視しうることはわずかである――コンラート死後の権力の真空状態の中、かつて互いに競合していた二人の頭領的大貴族、すなわち前王の弟として王位に最も近い立場にあるエーベルハルトと、ライヴァルのハインリヒが、長期に及ぶ異例の交渉の末、後者の王位継承について合意に達し、「友誼同盟」を締結するに至った。おそらく以上に尽きるであろう。ライヴァルとの対等な友好関係の樹立による利害調整は、この後のハインリヒの基本的な統治スタイルとなっていく。

フランク人からザクセン人への王権移転？

オットーの皇帝戴冠から間もなく『オットー事績録』（九六五／九六六～九六七年）を著した前出のロッヴィートは、王国の担い手の変化について次のように明言する。ハインリヒの登位は、「唯一永遠に支配し、あらゆる諸王の時代を統《す》べる諸王中の王〔神〕が、フランク人の高貴な王国を、名高きザクセン人へと移転すべく命じられた」、その賜物《たまもの》であった、と。(3)

しかしながら、「ドイツ王国」の成立を画する事件として、しばしば過大なまでに重視されてきた九一九年の王朝交替は、革命的な断絶ではなく、むしろ権力構造の連続性として理解されるべきである。帝国貴族の一員としてのリウドルフィング家とコンラート家の共通点は多々ある――同じ分国を枠組みとする政治的共生、東カロリング王家との血縁関係、その王家の庇護による台頭……。コンラートが死去したとき、本来その後継国王となるべき弟に兄が遺したのは、ロートリンゲンの喪失、バイエルン、シュヴァーベンでの果てしない抗争、そして王国分裂の危機というまさしく負の遺産であった。

それゆえ、一人孤立したエーベルハルトが「フランク人とザクセン人の分国」におけるコンラート家の既得権益を継承・維持しようとする限り、同じ分国内のもう一人の頭領的大貴族の助力を仰ぎ、その代価として兄の後継王位を提供することは、ほとんど唯一の選択肢であった。

フリッツラーがハインリヒの国王選出の場として選ばれたのも、それがフランケンとザクセンの境界域に位置するのみならず、コンラート家とリウドルフィング家の最終的和解の場としての意味合いが込められてのことであった。一三年前の九〇六年、この地で国王コンラート一世とエーベルハルトの兄弟の父コンラートは、バーベンベルク家との私闘においてアーダルベルト、つまりハインリヒの母ハトヴィヒの兄弟によって倒されていたからである。

前国王コンラートに対するハインリヒの友好的姿勢は、国王登位後も変わることはなかった。新国王は翌九二〇年、前王の亡骸が埋葬されたフルダ修道院に墓参している。また、コンラートの特権状（証書）の内容を確認するに際しても、その名前を挙げることを怠ることなく、自らを歴代東フランク国王の伝統の中に位置付けた。さらに、ハインリヒのみならずその後継国王たちは、コンラートへの追悼を「記念祈禱《メモリア》」という形で長らく保持し続けたのである。

東フランク王国の再統合

王国はこのとき、四分五裂の危機的状況下にあった。

ハインリヒは、新国王といえどもこのときすでに四三歳前後。残された時間は長くはない。喫緊《きっきん》の解決すべき懸案は二つである。分裂した国内の再統合、そして外敵ハンガリー人の脅威の打破。

この間の「南」の動向も定かではない。シュヴァーベンの頭領ブルヒャルト二世、バイエルンのアルヌルフのいずれも、コンラートと熾烈な闘争を展開し、その強権的統治スタイルに最後まで抵抗していただけに、「北」のフランク＝ザクセン同盟と直ちに行動をともにするという選択肢はなかったはずである。ヴィドゥキントからの引用を続ける。

かくしてハインリヒは国王になると、全軍を率いてアレマニエン〔シュヴァーベン〕大公ブルヒャルトと闘うために出陣した。この者は不屈の戦士であるものの、大変賢明であり、国王の攻撃に耐えられないと悟ると、彼の城塞と臣下すべてとともに服従した。首尾良く事が運ぶと、国王は、次に大公アルヌルフが統べるバイエルンへと向かった。この者がレーゲンスブルクと呼ばれる都市に立て籠もったとの報《しら》せを受け取り、国王は彼を包囲した。しかし、アルヌルフは、国王に抵抗するだけの力がないことを見て取り、市門を開き国王の下に進み出て、彼の分国すべてとともに服従した。彼は、名誉をもって国王によって受け入れられ、「国王の友人」と称せられた。

（『ザクセン人の事績』第一巻二七章）

シュヴァーベン遠征は九一九年、バイエルンは九二二年と推定される。ただし、いずれも全面的な武力行使には至っていない。二人の頭領的大貴族はこのとき、新国王の支配に服する代わりに「大公」の官職称号を授与され、現状の地位を事実上追認された。分国全体に及ぶ自立的支配権の確立を目指した両名は、今や国王の名において正当化された統治権（司教の任命権、王宮と王領地の用益権）の行使を、各々の「大公領」において託されたことになる。

国制上の正式の官職としての「大公」は、その創設のきっかけを、コンラート死後の権力の真空状態を背景としつつ、ハインリヒがフリッツラーに始まる国王選挙を段階的に継続し、相応の譲歩と引き替えに南の両分国の頭領的大貴族から王位承認を取り付けねばならなかった歴史的事情に負っていたのである。分立主義的傾向の強い両者を官職授与を通じてコントロール下に取り込み、地域的中間権力を東フランク王国の統治体制の基本的構成要素に据えたこの再建策は、以後の国制の展開にとって画期的な意味をもつことになる。

ロートリンゲンの奪還

ハインリヒの統治スタイルは、「平和と協調」（リウトプランド『報復の書』第二巻二〇章）の二語によって象徴される。

国王と大公を対等なパートナーとしての関係で取り結ぶ絆《きずな》である「友誼同盟」は、ロートリンゲンの帰属をめぐる対外交渉においても有効な解決策として機能した。九二一年、ハインリヒは、西フランク国王シャルル三世とボン近郊で会した。「東」と「西」の両王国の自然の境界線たるライン河の中間地点に錨《いかり》をおろした船の上で、両者は「一致した協定と共通の友誼」(4)を交わした。アルヌルフとウードの会談以来実に二六年ぶりとなる東西国王の会見の内容は、ハインリヒが現状を追認し、ロートリンゲンに対する支配権主張を事実上断念するというものであった。

この譲歩と引き換えにハインリヒが獲得したのは、西フランク側が作成したボン条約の証書の中で彼に冠された称号である。九一一年にロートリンゲンを獲得して以来「フランク人の国王」を称してきたシャルルは、「西フランク人の国王」と名乗り、ハインリヒもこれに対応して「東フランク人の国王」として言及される。

その意味するところは、カロリング家はもとより、フランク人の生まれでさえないハインリヒが、ただ一人の正統カロリング国王に対し、自らの王権がフランク的伝統に連なり西フランク王権と対等な地位に立つことを承認させた、ということになる。これは、カロリング朝の長い歴史において前例のない、まったく初めての出来事である。他方、シャルルが従来の「フランク人の国王」に「西の」という文言を付加したことは、大フランク帝国全体に対する支配権主張の自己限定を意味するものであった。

翌九二二年、シャルルは、対立国王に擁立された前王ウードの弟ロベールによって王位を脅かされることになる。ロベールは、翌九二三年にシャルルとの戦闘で斃《たお》れたが、シャルルもその直後に反カロリング国王派のヴェルマンドワ伯エリベール二世の策謀にかかって捕縛され、投獄された。ハインリヒは同年、ロベールの後継国王に担ぎ出されたその女婿のラウルとの間にも友誼同盟を締結した。そして、九二五年、巧みな外交交渉と軍事的圧力によって、頭領的大貴族であるレギナール（レニエ）家のギーゼルベルトに率いられたロートリンゲンを、

「東」に再帰属させることについに成功したのである。
分裂の危機に瀕していた東フランク王国の再統合プロセスは、こうして終結を見ることとなった。このときに画定された境界線は、実に一四世紀に至るまで東西両国を分かつ最も持続的なものとなる。

2　オットーの結婚

弟ハインリヒの誕生

ハインリヒ一世とマティルデの間に次男が生まれたのは、九一九年の国王登位から九二二年までの間である。父と同名の「ハインリヒ」と命名されたオットーの弟は、母の特別な愛情を得て育てられた。だが、そのことが裏目に出てか、後に兄に対して二度にわたり叛旗《はんき》を翻すことになる。ティートマルは、ハインリヒの誕生にまつわる不気味な秘話を伝えている。

いかなる人間であれ、その本性は、不屈であるべく身を堅めることよりも、むしろ堕落するほうへと傾きがちである。それゆえ、私は、かのお方〔ハインリヒ一世〕がかつていかに嘆かわしきことを犯したか、敬虔《けいけん》な人々に対する戒めと警告とすべく、口を開くこととする。

かのお方は、主の最後の晩餐《ばんさん》の日にしたたか酔っぱらい、続く夜、悪魔に唆《そそのか》されて、許されざりしことに、妻〔マティルデ〕の激しい抵抗にもかかわらず同衾《どうきん》するに及んでしまった。かかる罪深き所業へと焚《た》き付けたサタン、すなわち人間の救済の破壊者は、ある高貴な婦人にこう語った。「ところで今しがた、わしに唆されて王妃マティルデは、夫の要求に屈し、その結果息子を宿すこととなった。だが、この息子がわしのものであることに疑いの余地はない。良いか、汝は、今明かされたかかる重大な秘密を決して口外してはならぬのだ」。かの婦人は心中で深く悲しんだ挙げ句、直ちに王妃にこのことを伝え、併せて警告を与えた。身近に常に司教と司祭たちを置き、赤児が誕生した際には、呪うべき悪魔が自慢した如くその喜びとして生じたあらゆるものを、直ちに洗礼の聖水をもって赤児から洗い落とすように、と。それから、彼女は神に感謝を捧《ささ》げたのであった。

（『年代記』第一巻二四章）

最後の晩餐の聖木曜日はキリスト教の斎日《さいじつ》であり、性的交わりは教会により厳禁されている。それゆえ、ハインリヒの誕生は、悪魔《サタン》に唆されて泥酔した国王が犯した罪業《ざいごう》そのものであった。

悪魔とは何もかにも知ったかぶりをする者であるが、自らが欺《あざむ》かれたのを見て取ると、婦人を非難した上で付け加えた。「わしの企《たくら》みは、今や汝の恥ずべき軽口によって潰《つい》えた。

だが、わしが勝ち得たことがある。わしの同胞たる不和がこの赤児と将来その腰から生まれ出ずるすべての者たちの元を立ち去ることは、今後決してないであろう。彼らが確たる平和の時を享受することなど、断じてないのだ」。

（同前）

確かに、かの赤児は洗礼の聖水の力によりその穢《けが》れを洗い落とされ、救い出された。しかし、次男ハインリヒとその子孫が常に王家の不和の種であり続ける、という悪魔の言葉は不気味に響く。もちろん、それは後世になって書かれた書物である以上、すでに過去に起きた事件についての「事後予言」である。それゆえ、当然ながら的中することになる。

九二六年ヴォルムスの宮廷会議

登位から七年を経た九二六年の一一月、ハインリヒはザクセン以外の地で初めて大規模な会議を開催した。場所はフランケン地方のヴォルムスで、王国全体に関わる懸案が議論された。

第一点はハンガリー人との休戦協定の締結である。同年、ハンガリー人は王国全土を蹂躙し甚大な被害を与えたが、戦闘で指揮官の一人が捕らわれた。ハインリヒは、この捕虜の身柄引き渡しおよび毎年の貢納金の支払いと交換に、九年間の休戦を取り付けたのである。そこで国王が国土防衛のために講じた策は、農民戦士を中核とする城塞建築令の布告であった。

まず最初に彼は、農民戦士の九人の中から一人を選び、城塞に住まわせた。その任務は、他の八人の仲間たちのために住居を建て、収穫全体の三分の一を受け取り保管することであった。残りの八人は、九人目のために種を蒔《ま》き、収穫し、収穫物を集め、それを彼らの場所で保管することになっていた。国王は、裁判、あらゆる集会、饗宴《きょうえん》を城塞にて開催させた。その目的は、危急の際に敵に対して何をなすべきか、そのことを平時に学ぶためであった。そして、城塞の建造のために、人々は昼夜を問わず働いたのである。城塞の外にはわずかに粗末な壁があるか、あるいは何もない様であった。

（ヴィドゥキント『ザクセン人の事績』第一巻三五章）

プロフェッショナルな戦士身分としての「騎士」が登場するのは、一一世紀以降のことである。それ以前の兵農未分離の時代には、武装を自弁できる農民が農閑期に戦士として従軍することも珍しくはなかった。ただし、ヴィドゥキントのみが伝える「農民戦士」の性格については、国王直属の封臣・従士、国王によって召集された自由身分の農民、あるいは城塞外の平地に住む戦士など、研究者間で長年の議論がある。同じく「城塞建築令」についても、その対象地域がザクセンとテューリンゲンに限定されるのか、王国全土に及ぶのかは不明である。

第二点は新シュヴァーベン大公の任命である。大公ブルヒャルトは同年四月、九二二年以来イタリア国王も兼ねていた女婿のブルグント国王ルードルフ二世の支援のため、北イタリアに軍を進めたが、戦闘で殺害された。後任には九一〇年の対ハンガリー人戦で斃れたコンラート家のゲープハルトの息子で、この間フランケン大公に任じられていたエーベルハルトの従兄弟《いとこ》にあたるヘルマンが任命された。新大公は前任者の寡婦を妻に迎えた。ヘルマンはライン＝フランケン地方を本拠地とし、シュヴァーベンにとってはよそ者であったため、この「輸入大公」の任命により、同地に対する王権の影響力は強化される結果となった。

第三点は聖槍の獲得である。義父の戦死で事実上イタリア王位を放棄したルードルフは、このときヴォルムスの宮廷会議の場に姿を現した。その際、ハインリヒがバーゼルほかのシュヴァーベン地方の一部をルードルフに割譲するとの交換条件で獲得したのが、「聖槍」である。

この槍は他の槍とは外観が異なり、珍しい方法と珍しい姿形で作り上げられている。穂先の中央近くの両側に開口部があり、側穂《そくほ》の代わりに二つの美しい刃が槍の中央の傾斜部まで達しているのである。この槍については、生命《いのち》を授ける十字架を発見した聖ヘレナの息子のコンスタンティヌス大帝が、かつて所有していたものであると言われている。そして、この槍は、私が先に穂先と呼んだ尖端部《せんたんぶ》の中央に、我々の主にして救世主たるイエス・キリストの両手と両脚を打ち付けた釘《くぎ》で構成された十字架を配しているのである。

（『報復の書』第四巻二五章）

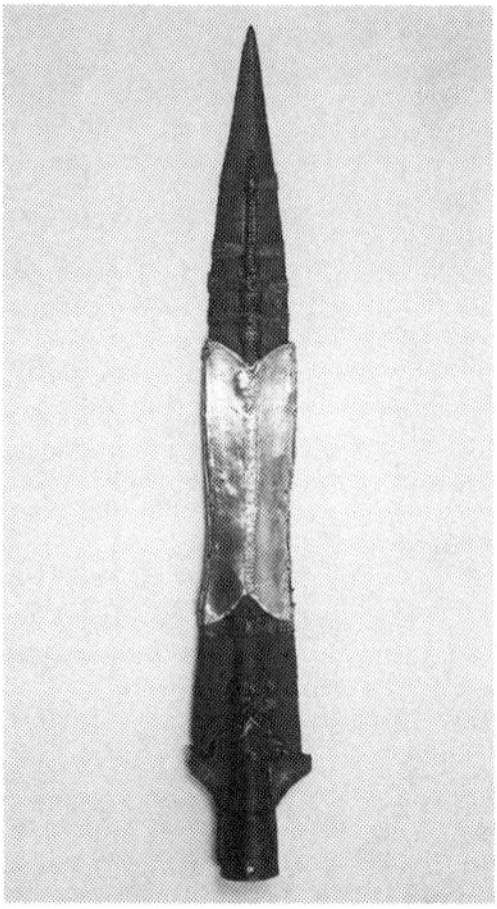
2—3　聖槍（ウィーン王宮宝物館蔵）

聖槍は国王権標の一つであると同時に、極めて貴重な聖遺物でもある。ただし、リウトプランドによる詳細な描写は、今日ウィーンの王宮宝物館に所蔵されているオリジナルの聖槍とは細部において微妙に異なる。また、その由来についても、リウトプランドは聖槍を、コンスタンティヌス大帝の槍と見なし、イタリア王国に対する支配権の象徴として理解していたが、オットー朝宮廷周辺では、三世紀末頃に今日のスイスのサンモリッツで殉教死したとされるローマ帝国のテーベ軍団の指揮官、聖マウリティウスの槍であると考えられていた。聖槍が、イエスの脇腹を突いたとされるローマ人兵士ロンギヌスの槍であると信じられるようになったのは、後世のことである——。

ハインリヒの息子のオットーは、異教徒に対する戦勝を約束するこの聖人を篤《あつ》く崇敬した。登位直後の九三七年には、聖マウリティウスを守護聖人として祀る修道院をマクデブルクの地に建立した。さらに九五五年のレヒフェルトの戦いでは聖槍を自ら手に取って出撃することになる。

スラヴ人女性との恋

オットーの少年時代については一切不明である。誕生の次にその名が史料に登場するのは、一六歳の若者になった九二九年、彼が結婚したときのことである。

しかし、実はその直前に高貴なスラヴ人女性との間に男子を儲《もう》けていた――。

ハインリヒは九二八年末の冬から翌九二九年九月にかけて、将来の対ハンガリー人戦の前《ぜん》哨《しょう》戦《せん》として、エルベ川以東のスラヴ系諸民族に対し軍事遠征を繰り返し遂行した。それはまず、エルベ川中流域のブランデンブルクを拠点とするヘヴェル族に向けられ（九二八／九二九年冬）、さらに南方のダレミンツィ族、ベーメン大公ヴァーツラフ一世の統治するプラハにまで及び、最大の抵抗勢力である北方のレダーリ族との激闘をもって終結した（九二九年九月五日）。

いずれも勝利を収めて貢納義務を課したのだが、ブランデンブルク攻略戦の際に、ヘヴェル族の指導者の息子トゥグミールなる者を捕虜とし、ザクセンの地に連行した。オットーは、このときトゥグミールとともに連れてこられた女性――おそらくはその姉妹――と恋に落ちたようである。ヴィドゥキントは、オットーがスラヴ語を話すことができたと伝えているが（後述一一二頁）、それも彼女の影響かと思われる。

二人の間にはやがて男子が生まれ、リウドルフィング家では先例のない名前を与えられた――ヴィルヘルム。赤児は非嫡出子に生まれた者の例に漏れず、聖職者の道を歩むこととされ

0 50 100 150 km
バルト海
デンマーク
ヴァグーリ族
オルデンブルク
オボトリート族
ハンブルク
エルベ川
ウクラー族
レダーリ族
ブレーメン
フェルデン
ハーフェルベルク
オーデル川
ヴァルタ川
ザクセン
ヘヴェル族
ヒルデスハイム
ヴェーザー川
ミンデン
ヴェルラ
ブランデンブルク
ポーランド
マクデブルク
ガンダースハイム
コルヴァイ
ハルバーシュタット
パーダーボルン
クヴェトリーンブルク
ペールデ
ラウジッツ族
ナイセ川
ウンストルート川
エレスブルク
メールゼブルク
ソルブ族
メムレーベン
マイセン
エルベ川
ミルツェン族
フリッツラー
エアフルト
ツァイツ
ダレミンツィ族
アルンシュタット
ザーレ川
フランケン
ザールフェルト
ベーメン
テューリンゲン
プラハ
ヘヴェル族 スラヴ系部族領域
スラブ系城塞
大司教座
司教座

2－4 東ザクセン地方とエルベ川以東のスラヴ系諸民族

た。

その後、トゥグミールは九四〇年、今や国王となったオットーの後押しでブランデンブルクに送り込まれ、ヘヴェル族に対する支配権を奪取することになる。彼と姉妹のその後の運命は不明である。ただし、ザクセンのメレンベック修道院の「死者祈念の書」の五月二五日の項にトゥグミールの名が残されている。捕虜の身でキリスト教を受洗したスラヴ人の若者は、故郷への帰還後もザクセン人貴族と良好な関係を保ち続けていたようである。

その姉妹は、オットーが王女と正式に結婚する際に関係を絶たれ、同院に修道女として入った……。そう考える研究者もいるが、なお憶測にとどまっている。

ウェセックス王家の花嫁

「〔レダーリ族に対して〕勝ち取られたばかりの勝利の歓喜は、王家の結婚式によってさらに高められた。それはこの頃、見事なまでの豪華さをもって挙行された。国王は息子のオットーに、アングル人の国王エドマンドの娘で、アゼルスタンの妹を妻として与えたのである」（ヴィドゥキント『ザクセン人の事績』第一巻三七章）。

妻の名はエディット（エドギタ、本章扉参照）。正しくは、イングランドのウェセックス王家の前国王エドワード（〝長兄王〟、在位八九九〜九二四年）の娘で、エドマンド（在位九三九〜九四六年）はその異母弟である。異母兄の国王アゼルスタン（在位九二四〜九三九年）は、ウーチェスター司教率いる婚姻使節に、花嫁候補としてエディットとともに彼女の妹も送り込んでいた。オットーは直ちに姉を選んだ。結婚式の時期は九二九年の九月後半、場所は東ザクセンのハルツ地方、クヴェトリーンブルクの王宮と推定される。同地は、直前にハインリヒから妻マティルデに寡婦財産として贈与されたばかりであった。「寡婦財産」とは、夫が先立った場合に備えてあらかじめ妻に提供された、寡婦生活を保障するための資財である。若き夫婦が生活を始めたのは、嫁資として新妻に授けられたエルベ川畔のマクデブルクの地であった。

オットーはこのとき一六歳、エディットは同年齢かわずかに年上の一七／一八歳であった。二人の間には翌九三〇年頃に長男リウドルフが、九三一年頃には長女リウトガルトが生まれる。殉教者のノーサンブリア国王オズワルト（?〜六四二年）を先祖に有するウェセックス王家との結び付きは、まだ歴史の浅いザクセンの王家にさらなる権威と正統性を付与することになった。

なお、ウェセックス王家はこの時期、ノルマン人の脅威への対抗策として、西欧諸国の王家と様々な婚姻同盟を締結していた。たとえば、エディットの実姉オトギヴァ（エドギフ）はすでに九一八／九一九年、西フランク王国のシャルル三世の二番目の妻に迎えられていた。彼が九二三年に失脚、幽閉された後、王妃は当時二歳前後の幼子ルイを伴って故郷のウェセックス宮廷に帰還した。シャルルがペロンヌの牢獄《ろうごく》で死去したのは、オットーの結婚直後の九二九年一〇月七日である。

父ハインリヒの婚姻政策は、オットーの妹ゲルベルガにも向けられた。彼女もオットーの結婚とほぼ同じ九二八／九二九年、ロートリンゲンの頭領的大貴族ギーゼルベルトと結婚している。夫は併せて大公位を授けられた。これでロートリンゲンの帰属問題に終止符が打たれることとなった。

王国非分割の原則

婚姻に先立ち、王家の将来に関わる重大な決定がすでに下されていた。長男オットーの単独王位継承である。もっとも、この決定は明文化されてはおらず、シュヴァーベン地方の修道院(ライヒェナウ、ザンクト・ガレン)の「祈念の書」の分析に基づく研究成果である。

九世紀末以降、貴族が修道院に相応の財産を寄進して修道士との間に「祈禱《きとう》兄弟盟約」を結ぶ慣行が広まっていた。その見返りに親族・友人たちの名前を「祈念の書」に一括して記載してもらい、死後の魂の救済のための記念祈禱《メモリア》を託するのである。ミサや聖務日課での修道士による代禱を介して結ばれた、言わば「聖」と「俗」、生者と死者、現世と来世との間のネットワークの構築である。「祈念の書」は、最後の審判で救済を約束された善行者の名を記した「生命《いのち》の書」(『ヨハネの黙示録』二〇・一二)のアナロジーである。こうした「祈念の書」を通した俗人の集団的救済典礼は、ハインリヒの時代に最盛期を迎えた。[5] それに代わって命日に基づく個々人の救済に力点を置いた「死者祈念の書《ネクロローグ》」が主流となるのは、一一世紀以降のことで

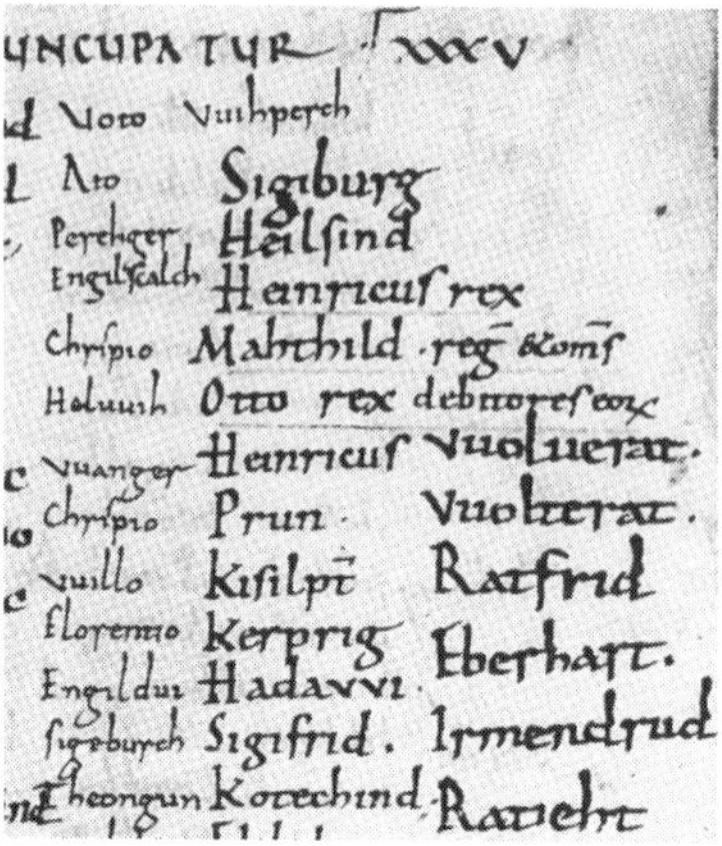

2—5　ライヒェナウ修道院「祈念の書」第63葉表（拡大）　中央列上部にOtto rex（国王オットー）の記載が見える（チューリヒ中央図書館蔵）

ある。

このうち九二九年後半にライヒェナウ修道院で作成された祈念の書の記載は、オットーの結婚直前にザクセン宮廷から送られた国王夫妻の親族および友人たち計三四名の人名リストに基づいている。そこには「国王ハインリヒ、王妃マティルデ、国王オットー、ハインリヒ、ブルーノ、ギーゼルベルト、ゲルベルガ、ハトヴィヒ〔以下、二六名の名前が続く〕」と記されている。三番目の「国王オットー」に続く二人は、弟のハインリヒ（八歳前後）とブルーノ（四歳）である。ギーゼルベルトは前出のオットーの妹ゲルベルガの夫、ハトヴィヒはオットーの末の妹である。オットーは、まだ実際には王位に就いていないにもかかわらず、父とともに「国王」と冠されている。つまり、父王は、オットーの結婚に際し二人の弟を将来の王位継承候補から外し、長子のみに王位を単独で相続させ、もはや王国を分割しないことを定めたのである。なお、先妻ハテブルクとの間に生まれたタンクマルの名は、ようやく一二番目に見える。事実上の非嫡出子としての扱いである。

カロリング家の王位交替の度に繰り返された王国の分割相続はこうして回避され、王家内の多分に偶然的な事情とは切り離された、一個の政治的共同体としての王国の安定性と連続性が担保されることになった。もちろん、このときに下されたのは、あくまでも王家内における将来の相続の決定であって、オットーはこのとき共同国王になったわけではない。

ただし、「王国非分割の原則」の意義はあまり過大に評価すべきではない。実際のところハインリヒは、王国を分割するだけの強大な力を持ち合わせてはいなかったからである。彼は、フランケンのコンラート家と提携し、シュヴァーベン、バイエルンの頭領的大貴族と友誼同盟を結んだ後、統一国王としてようやく承認された。このため、王国をあたかも王家の私的な相続財産であるかのように三分割し、同盟者である大公たちの上位に息子たちを据えることは現実には不可能であったのだ。

九二九年に問題となったのは、「王国の分割か統一か」という国家理念上の原理原則ではなかった。三名の嫡出男子のうち誰が王位を継承するのか、という王家内部の決断が問われていたのである。年齢からすると、選択肢は事実上一つしかなかった。国王の強固な意志というよりは王権の弱体さのゆえに下されたこの決定は、皮肉ではあるが、結果的に王国統治の継続的な安定化に大きく貢献することになる。なお「公」と「私」の未分離なアルカイックな世界ではあるものの、両者の分離に向けた第一歩は、こうして踏み出されることになったのである。

だが同時に、この決定によって、王妃マティルデと長男オットーの間には将来の不和の種が芽生えることともなった。王妃は次男ハインリヒをことのほか愛していたのであった。なお、四歳の末子ブルーノは聖職者の道を歩むべく、この頃ユトレヒト司教の手に託されている。

3　リアーデの勝利

対ハンガリー人戦の準備

宿敵ハンガリー人との戦いは、ハインリヒの側から通告された。休戦期間の九年が経過する前の九三二年の末のことである。約束の貢納金を受け取りに到来したハンガリー人の使節を手ぶらで追い返したのである。弱点であった鎧《よろい》兜《かぶと》で身を固めた重装備の戦士による騎兵戦術を、絶えざる訓練で鍛え上げた上での満を持しての決断であった。休戦破棄の通告に先立ち、ハインリヒは人民に向けた演説の中で、異教徒との戦いに向けて神の御加護を求める決意を表明していた。

「かつてまったく混乱していた汝たちの王国が、いかなる危機から今や解き放たれたのか、それは汝たち自身のよく知るところであろう。汝たちは繰り返し、国内の争いや外敵による危機の下で苦悶しなければならなかったのだから。しかし、今や汝たちが見るように、我々への神の御加護、我々の尽力、汝たちの勇敢さによって、王国は再び平和を取り戻し、蛮族は打ち負かされ服従した。そして今、我々が為さねばならぬこと、それは共通の敵アヴァール人〔ハンガリー人〕に一丸となって立ち向かうことである。今日という日に至るまで、余は汝たち、汝たちの息子・娘たちから財貨を奪い取り、彼らの宝物庫を満たしてきた。余はこれからは、教会と聖職者からも奪い取らねばなるまい。我々にはもはや一文の金もなく、命だけが辛うじて残されているにすぎないからだ。（中略）余は、礼拝のために聖別された宝を取り、それを身代金として神の敵に与えるべきであろうか？　あるいはむしろ、我々が神によって救済されるべく、余は、この金によって礼拝の栄誉を高めるべきではないのか？　このお方は、まことに我々の創造者にしてかつ救世主でもあられるのだから」

（ヴィドゥキント『ザクセン人の事績』第一巻三八章）

翌九三三年三月、ハンガリー人はザクセンに向けての行軍を開始した。テューリンゲン地方に侵入した後、二手に分かれた。だが、西方に向かった部隊はザクセン人とテューリンゲン人の連合軍に打ち負かされた。ハインリヒ自らは東方の部隊に対抗して陣を構えた。この地について、ヴィドゥキントは「リアーデ」と記している。その正確な場所は不明であるが、ザクセンとテューリンゲンの境を画するウンストルート川沿いのカルプスリートであったと推定される。

リアーデの戦い

三月一五日、ハインリヒは決戦に臨んで鼓舞演説をおこなった。

国王は、陣地から出て軍隊を率いる際に、次のことを強く肝に銘じさせた。神の御慈悲に希望を託し、これまでの戦いと同じく、我々には神の御加護が味方していることを決して疑ってはならぬ。ハンガリー人は、あらゆる者の共通の敵なのであって、我々は、故郷と両親の防衛についてのみ心を砕くべきである。もし、彼らが男らしく戦場に姿を現すならば、我々は、それから間もなく敵が背を向けて遁走《とんそう》するさまを見ることになるであろう。

（同前）

神との直結性を強調するヴィドゥキントの姿勢は、前年末の演説と同じである。一方、リウトプランドによれば、ハインリヒは戦いの火蓋を切る直前に重装備の戦士たちに一つの策を与えた。

「汝たちは、マールスの戦闘劇に向け出撃を開始する際、たとえ足の速い馬を有するにしても、他の仲間に先んじて急ぎ前に出ようなどとしてはならぬ。むしろ、敵勢が最初に放つ矢による攻撃を防ぐべく、まず互いに楯《たて》で身を覆い隠すのだ。それから、全力で疾駆し、敵勢目掛けて激しく襲いかかるのだ。彼らは第二の矢による攻撃ができず、その前に汝たちの武器によって自らが傷を負っていることに気付くはずである」

（『報復の書』第二巻三一章）

戦闘は直ちに開始された。キリスト教徒の側からは、神聖にして奇蹟《きせき》をもたらす〝主よ《キリエ》、憐れみ給え《エレイソン》〟の声が挙がった。敵勢の側からは、悪魔の〝フィ！　フィ！〟という醜《みにく》い声が繰り返し鳴り響いた。

（同三〇章）

ハインリヒはまず、軽装備の戦士たちを前方に繰り出した。追撃するハンガリー人を自軍の主力の前に誘《おび》き出すためのおとりである。彼らを深追いした敵勢は、突如として眼前に現れた重装備の戦士たちの群れを見ると、第一の矢を放ったものの、苦手とする接近戦を嫌って直ちに後方に退いた。国王軍は互いに楯で身を覆い隠して矢を必死に耐え抜いた後、「最も洞察力のあるお方が語ったように、敵勢目掛けて急ぎ疾駆した。敵勢が第二の矢の嵐を放つ前に、その命は一つ呻《うめ》いてから去ったのであった」（同三一章）。

戦いは大規模な交戦、殺戮《さつりく》に至ることなく決着がつけられた。陣形の乱れたハンガリー人は退却が逃走へと転じ、雪崩《なだれ》を打ったように総崩れ状態に陥ったのである。

その結果、神の情愛の贈り物によって、敵勢にとっては戦闘よりもむしろ逃走のほうが喜ばしいという事態になった。そのとき、足の速いはずの彼らの馬が鈍重であるかに思われた。加えて、胸当ての飾りと武器の誉れは、今やハンガリー人にとって防具ではなく重荷でしかなかった。馬がより速く駆けるよう、弓は投げ捨てられ、槍は放置され、胸当てさえも外された。胸中にあるのは、ただひたすら急ぎ逃げ去ることだけであった。全能の神は彼らから闘争心を奪い去り、さらに逃走する術《すべ》をもことごとく斥けたのである。

（同前）

オットーはこのとき二〇歳。その名は言及されていないものの、父に従って参戦していたと思われる。

「祖国の父、強大な支配者にして皇帝」

ヴィドゥキントは、勝者として凱旋《がいせん》したハインリヒが、「敵に対する勝利をお許しになった神に向けての感謝の念を、それにふさわしいあらゆる方法を尽くして神の栄誉のために捧げた。

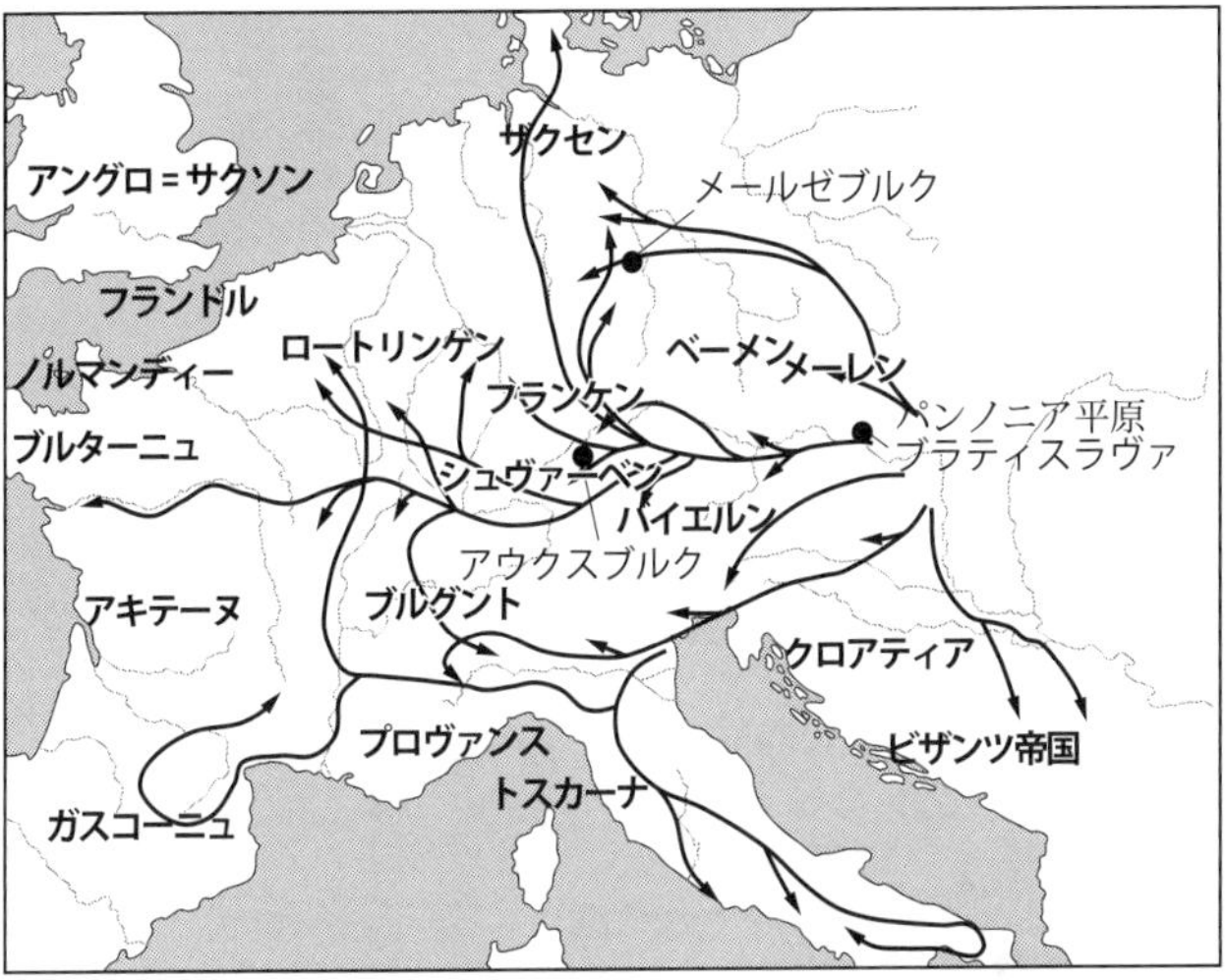

2—6　9～10世紀におけるハンガリー人のヨーロッパ侵攻

これまで敵に支払ってきた貢納を礼拝のために捧げ、それを貧者のための贈り物とした」と述べた後、次のように続ける。「彼は、軍隊によって「祖国の父、強大な支配者にして皇帝」の歓呼を受け、その権力と勇敢さの名声は、あらゆる民族と国王たちの間でさらに広まった」（同第一巻三九章）。

この歓呼の言葉「祖国の父、強大な支配者にして皇帝」は、戦場で実際に軍隊によって発せられたものではない。ローマ古典文学作品からの借用である。事実ハインリヒは、以下の叙述中でも引き続き「国王」の称号で呼ばれている。もっとも、ヴィドゥキントは、九五五年のレヒフェルトの勝利についての叙述でも同じ歓呼礼を繰り返すのである。後に改めて触れることとする。

勝利の反響は東フランク王国内のみなら

ず、西フランクにも達した。ランスの大司教座聖堂参事会員フロドアールの『編年誌』は九一九〜九六六年を対象とする同時代の記録として第一級史料であるが、その九三三年の項でもこの勝利を書き留めている。ただし、ハンガリー人側の損失について、「死者数は三万六〇〇〇人に及んだ。川で溺死した者ないし生きたまま捕虜とされた者は除く」というのは、明らかに伝聞情報に起因する誇張である。

「リアーデの勝利」はまだ決定的な勝利を意味してはいない。敵勢の多くは逃走に成功し、戦力を保持し続けた。侵攻は以後も繰り返されることになる。重要なのは、それまでの「不敗のハンガリー人」神話がこのとき崩壊したということである。

父の死

ハインリヒは勝利の余韻に浸る間もなく遠征を続けた。

翌九三四年には、エルベ川以東のスラヴ系ウクラー族、次いで北のデーン人に勝利し、貢納を課した。九三五年六月には、西フランク国内の抗争を仲裁すべく、西フランク国王ラウルの要請で東フランクとの国境に位置するイヴォワでの会見に赴いた。会談にはブルグント国王ルードルフ二世も加わり、三者間に友誼同盟が締結された。

「こうして周辺のすべての民族を征服すると、最後に彼はローマに赴くことを決意した。しかし、病のため旅は中止となった」（ヴィドゥキント『ザクセン人の事績』第一巻四〇章）。ローマ行計画については他の史料による裏付けを欠く。事実であったと仮定した場合、目的としては巡礼、あるいは皇帝戴冠のための軍事遠征が考えられる。なお、バイエルン大公アルヌルフは九三四年末から九三五年初頭にかけて、息子エーベルハルトにイタリア王位を獲得させるためにヴェローナに軍を進めていた。結局は抵抗に遭って失敗に終わったのだが、シュヴァーベン大公ブルヒャルトの先例（五二頁）も含め、南の両大公独自のイタリア政策に対する牽制《けんせい》のために、ハインリヒのローマ行は計画されたのかもしれない。

ハインリヒが悲劇に見舞われたのは、西フランクのイヴォワから帰還した後の秋のことであった。ハルツ山地で狩猟の最中に卒中の発作に襲われたのである。

翌九三六年春頃、国王の病状には改善の兆しが見られない。そこで、後継者問題を協議するために、有力貴族をテューリンゲン地方のエアフルトに呼び寄せた。

この病が悪化していくことを悟った彼は、すべての人民を召集して、息子オットーを国王に指名し、他の息子たちには土地を宝物と併せて分与した。ただし、最高至善なるオットーについては、他の兄弟たちとフランク人の王国全体の頭《かしら》に据えた。正当な手続きで遺言をしたため、すべての問題を適切に処理した後、彼は亡くなった――強大な支配者にして、ヨーロッパのすべての国王の中で最も偉大なる者、精神と肉体のあらゆる優秀さにおいて誰にもひけをとらぬ者が。

（ヴィドゥキント『ザクセン人の事績』第一巻四一章）

「国王ハインリヒ、熱心な平和の希求者にして異教徒の精力的な追跡者は、幾多の勝利を大胆かつ勇敢に闘い取り、その王国の領域を至るところで拡大した後、七月二日、その最後の日を終えた」（アーダルベルト『レーギノ年代記続編』九三六年の項）。
リウトプランドの讃辞《さんじ》は、古典的知識をちりばめたペダンチックな韻文である。

国王ハインリヒの洞察力がいかに優れ、その学識がいかに豊かであったか、それは、彼が最も有能にして敬虔な息子を国王に定めた事実が証している。嗚呼、最も洞察力のある国王よ、かくも優れた者が王位を継承しなかったならば、汝の死によって全人民は破滅に曝《さら》されたはずである。それゆえ、我々は両者への讃辞として次の詩を作ることとしたのだ。

汝、血腥き戦いで神をも畏れぬ異教徒を
打ち負かすことを常とする者
我々は知ったのだ、嗚呼、国王よ
汝が身罷《みまか》ったことで人民にいかなる廃墟《はいきょ》が遺されたかを！
親愛なる国王を突如として失った皆々に

悲嘆することを止めさせるのだ
全世界で尊ばれるもう一人が立ち現れたのだから
高名な父に生き写しの息子
国王オットー、その偉大な権力は
異教徒を圧して祝福された平和をもたらす。
ハインリヒの死によって失われたもの
それをこのお方は気高き生まれによって人々に取り戻す
聖なる者たちには好ましく穏和で忍耐強く
猛《たけ》き者たちには破滅と苛酷、狂暴を。
汝には幾多の者たちとの戦いが待ち受けている
戦いを通してその名は全天に知れ渡り
汝はその足で全世界に踏み入るのだ（後略）。

（『報復の書』第四巻一六章）

歴史叙述者たちの讃辞は尽きない。ハインリヒの享年は六〇前後、死去地はメムレーベンの王宮。亡骸はクヴェトリーンブルクに移送され、同地の女子修道院に埋葬された。

第三章
支配者への道
——若き国王の修行時代

聖マリア教会の二階席に据えられたカール大帝の玉座

聖マリア教会の二階席に据えられたカール大帝の玉座

良質な温泉の湧き出るアーヘンには、すでに紀元前からローマ人が定住していた。カール大帝にとって本来この地は、ザクセン戦役に向かう際の軍隊の集結地であった。780年代末以降、彼は、温泉と狩猟場を備えた同地に、冬の長期滞在用の壮麗な王宮、そして聖マリア教会（今日のアーヘン大聖堂）を建築し始めた（図３―１）。大理石の柱などの石材の一部は、ローマ教皇の許可を得て遠くイタリアの地から運ばれてきたものである。

カールは794年から803年の間、同地で毎年のように降誕祭を祝した。例外は、遠征先のザクセンで冬越しした797年と、ローマでの皇帝戴冠式に臨んだ800年のみである。そのときに冠を授けた教皇レオ３世は、４年後の804年にローマからはるばるアーヘンに到来している。カール晩年の806年以降になると、アーヘンは、冬に限らずほぼ恒常的に皇帝が滞在し、重要な王国・教会会議が開催される〝首都〟的な機能を担うようになった。カールは、死の前年の813年に息子ルートヴィヒ１世（〝敬虔帝〟、在位814～840年）を共同皇帝に指名した。その皇帝戴冠式は、ローマで教皇によってではなく、聖マリア教会において父帝自身の手で挙行された。アーヘンを都市的機能においてのみならず、政治・宗教的にも「第二のローマ」へと高めようとする試みである。

936年のオットー１世の国王戴冠式以降、1531年までの600年間に聖マリア教会で戴冠した東フランク＝ドイツ国王は実に33名を数える。1978年、同教会はドイツで最初のユネスコ世界遺産に登録された。

1　国王登位

アーヘンの国王戴冠式

このとき、オットーは平静さを装っていた。しかし、実はかなり緊張していた——。九三六年七月二日のハインリヒの逝去から、八月七日に挙行されたオットーの国王戴冠式までは、わずかに一ヶ月余りの期間である。晴れの場として選ばれたのはロートリンゲン地方のアーヘンである。同地で式を催すことはすでに父の生前に決定され、入念に準備されていたと考えられる。

ヴィドゥキントは、聖マリア教会での厳かな儀式の模様を鮮やかに詳述している。それによれば、儀典は「世俗」と「教会」の二部構成であった。

そこに人々が到来すると、大公と有力な伯、およびその他の卓越した戦士たちの一団は、カール大帝の聖堂に繋《つな》がる柱廊広場に集結した。彼らは、新たな指導者をそこに据えられた玉座に推戴《すいたい》すると、両手を差し伸べ忠誠を誓い、その敵すべてに対抗して彼を支援することを約束し、慣習に従って彼を国王とした。

（『ザクセン人の事績』第二巻一章）

この世俗的臣従儀礼は、聖マリア教会の外で執り行われた。列席した大公が誰であったかは、戴冠式後の祝宴の席で新国王に奉仕する宮内職を司《つかさど》った顔ぶれから知ることができる——前国王コンラート一世の弟のフランケン大公エーベルハルト、バイエルン大公アルヌルフ、ロートリンゲン大公ギーゼルベルト、それにシュヴァーベン大公ヘルマン。

次いで、参列者一同は教会内での戴冠式へと移動する。アーヘンは教会組織上はケルン大司教管区に属するが、このときに式を掌《つかさど》ったのは、東フランク王国内の五人の大司教の筆頭格であるマインツ大司教のヒルデベルトである。式はミサ典礼の一部として主祭壇前で挙行され、「戴冠」と並んで「聖別」が重要な要素となる。

彼［オットー］がその姿を現すと、大司教は迎えに出た。白い祭服《アルバ》で身を包んだ上を頸垂帯《ストラ》と上祭服で飾った大司教は、左手で国王の右手に触れる一方、右手には杖《つえ》を携え、そこから聖域の中央まで歩み出て立ち止まった。大司教は、聖堂の地上階と二階の周廊にあってぐるりを取り囲む人民のほうに向き直ると——このためその姿を、すべての人民が見ることができた——、「見よ」、大司教は述べた。「私が汝たちの前に導くのは、神によって選ばれ、かねてより強大な支配者ハインリヒによって指名されていた、しかし今やすべての君侯によって国王とされたオットーである。もし、汝たちがこの選出をふさわしいと思うならば、右手を天に向け挙げることで、その意を示すのだ」。これに呼応して、すべての人民は右手を高く掲げ、新たな指導者の幸運を大きな歓呼をもって言祝《ことほ》いだ。それから大司教は、フランク人風にぴったりと身体《からだ》に合った衣服を纏った国王とともに、祭壇の後ろへと歩み寄った。そこには国王権標が置かれていた。剣と剣帯、マントと留め金、杖と笏《しゃく》、冠がそれである。

（同前）

北イタリアのラヴェンナのサン・ヴィターレ教会を範として建造された聖マリア教会は、八角形の二層構造であり（図3―1）、ヴィドゥキントの描写は極めて正確である。また、ザクセン人の衣服は長く幅広で、下方に波打っている。ザクセン人のオットーは、フランク人の衣服に着替えて王位に就くことで、フランク人になったことを示したのである。

さて、このお方〔マインツ大司教〕は、それから祭壇に進み、そこから剣と剣帯を取り上げると、国王のほうに向き直った。「手に取るのだ」、彼は述べた。「この剣を。それによって汝は、キリストのあらゆる敵、すなわち蛮族や悪《あ》しきキリスト教徒を成敗《せいばい》するのだ。神の権威によって、汝にはフランク人の王国全体のすべての権力が、全キリスト教徒の動じることなき平和のために委ねられたのだから」。次に、留め金を取り、マントを纏わせた。「この裾《すそ》によって」、彼は続けた。「汝は、床まで垂れ下がったこの裾によって想《おも》い起こすように。いかなる情熱をもって、汝が信仰心において篤く、死の時に至るまで平和の確保のために尽力すべきかを」。さらに、笏と杖を取って、「この標《しる》しによって」、彼は語った。「汝は要請されているのだ。父の如き規律をもって服する者たちを導き、なかんずく神への奉仕者、すなわち寡婦と孤児に憐《あわ》れみの手を差し伸べんことを。加えて、今、そして将来において永遠の報酬をもって冠で飾られる汝の頭が、決して御慈悲の油を欠くものであってはならないことを」。

（同前）

フランク的伝統

ヴィドゥキントの場景描写は次のように結ばれる。

国王は、まさにその箇所〔頭〕に聖香油をもって塗油され、黄金の冠をヒルデベルトと〔ケルン大司教〕ヴィクフリートの両司教の手で被《かぶ》せられた。そして、規則に適《かな》った聖別がすべて完了した後、両司教に導かれて螺旋《らせん》階段を通って登り、玉座に着いた。それは、見事なまでに美しい大理石の二本の柱の間に位置しており、そこから彼が列席者全員を見渡し、逆に皆が彼の姿を見ることもできる、そのように配置されていた。

（同前）

以上の極めて克明な叙述は、戴冠式の式次第の手引き書である国王戴冠祭式書と一部類似点が認められる。しかし、全体の構成はかなり異なる。近年の研究によれば、この描写は実は、二五年後の九六一年に共同国王として戴冠した幼少の息子オットー二世の戴冠式の模様を、ヴィドゥキントが過去に投影した結果であると考えられている[1]。

ただ、ここで重要なのは、ヴィドゥキントが〝事実〟を伝えているか否かではない。『ザクセン人の事績』の著者の理解によれば、国王支配は「ザクセン」的にではなく「フランク」的に正当化されねばならないのである。

カール大帝の伝統に連なる後継者として自らの即位を演出するオットーの政治的意図は、ヴィドゥキントもまた共有するところであった。ハインリヒは死を前にして、長男オットーを「他の兄弟たちとフランク人の王国全体の頭に据えた」（六九頁）。戴冠地として選ばれたのは、カールゆかりの地アーヘンであり、場所は「カール大帝の聖堂」である。新国王が権標とともに委ねられたのは、「フランク人の王国全体のすべての権力」であった。二階席に登って着座したのは、まさにカールの「玉座」である（本章扉参照）。「王権のフランク的性格をこれ以上明確に強調することは、ほとんど不可能であろう[2]」。

先に、ザクセン人のオットーが王位に就くことでフランク人になった、と述べた。カール大帝以来のフランク的伝統へと自覚的に接合することは、一〇世紀の伝統社会においては国王支配の権威を高める上で不可欠の前提であった。その痕跡は、実に三世紀後のザクセン人の手になる法書『ザクセンシュピーゲル』（一二二〇～三四年頃）の中にも残されている――「国王は、彼がいずれの〔部族の〕出自であるにせよ〔国王に〕選ばれたならば、フランク法を持するべきである」（ラント法、三・五四・四）。九二一年のボン条約で、父王ハインリヒが西フランク国王シャルル三世から獲得したのが、「東フランク人の国王」という称号であったことも思い出されたい。

なお、これに先立つ六月一九日、「西」でもそのシャルルの息子の国王戴冠式が王宮都市ランにおいて挙行されていた。一五歳の若きルイ四世は、亡命者として過ごした母后の故郷ウェセックスから、前王ラウルの死後に後継国王に迎えられたのである。「東」が敢《あ》えてアーヘンを戴冠地に選んだ理由の一つは、この〝渡海王〟とあだ名された西カロリング王家の出のライヴァルの存在を強く意識した、フランク的伝統をめぐる競合関係にあったのである。

神権的君主観念

我々現代人の眼はともすれば華麗な「戴冠」に向かいがちである。しかし、政治を「神学」の観点から理解した中世人にとっては、「聖別」のほうがはるかに重要な意味を帯びていた。

もっとも、父王ハインリヒは、フリッツラーでの自身の即位式でマインツ大司教から塗油と

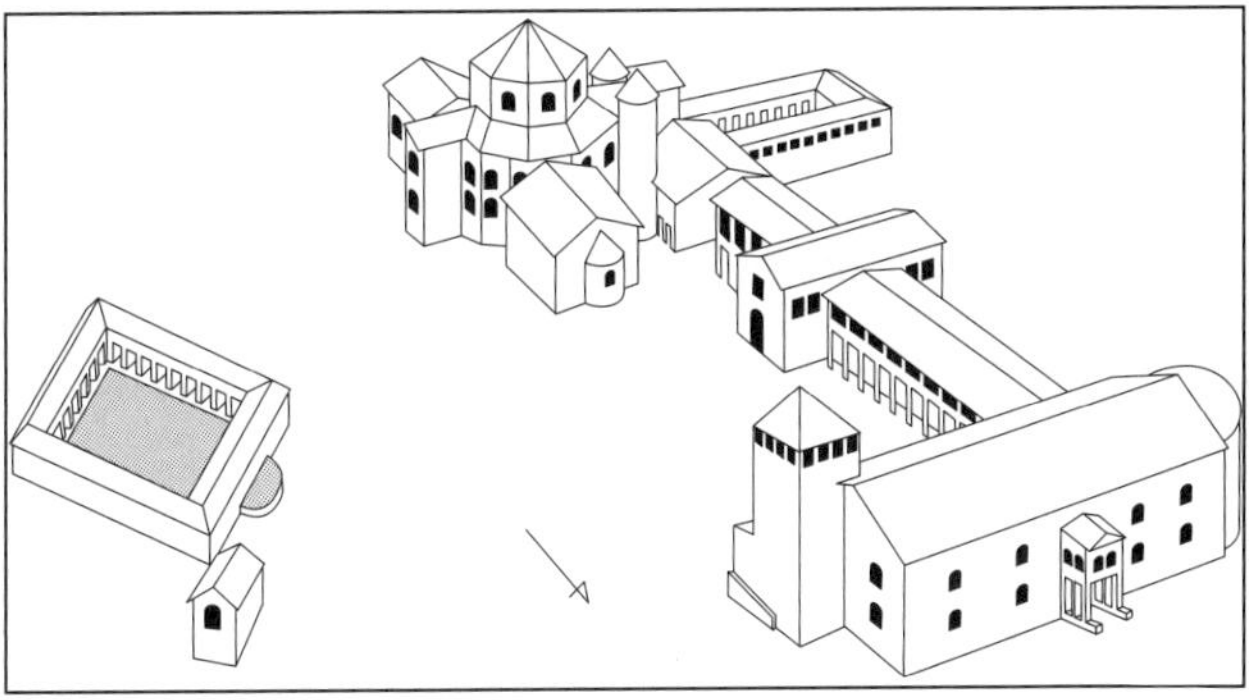

3―1　アーヘン王宮（右下）と聖マリア教会（中央上）、テルメ（復元図）

王冠を提供されたとき、慇懃《いんぎん》にこれを拒絶していた。その理由としては、東フランク王国の戴冠式では塗油儀礼が当時なお定着していなかったという事情のほかに、ハインリヒがその王位を他の頭領的大貴族たちの助力に負っており、同輩者中の第一人者として、自らの謙虚さを示す必要があったからと考えられる。

そもそも、塗油儀礼は、旧約聖書の「国王にして祭司」たるダヴィデ王の故事（『サムエル書　下』、二・四）に由来する。復活後のイエスに付されたギリシア語の「クリスト」は、ヘブライ語では「メシア」、すなわち本来「主の塗油されし者」を意味した。つまり、司教叙階式に倣《なら》って聖別を受けた国王は、もはや単なる俗人などではなく、祭司的性格を併せ持った「別の人」（『サムエル書　上』、一〇・六）、すなわち現世における「神の代理人」になったのである。

国王の上位に位置する皇帝の場合、その統治権は、神の恩寵によって「聖ローマ教会の守護者」に選ばれた者として、神権的性格をさらに濃厚に帯びることになる。この神権的君主観念《テオクラシー》に即するならば、皇帝・国王による高位聖職者の任命行為である「叙任」や、彼らを「国王奉仕」へと動員することは、「神の代理人」による統治行為として是認されうるであろう——。

神への讃歌《さんか》を唱《うた》って荘厳なミサが終了した後、参列者一同は、聖マリア教会に隣接する王宮に移動して祝宴を催した。先にその名を挙げた四人の大公が、大理石製のテーブルにて儀礼的な奉仕の役割を担った。それは、王国は今や非分割であると同時に、国王に次ぐ実力者である大公たちの協力によって支えられていることを可視的に表明する場でもあった。

オットーはこのとき二三歳。晴れがましくも長い一日はこうして無事に終わった。

母との確執

兄の晴れ舞台の場に弟ハインリヒの姿はなかった。

「傑出したザクセン人で、国王に次ぐ者のジークフリート——かつて国王の義兄弟で、その後も彼とは血縁関係で結ばれていた——は、このときザクセンを管轄していた。それは、敵がこの間に攻撃を仕掛けるのを防ぐためであったが、若きハインリヒを教育係として身近に預かってもいたのである」(ヴィドゥキント『ザクセン人の事績』第二巻二章)。

メールゼブルク伯ジークフリートは、ザクセンで国王に次ぐ実力者であった。ハインリヒ一世の姉妹を妻に迎えており、ハインリヒの最初の妻ハテブルクは伯の従姉妹《いとこ》であった。オットーの弟のハインリヒはこのとき一五歳前後、すでに成人に達していた。その後の展開から振り返ると、兄の留守中に不穏な動きを見せぬよう、伯の保護監察下に置かれていたと考えられる。

それというのも、今や寡婦となった王妃マティルデは、王位継承から外された溺愛する次男ハインリヒの処遇をめぐって、長男のオットーと鋭く対立していたからである。オットーは、すでにリウドルフという後継者を得ており、長子単独相続と王国非分割の原則に従うならば、弟が王位に就く道は閉ざされていた。ティートマルの叙述は一歩踏み込んでいる。

3—2　クヴェトリーンブルク、聖セルヴァティウス教会の前に立つマティルデ像

幾多の人々の見方によれば、彼女は、年少の息子のハインリヒに父の地位を得させることに、長きの間その力を傾注したという。しかしながら、それは、常に万事について選ばれし者をあらかじめ定めておられる、神の欲するところではなかった。最も有力な者たちもまた、それを容認しはしなかった。彼らは、

道理に適った、それゆえにまた得心がいく理由によって、嘆き悲しむ王妃にその企図をほどなくして諦めさせた。

（『年代記』第一巻二一章）

もう一つの争点は、クヴェトリーンブルクの女子修道院をめぐる権益問題である。同地はオットーの結婚の直前に、ハインリヒから寡婦財産としてマティルデに贈与されていた（五八頁）。夫妻は九三六年前後の時期にこの地に女子修道院を建立し、ハインリヒの亡骸は同院に埋葬された。ガンダースハイムと並ぶ新たな家修道院の誕生である。ところが、この遺産相続をめぐり、寡婦と今や家長となった長男との間に激しい利害対立が生じたのである。

その結果、マティルデは宮廷を去り、故郷のヴェストファーレン地方に戻った。母子間の不信感の連鎖は、やがて兄に対する弟ハインリヒの蜂起へとエスカレートしていくことになる。

2　大公たちと弟の叛乱

エーベルハルトの蜂起

九三七年に始まり九三九年まで続いた内乱は、実に数多くのドラマに満ちている。直接の契機は、世代交代に伴う人事が惹《ひ》き起こした軋轢《あつれき》である。だが、真の原因は、自らが

「神の代理人」たることを確信するオットーの自尊心の強さと、その裏返しとしての時に傲慢とも言うべき統治スタイルにある。

「祈禱兄弟盟約」「友誼同盟」を梃子に「平和と協調」を目指したハインリヒの統治期間中、国内で叛乱《はんらん》は一度も起きなかった。これに対し、長子単独相続で王位を得た若き国王は、年長の大公たちに対して高圧的態度で臨み、合意形成《コンセンサス》を軽視して強権的な支配体制の確立を目指した。既得権益と自立的地位を脅かされた大公たちの反感は、王位継承から外された弟の不満や王家内部の亀裂と結び付き、相次ぐ叛乱として彼の治世前半を揺さぶり続けることになる。

斬新な抜擢《ばってき》人事として眼を惹くのは、九三六年秋にエルベ川下流域地方の辺境地域の防衛をビルング家のヘルマンに、翌九三七年には中流域地方の辺境伯位を、同年に死去したジークフリートの弟ゲーロの手に託したことである。「辺境伯」は、国王直轄下のザクセンでは空位とされた大公に次ぐ要職である。期待していたポストを逃した血縁者たち、特にジークフリートの従姉妹のハテブルクの息子、すなわちオットーの異母兄のタンクマルは、遺産相続問題（二八頁）に加え、この人事に大いに不満を抱くこととなった。

同じ九三七年に死去したルイトポルディング家のバイエルン大公アルヌルフの場合、後継大公にはすでに二年前に長男エーベルハルトをアルヌルフ自身が独自に定めていた。オットーは父子間での大公位世襲を容認したものの、司教の任命権（四六頁）についてはこれを剝奪《はくだつ》した。

最初に行動を起こしたのは、前王ハインリヒの良きパートナーであったコンラート家のフランケン大公エーベルハルトである。ザクセン人の一家臣とのトラブルがきっかけで立腹したフランク人の最大の実力者は八月、この者の城塞の住民全員を殺害し、火を放った。「この暴挙の報を聞いた国王は、エーベルハルトに対し罰として一〇〇ポンド相当の価値の馬を差し出すよう命じた。その悪行に加担した軍事指揮官全員には、我々がマクデブルクと呼ぶ国王の都市まで犬を担ぐべし、との恥辱刑を科した」（ヴィドゥキント『ザクセン人の事績』第二巻六章）。犬を担ぐのは、平和破壊、略奪、放火等の重罪を犯した貴族に科せられる不名誉刑である。九三七年九月のことである。

タンクマルの最期

翌九三八年になると叛乱は王国全体に飛び火する。春にはバイエルン大公エーベルハルトとその弟たちが蜂起した。オットーは鎮圧に向かったものの、なすところなく帰還した。それを好機と見たフランケン大公エーベルハルトも、再び挙兵する。夏にはオットーの異母兄タンクマルと同盟し、オットーの実弟ハインリヒを捕縛するという挙に出た。このときの戦闘では、エーベルハルトに与していた従兄弟の伯ウードの息子が殺害された。これを機に、コンラート家は二つの党派に分裂することとなった。

七月、タンクマルは、エンゲルン地方南端のエレスブルクの城塞を攻略し、周辺地域を略奪した。オットーは、不本意ながらも異母兄に向けて軍を進め、城塞を包囲した。

この城塞に住まう者たちは、国王が強大な軍隊を率いて自らのほうに向かって近づいて来るのを見ると、門を開き城塞を包囲していた軍を中へと入れた。しかし、タンクマルは、教会に向かって逃走した。（中略）軍隊は、彼を聖堂まで追い続けたが、特に〔王弟〕ハインリヒの直臣は、主君に加えられた恥辱を嘆き、かつそれに報復するために執拗《しつよう》に追跡したのであった。彼らは、躊躇《ためら》うことなく扉を鉄で打ち壊し、武器を手にして神聖なる場所へと押し入った。これに対し、タンクマルは、祭壇の横に立ち、黄金の首飾りとともに武器をその上へと置いた。それにもかかわらず、彼は、飛び道具によって正面から攻め立てられた。コッボーの庶子のティアトボルトという者は、罵倒《ばとう》しながら〔タンクマルに〕傷を与えたが、しかし即座に彼から同じ傷の返報を受け、その結果恐るべき半狂乱の状態に陥ってほどなくして絶命した。そこで、〔ハインリヒの〕戦士たちの中のマインキアという者は、祭壇の横の窓の外に回ると、窓を槍で貫き、そのままタンクマルの背を一気に突き通した。さらに、祭壇の前に出て、そこで最後の止めを刺したのである。

（同第二巻一一章）

凄惨な殺害劇が繰り広げられたのは七月二八日のことである。教会内に武器を手に侵入するのは瀆神《とくしん》行為である。その神聖な場所の祭壇の上に武器を置くことで降伏の意思表示をした者を殺害した罪はさらに重い。「黄金の首飾り」は貴族身分を象徴する装身具であり、ヴィドゥキントは「庶子」、一介の「戦士」との身分差を示唆している。それにもかかわらず、オットーはこの者たちを罰することができなかった。「国王は現場におらず、この出来事について何も知らなかったが、事の次第を聞くと、自軍の戦士たちの分別のなさを非とした。ただ、少なくとも内戦が荒れ狂っている間は、彼らの気持ちを変えることはできなかった」（同前）。

エーベルハルトとハインリヒの同盟

八月頃、タンクマルの死の報せに接したフランケン大公エーベルハルトは、今度は捕虜としていたはずのオットーの実弟ハインリヒとの同盟を画策した。「ハインリヒは、この当時はまだとても若く、血気に逸《はや》っていた。そして、度を越した権力欲に駆られて、エーベルハルトに対しその罪業を赦《ゆる》した。その際に結ばれた契約とは、ハインリヒとエーベルハルトが主人にして兄たる国王に対して謀議を盟約し、もし可能ならば王国の冠をハインリヒの頭に被せる、というものであった。かくして両者の間に同盟が結ばれた」（同第二巻一二章）。

リウトプランドは、ハインリヒに対する悪魔の誘惑の言葉を引き合いに出す。

「汝は父の判断は正しかったと思うのか？　国王の地位にあるときに生まれた汝よりも、かの地位に就く前に生まれた者を優先したのだぞ。父は、両名を隔てる際に明らかにこのことを考慮せず、むしろ多大な情愛に溺れて過《あやま》てる判断を下したのだ。だから、起《た》ち上がるのだ！　汝には軍隊も欠けてはおらぬ。兄を倒し、王位を手にするのだ。汝には統べる資格が与えられているのだ、神の恩寵によって王位にあるときに生まれることが叶ったのだから」

（『報復の書』第四巻一八章）

ビザンツ帝国の帝位継承においては、皇帝登位以前に生まれた子供よりも登位の後に生まれた子供のほうが重視された。皇后が緋色《ひいろ》の大理石を貼り詰めた宮殿内の産室で子供を産む慣《なら》わしであったことから、「緋室生まれ」と呼ばれる。しかし、子供の誕生時の父の地位を問う王位継承観は、当時の西欧ではまだ知られてはいなかった。ビザンツの政治的伝統に精通したリウトプランドは、この論拠を過去に遡って兄弟間の確執関係に投影したものと思われる。

悪魔に唆《そそのか》されて泥酔した国王ハインリヒが犯した罪業のゆえにこの世に生を享《う》けたハインリヒ。悪魔は今度は息子を誘惑して、兄王への忠誠を捨てさせる。ティートマルの事後予言（五一頁）はこうして的中することになった——。

それはともかく、長子単独相続に対する不満を掻《か》き立てたエーベルハルトの説得は功を奏した。王位継承資格をもつ王族を味方に引き込むことで、叛乱に大義名分を与える常套手段《じょうとうしゅだん》である。この盟約には後に、エーベルハルトの働きかけでオットーの妹ゲルベルガの夫、すなわちロートリンゲン大公ギーゼルベルトも加わることとなった。

その後、ハインリヒは解放され、何事もなかったかのようにザクセンの兄の宮廷に戻った。エーベルハルトも、上辺ではオットーに降伏し、短期間の追放の後に再び赦され復位した。このときに両者の間を調停したのは、ヒルデベルトの後任のマインツ大司教フリードリヒである。修道院改革を推進して修道士に禁欲的な生活と戒律の厳格な遵守を求める一方、その敬虔さの裏返しとしてときに独善的とも思われる極端な振る舞いに及ぶ、アンビヴァレントな性格の人物である。

秋、オットーは再度バイエルンに遠征した。今回は一応叛乱鎮圧に成功し、バイエルン大公エーベルハルトを追放刑に処した後、冬にはザクセンに帰還した。新大公に任命されたのはエーベルハルトの叔父、すなわち父アルヌルフの弟ベルトルトである。

ビルテンの戦い

王弟ハインリヒが行動を起こしたのは、年が明けた九三九年の初頭である。

> その後、権力欲に駆られたハインリヒは、ザールフェルトと呼ばれる地で盛大に宴会を催した。国王の権威と権力のお蔭で強大になった彼は、大勢の者たちに多くの贈り物を与え、そうすることで大半の者たちを自らの仲間へと引き込んだのである。ただし、多くの

者たちは、計画を秘密にとどめておくのが得策であるとの考えであった。それは、兄弟間の争いに自身が関与していることを露見させまいとするためであった。
（ヴィドゥキント『ザクセン人の事績』第二巻一五章）

ザールフェルトは、フランケンとテューリンゲンの境界に位置する王宮所在地である。贅《ぜい》を尽くした食事と豪華な贈り物が供される宴《うたげ》の席が、政治的コミュニケーションの絆を結び付ける重要な機能を担っていることは、今も昔も変わりはない。賑《にぎ》やかな饗宴の場の片隅で声を潜めて謀議をおこない、誓約によってこれを堅めるのは、この時代の叛乱者たちによる合意形成《コンセンサス》の典型的なスタイルである(3)。最初に蜂起の狼煙《のろし》を上げる場はロートリンゲンと定められた。

弟の挙兵の報せを聞いたオットーは当初それを信じなかった。だが、事実と判明すると、直ちに軍隊を率いてハインリヒの後を追った。最初に包囲したドルトムントは、戦火を交えることなく軍門に降った。城の防衛をハインリヒから託されていた家臣のアギーナは、国王に対し誓約を立てさせられた。「それは、主人を可能な限り戦争から引き離し平和と協調へと復させるか、さもなくば、少なくとも自らが国王の下に戻るとの約束であった。退去を許されると、彼は主人を捜し求めて出て行った」（同前）。

三月前半、進軍する国王の軍隊をハインリヒとギーゼルベルトが迎え撃ったのは、ライン河下流域のクサンテンの南東約三キロに位置するビルテンにおいてである。

アギーナは、先の誓約を想起して、軍隊に先んじてライン河を越え、国王の御前に姿を現した。そして恭《うやうや》しい言葉で挨拶を送り、言上《ごんじょう》した。「あなた様の弟にして私めの主人は、あなた様が無病息災のうちに広大な支配領域を治められますことを望んでおります。そして、主人が申すには、あなた様に伺候《しこう》するために、できる限り急ぎ参上する所存であるとのことです」。

国王は、平和と戦争のいずれになるのか、その考えを尋ねたが、そのときふと遠くを一瞥《いちべつ》した。彼がそこに見たのは、ライン河の向こう岸を大軍が旗を高く掲げてゆっくりと行軍していく光景であった。その目指す先には、すでに対岸に渡り終えた彼の軍隊の一団がいた。国王は、アギーナのほうに向き直ると、「一体何を？」と問《と》い質《ただ》した。「この大軍は何をしようとしているのだ？　彼らは何者なのだ？」。この者は、落ち着き払って「私めの主人です」と返答した。「あなた様の弟です。もし、私めの助言に従うことを良しとしたならば、別の仕方で到来したはずです。ともかくも私めは、かつて誓約した通りに今ここに参上致しました」。この言葉を聞いた国王は、心の痛みを身体《からだ》の動きで露わにした。

（同一七章）

オットーが愕然《がくぜん》とし、苛立《いらだ》ったのも無理はない。一足先に対岸に渡り終えた国王軍の騎兵の数は一〇〇名にも満たない。そのわずかな部隊に向かって敵勢の大軍が迫りつつある。しかし、河のこちら側には船はもはや一隻もない。別の場所で渡河することも、流れの激しさのゆえに不可能であった。無念の思いで座視したまま、彼らを見殺しにしなければならないのか。

ビルテンのモーセ

リウトプランドは、窮地に追い込まれた対岸の国王側の部隊の様子を生き生きと伝えている。

戦士たちは互いに次の言葉を掛け合った。「見て解《わか》るように、この河の大きさからして、仲間たちが我々の救援に駆け付けることは儘《まま》ならぬ。我々が仲間たちの元に戻ることもまた、たとえそれを望んだにせよ、もはや不可能であろう。勇敢な者どもが敵方に屈し、抗《あらが》うことなくして死から逃れ、命惜しさに永久《とこしえ》の恥辱に曝されるならば、それはなかんずく我々の同国の者どもにとって真に笑止千万であろう。我々はかかる誹りから逃れることはできまい。脱出できる見込みがないこと（中略）、そして、敵方に助命を嘆願することが永久の恥辱を意味すること、確かにこれらは我々に戦闘への意欲を与えるものである。だが、我々をことさら戦いへと駆り立てるのは、目指すものが真理と義《ただ》しきことであるからにほかならない。不正に抗うことで、たとえ我々の地上の幕屋が打ち壊されようとも、永遠にして［人の］手によって造られたのではない家を、天において受け取ろうではないか」。かかる言葉に鼓舞され、彼らは敵勢の真っ只中《まっただなか》を目指して急ぎ突進したのであった。

（『報復の書』第四巻二四章）

このときオットーにできたのは、神に向けて祈りを捧げることだけであった。二人の歴史叙述者のいずれも、この場のオットーを旧約聖書のモーセに喩《たと》える。

国王は、家来たちのかくも毅然たる振る舞いは神の御加護を得ているからにほかならぬ、と考えた。そして、かつて神の人民がアマレク人の抵抗に遭ったとき、神の僕《しもべ》モーセの祈りによっていかにして打ち勝ったか、そのことを想い起こした。だが、自らは河によって隔てられており、家来たちにいかなる助けの手も差し伸べることができぬので、馬から降り、勝利をもたらす釘の前ですべての人民とともに落涙しつつ祈りを捧げた。それは、かつて我々の主にして救世主たるイエス・キリストの両手を打ち付けた釘であり、今は国王の槍の中に埋め込まれていた。

（同前）

『出エジプト記』一七・八〜一三に言及しつつ、窮地のオットーを古代イスラエルの英雄に比したこの一節は、リウトプランドが『報復の書』で表明する神寵《しんちょう》王権観念のピークを画する箇所である。ヴィドゥキントは、聖槍（五三頁）には言及しないものの、やはり同じ『出エジプト記』（三三・一三）からシナイ山に登ったモーセがヤハウェに向けて語った言葉を援用して、オットーに語らせる。

そこで、国王は神に嘆願すべく両手を広げて語った。「神よ」、彼は述べた。「万物の創造主にして指導者よ、御覧下さい、この人々があなた様の民《たみ》であることを。私は、あなた様の思《おぼ》し召《め》しによってその頂きにおります。彼らが敵から救われますように。そして、すべての民族が知ることを祈ります、いかなる人間も、あなた様の思し召しに反して何かをなすことはできない、ということを。あなた様は全能にして、永久《とこしえ》に生き、統べるお方なのですから」。

（『ザクセン人の事績』第二巻一七章）

聖書に描かれた過去の出来事が現在の事象においていかに〝再現〟されているか、それを読み解き、救済史上の〝現在〟の立ち位置を措定することが、中世の歴史叙述者の最大の使命である。それは、歴史上の〝事実〟ではないかもしれないが、リウトプランドとヴィドゥキントにとっては救済史上の紛れもない〝真理〟なのである。両者は互いの史書を知らない。しかし、神の御加護を得た国王による正義の戦いを描き出す際に、両者がともにモーセを引いたのは、二人が同じ歴史神学的解釈を抱いていたからにほかならない。

それゆえ、わずかの数の国王軍が勝利したのも、ひたすら国王の祈禱のお蔭ということになる。

そのとき、眼前で証されたのである、聖ヤコブの言葉によれば、義《ただ》しき者たちの祈りがいかに多くのことを成し遂げることができるのかが〔「ヤコブの手紙」五・一六〕。その祈りのお蔭で味方は誰一人として落命しなかったのに対し、敵勢は皆逃走に及んだからである。敵勢の少なからぬ者たちは、己が何ゆえ逃げているのかまったく理解できなかった。後ろから追跡してくる相手の姿を、その数のあまりの少なさゆえに見ることができなかったのである。

（リウトプランド『報復の書』第四巻二四章）

もっとも、より即物的なヴィドゥキント（同前）の叙述によれば、国王軍の勝因は、敵の大軍を前後から挟撃した上、ロマンス語で大きな叫び声を挙げてパニックを惹き起こし、敵を逃走へと駆り立てたことにあった。敵方の被害は甚大であった。前年にタンクマルを無惨に殺害したマインキアも戦死し、主君のハインリヒも、腕を剣で突かれ深傷《ふかで》を負った。

ブライザッハの裏切り劇

その後、双方はザクセン、ロートリンゲンの各地で小競《こぜ》り合いを繰り返した。第二の決戦場となったのは夏のエルザス地方である。

情勢を複雑にしたのは、東フランク王国内の内乱に乗じた、隣国の西フランク国王ルイ四世の介入である。父のシャルル三世が失ったロートリンゲンの奪還を目指した若き国王は、反オットーを旗印にギーゼルベルトと盟約を結び、六月に進軍を開始した。夏にはヴェルダンで同地方の有力司教たちの恭順を得た。報せに接したオットーは直ちに軍をエルザスに進めた。すると、ルイは国内の不穏な情勢も考慮して一旦は退却した。

九月、オットーが包囲したのは、ライン河上流域の堅固な城塞ブライザッハである。当時は川中に浮かぶ島で、このときエーベルハルトが派遣した軍隊によって占拠されていた。

包囲側の陣営には、前年にエーベルハルトの降伏を仲介したマインツ大司教フリードリヒをはじめとする複数の司教たちの姿も見出される。「聖」と「俗」が一体化した「教会帝国」において、聖界諸侯が「国王奉仕」の一環として課せられた軍役は、封建的主従関係に基づき動員される世俗諸侯の軍隊をも凌《しの》ぐ重要な戦力を提供していたからである。

ところが、実は大司教は、この間舞台裏でギーゼルベルト、ハインリヒと内密の盟約を結んでいたのである。そのシナリオでは、大司教はメッツで叛乱者側に合流する手筈《てはず》となっていた。

フリードリヒが他の司教たちを説き伏せ、幕屋や物資を打ち捨てさせて、ブライザッハの陣営から密かに逃走させたのは、九月二二日の夜のことであった。大司教自身はその後も陣営に留まったものの、数日後には彼も国王を見捨てて出奔《しゅっぽん》した。

味方の離反を横目に、国王の弱みにつけ込んで、支援の対価として法外な褒美を露骨に要求する不埒者《ふらちもの》も出て来る有様であった。今や戦力を大きく喪失したことに動転した家来たちは、一旦ザクセンに戻り、軍隊を立て直して再起を図るよう進言した。だが、軍隊の指揮官としてのオットーがその本領を発揮するのは、まさしく危機的状況に陥ったときである。

しかし、国王は恐れをなすことなく、マカベアと添え名されたユダがかつて家来に向かって語った如く、彼らに対し答えた。「ならぬ」、彼は言った。「斯様《かよう》なことを言ってはならぬぞ。〝もし我々の定められたときが近づいたのであるならば、勇敢に戦って死に、我々の誉れを傷つけぬようにしようではないか〟〔『第一マカベア書』九・一〇〕。死から逃げて恥知らずに生き長らえるより、むしろ真の正義のために死を甘受すべきである。神の定めに反抗する輩《やから》は、その希望をとかく神の御加護ではなく軍勢の大きさにのみ託するものである〔同三・一九〕。そして、その結果、不正のために闘って死んで、永遠の地獄の苦しみへと堕《お》ちていくことに喜びを見出すことになるのだ。だが、我々はそれに劣らず、否、より苛烈に闘うことに喜びを見出そうではないか。正義のためと確信して闘い、たとえあらゆる肉の運命が訪れるとしても、かく闘うことでより強固な確信の念を持って死ぬことができるのだ。まさしく正義のために闘わんとせし者が、戦《いくさ》での決着を前にして軍隊が小規模であるがゆえに敵に背を向けるならば、それは神を信頼していないことを意味するのだ」。

（同二七章）

ユダ・マカベア（?〜前一六〇年）は、前一六七年頃にセレウコス朝シリアの支配下にあったユダヤの独立を目指して起きたマカベア戦争の英雄的指導者である。その奮闘を描いた旧約聖書外典の『第一／二マカベア書』は、リウトプランドのみならずヴィドゥキントにも強い影響を与えている。「生と死」「自由と隷属」「台頭と衰退」という特徴的な対立構図がそれである。ハンガリー人との戦いに臨む際にハインリヒやオットーがおこなった鼓舞演説（六二、一七一頁）においても、『マカベア書』の描き出す神の御加護を得て異教徒との戦いに臨む救国の英雄、という救済史的観点から正当化された支配観念が濃厚に表出されている。発言の真偽はともかく、キリスト教的に裏付けられた正戦観は両国王とも共有するところであったろう。

大司教の「名誉」

ヴィドゥキントは、マインツ大司教フリードリヒの離反の理由について言葉を濁しつつ取り上げる。

背信の原因について長々と陳述し、国王の秘密を明かすことは、もとより我々の力の及ぶところではない。しかしながら、歴史を十全のものとする必要があると我々は考える。もし、我々が過ちを犯しているのであるならば、それについてはどうか赦していただきたい。

協調と平和の回復のために、エーベルハルトの元に遣わされた大司教は、それが必ずや実現するものと切望していたので、両者間の契約に際し保証として誓約を立てた。伝えられるところによれば、彼はそれゆえ、誓約に背くことはできないと述べたという。一方、国王の考えでは、自らの地位にふさわしい返答を司教を通じて〔エーベルハルトに〕送っただけであり、自らの委任なくして司教が交渉で決めた内容に自身が縛られることなど、断じてありえないことであった。このため、司教は、〔神の〕権威に反してまで、上位者としての国王に服従することを望まず、むしろ彼から離反するほうを選んだのである。

（『ザクセン人の事績』第二巻二五章）

フリードリヒは離反に先立ち、オットーの命でエーベルハルトとの争いの仲裁役を託されていた。エーベルハルトとの内々での交渉は功を奏し、両者間に妥協が成立した。この「契約」の履行を厳守させる保証として、仲裁者のフリードリヒは神に向け誓約を立てた。ところが、後にこの報告を聞いたオットーは、フリードリヒの仲裁を越権行為として反故《ほご》にしたのである。

　中世史家G・アルトホフの「紛争解決論」によれば、統治システムの制度化、客観化がなお未成で、文字文化も未発達であったこの時代、社会秩序の毀損《きそん》を法によって修復することは、まだ部分的にしか実現されていない。最も重視されたのは、利害対立をまず「密室」での紛争当事者間の合意形成《コンセンサス》によって調整、統御し、次いで得られた成果を劇場的機能を帯びた「公の場」（王国・宮廷会議、教会会議）において、儀礼、象徴、演出、身振りを用いて可視的にデモンストレーションするという解決法であった。「密室」での紛争当事者間の合意形成においては、双方から全面的に権限を託された仲裁者が、当然ながら決定的な役割を担うキーパーソンとなる。仲裁者にとってこの重責を担うことは、自らに寄せられた信頼の証しであり、まさしく「名誉」そのものにほかならなかった[4]。

　ところが、この場合、解決を著しく困難にしたのは、仲裁者の裁量に託したはずの一方の当事者、すなわちオットーが、フリードリヒが神に誓約を立ててまで保証した契約内容を聞くに及んで前言を翻し、逆に「上位者としての国王」の地位を楯にその責めを仲裁者の側に帰したことである。政治的コミュニケーションが機能不全に陥った原因は、この件に関する限り国王の側にあった。「神の正義のための戦い」によって、すべてが許容されるわけではない。

　他方、このときフリードリヒの脳裏にあった「〔神の〕権威」とは、為政者に対する無条件での服従を説いた「ペテロの第一の手紙」二・一三（「人間的な制度にはすべて、主のゆえに服従しなさい。上に立っている者としての王であれ、犯罪者を罰し善行をつんだ者を表彰するため、〔王〕によって派遣されている者としての総督であれ〔服従しなさい〕」）ではなく、『使徒行伝』五・二九の意味であったと思われる――「人間に従うよりも神に従うべきである」。

ヴィドゥキントはもちろん明言していないが、「歴史を十全のものとする必要があると我々は考える」という慎重な言い回しの行間には、不文律に違背し、仲裁者たるマインツ大司教の名誉、そして神の権威をも一方的に傷つけたオットーに対する批判が込められているのである。

叛乱者たちの死

ブライザッハの陣営から逃走した大司教フリードリヒは、約束の地メッツへと急ぎ向かった。ところが、同地で彼を待ち受けていたのは、使者の予期せぬ報せであった。

実は大司教の出奔からほどない一〇月二日、二人の叛乱者は、ライン河中流域のアンダーナッハで大軍を率いて渡河しようとした際に奇襲攻撃に遭遇し、多数の家来ともども命を落としていたのであった。戦功を挙げたのは、分裂していたコンラート家のうちの国王側に与した伯ウードと弟のシュヴァーベン大公ヘルマン、それに従兄弟の伯コンラート（〝短軀《たんく》〟）の三人である。彼らの率いる部隊の数は、敵勢の大軍に比してはるかに劣勢であった。このため最初は迎え撃つのを躊躇《ためら》っていた。リウトプランドは、彼らが神の導きによって奇蹟的な勝利を収めたことを伝えている。

ところが、敵勢が略奪物を多数積み込んで帰還してきたとき、彼らは、神が言葉ではなく霊感によって与えた命にひたすら従い、その後を追跡することを決意した。進軍を開始してからほどなくすると、嘆き悲しみ呻き声を挙げる一人の聖職者と遭遇した。どこから到来し、何ゆえに泣いているのかと問うと、この者は答えた。「かの盗賊どものところから参りました。かの者たちは、私が有するただ一頭の馬を奪い取り、この貧しき私をさらに惨《みじ》めな者にしたのです」。

ウードとコンラートはこの言を聞くと、ギーゼルベルトとエーベルハルトの姿を見なかったか、詳しく問い質した。「ほぼ全軍が略奪物を持ってライン河をすでに渡り終えております。ただし、両名は、選《え》りすぐりの戦士たちのみを伴って食事を摂っています。それがかの者たちにとって禍いとなりますように」。聖職者がこう返答するや否や、彼らは直ちに両名に襲いかかったのであった。その際の迅速さたるや、人がそのさまを見たならば、彼らは駆けているのではなく飛んでいるのだ、と言うほどの勢いであった。

（『報復の書』第四巻二九章）

エーベルハルトは敵勢に包囲され、手傷を負いつつも奮戦したが、最後は投げ槍に貫かれて斃れた。ギーゼルベルトは、逃走して多数の戦士たちとともに船に飛び乗ったが、船はその重みに耐えかねてライン河に沈んでしまった。大公の亡骸は二度と発見されることはなかった。報せはブライザッハを占拠していた叛乱者側にも届いた。彼らは城門を開けて降伏した。

叛乱の収束

大司教フリードリヒはその後マインツで捕縛され、その身柄は国王に引き渡された。一旦は追放されたものの、数ヶ月後には「国王の御慈悲」(同三三章)を得て赦され、復位した。

頼みの仲間たちを一挙に失ったハインリヒは、兄の怒りを恐れて逃亡を図った。向かった先は今日のベルギー、リエージュ近郊の岩壁に聳《そび》え立つ難攻不落の城塞シェヴルモンである。城をギーゼルベルトから託されていたのは、その妻でハインリヒの姉のゲルベルガであった。彼女は弟を叱り飛ばした。

「嗚呼、汝は、夫の死によって私に不幸が降りかかってきたことだけで、なお満足せぬのか。さらに私のこの城塞に立て籠もることで、この地方に国王の怒りを大河の如く注ぎ込ませるつもりなのか? それは私には耐えられぬ、我慢できぬし、許せぬことなのだ。お前の言う通りに一生懸命やっている間に、私の夫の一生を台なしにしてしまった。私の災難から汝が利益を得ようとする、かくも愚劣なことが起きて良いなどということがありえようか?」

（同三四章）

ゲルベルガの怒りの言葉の一部は、古代ローマ共和政末期の政治家・雄弁家のキケロー『カティリーナ弾劾』を利用している。「お前の言う通りに」以下は、前二世紀ローマの喜劇作家テレンティウスの『アンドロス島の女』からの借用である。戦いに明け暮れる男たちが織りなす政治の表舞台において、女性たちにも率直な発言と行動の自由が認められているのは、オットー朝独自の特徴である――。

ハインリヒは、姉の怒りを前にシェヴルモンを退去せざるをえなかった。次にハインリヒが救いの手を求めた相手は、西フランク国王ルイ四世である。ロートリンゲン奪還の悲願を諦められない彼は、その後同地方に軍を進めた。もっとも、このときに若きルイが獲得したのは領土ではなかった。約七歳年上の大公の寡婦ゲルベルガを妻として得たのであった。万策尽きたハインリヒは、ついに兄の前に姿を現し、マインツ大司教と同じく国王の慈悲により罪の赦しを得た。

3　王妃エディットの死

再びハインリヒの乱

オットーのほぼ三〇歳代に相当する九四〇年代は、叛乱を通じて露呈した国内の支配体制の脆弱《ぜいじゃく》さを取り除く一方、積極的な対外政策へと踏み出す転換期となる。

エーベルハルトの本拠地であったフランケン地方については大公を新たに任命せず、国王の直轄下に置いた。九四〇年、聖職者の道を歩み、今や一五歳になった末弟ブルーノをユトレヒトから呼び返し、宮廷の統治・管理を担う要職の宮廷司祭長、および文書行政を掌る書記長に登用した。一〇歳の長男リウドルフは、シュヴァーベン大公ヘルマンの一人娘イーダと婚約させ、将来の大公位獲得の布石を打った。忠誠を守り抜いたバイエルン大公ベルトルトには、妹ゲルベルガの娘との結婚を提案した（ただし、娘の早世によって実現には至らなかった）。要するに、父が王国統治の安定化の手段とした友誼同盟に代わってオットーの重視したのが婚姻政策であった。この頃彼が構想していたのは、すべての大公位を王家の血縁者で独占する家族支配体制の確立である。なお、弟のハインリヒにもロートリンゲン大公位を授けたが、在地貴族の反発で同地方から追放される結果に終わっている。

「この年にはまた様々な前兆が現れた。諸々《もろもろ》の彗星《すいせい》が一〇月一八日から一一月一日の間に観察された。その出現によって多くの人間は、極めて恐ろしい疫病、あるいは少なくとも国王の交替が起きるのではないかとの不安に襲われ怯《おび》えたのである」（ヴィドゥキント『ザクセン人の事績』第二巻三二章）。史料によって年次は異なるが、この彗星についてはアーダルベルト（『レーギノ年代記続編』九四二年の項）ほかの史料も記録しており、その後飢餓や牛の大量死が起きたと伝えている。

彗星の出現は、はたして九四一年の春にクヴェトリーンブルクで起きた事件の前兆だったのであろうか。無官となったハインリヒは、辺境伯ゲーロが指揮する対スラヴ人戦の長期化に不満を抱くザクセン人貴族の多数と結託し、今度は事もあろうに兄の暗殺を企てたのである。

その内容は、間もなく到来する復活祭〔イースター〕の日〔四月一八日〕に、ハインリヒ自らが王宮に赴き、国王を殺害した上で王国の冠を自らの頭に被せる、というものであった。この計画を公言した者は一人もいなかったが、陰謀は復活祭の直前に、常に神の御加護が与えられている国王の知るところとなった。このため彼は、信頼できる一群の戦士たちに昼夜を問わず警護されることとなった。しかし、だからといって、この祝祭に参列した人民の前でその地位や荘厳さを減じることは決してなく、むしろ敵たちを凄《すさ》まじい恐怖へと駆り立てることとなったのである。祝祭の日が過ぎ去った後、彼は、このとき側近くにいたフランク人——すなわちヘルマン、ウード、「赤」と呼ばれたコンラート——の助言を特に容《い》れて、密かに裏切った者たちを捕らえるか、さもなくば殺害するように命じた。

（ヴィドゥキント『ザクセン人の事績』第二巻三一章）

二年前の叛乱の後奏曲とでも言うべき事件は、あっけなく未遂に終わった。オットーを支えたウードとヘルマンは、アンダーナッハの戦いで活躍したコンラート家の兄弟である。初めて登場する「赤」と呼ばれたコンラートはザーリアー家の生まれだが、母はコンラート家の出と推定される。ライン河中流域地方を本拠地とし、三年後の九四四年にはロートリンゲン大公に抜擢されることになる潑剌《はつらつ》たる若者である。

ハインリヒの服従儀礼

ハインリヒは逃走した。他の共謀者たちは捕らわれ、その後斬首された。『年代記』の著者ティートマルの父方の祖父も謀議に加わったが、命だけは許された(5)。関与を疑われたマインツ大司教フリードリヒは、聖体と聖血を受ける聖餐《せいさん》神判によって汚名をそそいだ。

ハインリヒの逃走先はまたしても西フランク王国であった。後に捕縛されてフランケン地方のインゲルハイムの王宮に拘禁された。しかし、その後脱走し、国王が降誕祭を祝しているフランクフルトの王宮に贖罪服《しょくざいふく》を纏って突如現れた。「そして、国王の足下に裸足《はだし》でひれ伏し、慈悲を請うべく嘆願したのである。国王は語った。「汝の不遜《ふそん》な悪行は、慈悲に値するものなどではない。だが、余の前で謙虚に服する汝の姿を見たので、汝に禍いをもたらそうとは考えぬ」（リウトプランド『報復の書』第四巻三五章）。

文字文化の未発達な口承社会では、象徴的な身振りを交えて可視化されたパフォーマンスに重きが置かれる。裸足で罪の赦しを請い憐憫《れんびん》の情に訴えるのも、この時代の象徴的コミュニケーションに典型的な服従儀礼である。叙任権闘争のピークを画する「カノッサの屈辱」（一〇七七年）を想起されたい。主人に対し一度は背いた者でも、公の場で贖罪の衣装を身に纏って裸足でひれ伏し、落涙しつつ自らの罪を悔悟することで服従の証しを立てるならば、赦される

3—3　カノッサ城の城門前に立つハインリヒ4世　ハインリヒの足元の右手前には、王冠や剣が打ち捨てられている。左上の高みで、ハインリヒを指差しているのは城主のマティルダ、その左側に立つのは教皇グレゴリウス7世。プロテスタントのプロイセン主導で1871年にドイツ統一を実現したビスマルクが、帝国議会で「我々はカノッサには行かない」と演説したのは、カトリック教会の弾圧を目指した文化闘争さなかの1872年。ヘルマン・プリュッデマンのハインリヒを英雄視した有名なこの挿絵（1862年）は、カノッサ事件800周年の1877年に、家庭向け週刊誌に再掲載され大反響を呼んだ

のが紛争解決における原則である。否、ときには元の地位に復帰することさえ認められた。ただし、この不文律はいつでも適用されたわけではない――「お慈悲は一度限り(6)」。

これで二度目となるハインリヒのケースは、その意味で極めて例外的である。実はこの服従儀礼の直前の一二月初頭、オットーは妻エディットの働きかけで、確執のあった母マティルデと和解していた。宮廷に再び迎え入れられた母の仲介が功を奏して、ハインリヒは赦免されたのであった。彼は、感謝の印しとして娘をガンダースハイム女子修道院に託することとした。

六年後の九四七年、バイエルン大公ベルトルトが死去したとき、オットーは後継大公に母の忠告と執り成しを容れて弟を据えた。国王は弟との間に平和と協調を回復し、弟はその死の時までそれを誠実に維持し続けた」「それから、(ヴィドゥキント『ザクセン人の事績』第二巻三六章)。ハインリヒの妻ユーディットは、ベルトルトの兄でやはりバイエルン大公であったアルヌルフの娘である。こうしてルイトポルディング家内でのバイエルン大公位の世襲に風穴を開けることに、ひとまずは成功した。だが、今度はユーディットの兄弟たちがこれに不満を抱くことになるであろう。

兄弟の肖像

ヴィドゥキントはオットー、ハインリヒ、ブルーノの兄弟間の協調関係に言及したところで、三人の性格と振る舞いを描写する。まずはオットーについて。

彼本人、すなわち強大な支配者にして兄弟の最年長で最良の者は、とりわけその敬虔さのゆえに有名であり、その任を果たすことにおいてすべての人間の中でも最も堅固であり、国王として秩序の維持のために与える畏怖を別とすれば、常に好意的で、気前良く贈り物を授け、眠ることはわずかであった。就寝中でもいつも何か語っており、あたかも常に目が覚めているかの如くであった。友人たちの願いをよく聞き、彼らに対して人並み外れて誠実であった。（後略）

（『ザクセン人の事績』第二巻三六章）

「眠ることはわずかであった」というのは、優れた君主を讃えるトポスとしての「眠らぬ統治者」像の投影である。ザンクト・ガレン修道院の修道士ノートカー（八四〇年頃〜九一二年）が八八七年頃に著した『カール大帝事績録』にも、同様の叙述がすでに見える。以下の壮年期から高齢期のオットーに関するヴィドゥキントの描写は、アインハルト『カール大帝伝』の優れた叙述の影響下にある。[7]

彼の才能は真に驚嘆に値するものであった。それというのも、王妃エディットが逝去した後、それまで知らなかった文字をよく学び、書物を充分に読みかつ理解できるまでになったからである。他にもロマンス語とスラヴ語を話すことができた。ただし、それを使うのがふさわしいと彼が判断したのはごく稀《まれ》であった。狩猟には頻繁に出かけ、盤上遊技を好み、ときには優雅な騎馬試合を国王としての真剣さをもって練習した。加えて、強靭な肉体をもち、それは国王としてのあらゆる威厳を誇示するものであった。鬢《びん》のあたりには白いものが見え、眼は燃えるようで、雷光のように突如として煌《きら》めく眼差《まなざ》しによって独自の輝きを放っていた。顔《かんばせ》は赤みを帯び、髭《ひげ》は長く波打っていたが、これは古来の習俗に反することであった。胸は獅子《しし》のたてがみの如く覆われており、腹は膨らみすぎることはなく、歩行はかつては速かったが、今では悠然たるものである。服装は父祖伝来のもので、外来の服は決して使わなかった。王冠を被らねばならないときは、いつでも常に断食によって準備をしたと言われるが、これは本当のことである。

（同前）

当時書き言葉としてのラテン語を操ることができたのは、ほんの一握りの聖職者に限られる。俗人の大半は読み書きができず、文字文化と無縁ではないものの、主として口承文化の世界に生きていた。〝ロマンス語〟は、西フランク王国やロートリンゲン地方の俗語である古フランス語を指す。スラヴ語の習得事情についてはすでに一言した（五五頁）。勇猛にして敬虔、畏怖と尊敬の双方を兼ね備えた理想的支配者像の描写は見事である。しかし、それが定型的な讃辞を超えて、どこまでオットーの実像を正確に伝えているかは定かではない。

次に弟ハインリヒについて、ヴィドゥキントは次のように記す。

これに対し、ハインリヒの性格は大いに真面目であり、このため彼を知らない人々の間では慈悲と快活さに乏しいと思われていた。内面的には常に堅固で、友人たちには大いに誠実であった。（中略）体格は際立っており、若き日には稀に見る端麗さのゆえに、すべての人々を引き寄せたのである。（同前）

リウトプランドによるハインリヒの描写は、「才能と機知に富み、助言において賢明、その容貌の美麗さのゆえに魅力的で、慎重な眼差しの中に穏やかさを含む方であった」（『報復の書』第四巻一五章）となる。典雅な外見については両者とも一致する。「慈悲と快活さに乏しい」という世評が正しいことは、後々確認されることになろう。

最後にブルーノについて。

末弟のブルーノ殿は、大変賢く知識に富み、あらゆる徳と勤勉さを備えていた。国王が抑制のきかないロートリンゲン人を管轄すべく彼を据えたとき、彼はこの地方から盗賊たちを追放し、熱心に法の知識を教授したため、かの地では最高の秩序と最大の平和が支配することになったのである。

（ヴィドゥキント『ザクセン人の事績』第二巻三六章）

3―4　ブルーノ　ケルン、聖アンドレアス教会

兄弟中で一人聖職者の道を歩み、宮廷司祭長、書記長を経て九五三年にケルン大司教となったブルーノについては、ケルンの聖パンタレオン修道院の修道士ルオトガーが、その歿後に『ケルン大司教ブルーノ伝』（九六七〜九六九年）を著している。その優れた教養と知性をもって有能な聖職者を育て、世俗政治でも兄を支え続けたブルーノは、オットー朝の帝国司教を代表する存在となっていくであろう。

西フランク王国の内紛の調停

東フランク王国における内乱と西フランク国王ルイ四世の二度にわたる介入は、両国の狭間に位置するロートリンゲンの領有問題を再燃させた。それは、「西」で燻《くすぶ》っていた権力抗争へと飛び火する。争いは、貴族陣営を二分させるという形で一〇年間も続くこととなる。

　対立構図は一方は国王ルイ、他方は反国王派のヴェルマンドワ伯エリベール二世である。後者が九四三年に死去した後は、かつての対立国王ロベールの息子のフランキア大公ユーグ（〝大《ル＝グラン》〟）がその急先鋒《きゅうせんぽう》となった。もっとも、ルイとユーグの二人の妻はいずれもオットーの妹である。ルイが九三九年の内乱終結時にロートリンゲンに進攻し、寡婦ゲルベルガを妻として獲得したことは先に触れた。ユーグがハトヴィヒを三番目の妻に迎えたのは九三七年頃である。二人の間に生まれた父と同名の息子は、後にカペー朝を開くことになる（九八七年）。オットーが「西」の調停に尽力したのは、「東」の国王であると同時に、一門の家長としての立場からでもあった。

　西フランク王国の内紛の錯綜《さくそう》した経緯を要約すると次のようになる。国内対立を激化させたのは、王国内の大司教の筆頭格であり、国王戴冠都市でもあるランスの大司教座をめぐる教会分裂《シスマ》である。エリベールは九四〇年、国王派の大司教アルトーを追放し、自らの息子、すなわち放逐されていた前大司教ユーグを、力ずくでその地位に復させたのである。オットーは当初、ロートリンゲン奪還を目指すルイへの対抗から、反国王派に肩入れする立場を取り、同年夏には西フランクに遠征をおこなった。

　しかし、その後オットーはルイと和解し、仲裁役を買って出ることになった。九四五年、大公ユーグが平和を破ってルイを捕虜としたことで、オットーは態度を硬化させた。九四六年の夏、ルイの妻ゲルベルガの救援要請を受けて、大軍を率いて二度目となる遠征を開始した。解放されたルイと同盟を締結してランスを奪還、アルトーを復位させることにも成功した。続く王宮都市ランの包囲戦は成果に乏しかったものの、パリを経てノルマンディーのルーアンにまで軍を進めた。翌年、オットーは二度にわたりルイと直談判《じかだんぱん》する一方、ユーグとも交渉を継続し、休戦を提案した。そして、一連の内紛の最終的解決の場として設定されたのが、九四八年六月にインゲルハイムの王宮で開催された教会会議である。

教会分裂問題については、この間に双方の陣営とも教皇アガピトゥス二世に上訴していた。教皇は特使を派遣し、その主宰の下、ルイとオットーの両国王も陪席する中で会議が開催された。参加した司教は三〇名以上を数えたが、大半は東フランク、特にロートリンゲンの司教で、西フランクからの出席者は、大公ユーグが邪魔立てしたためわずかであった。会議は、予定通りアルトーの側に軍配を挙げ、欠席した大司教ユーグについては簒奪者《さんだつしゃ》として破門に処した。

西フランク王国の教会分裂問題を東フランク王国内で開催された教会会議が調停したことは、東フランク国王の覇権的地位の高まりを示すものである。これは、弱体なルイ王権の限界を露わにすると同時に、オットーの対西方政策の成功を象徴する出来事となった。それに貢献したのは家族の絆である。特に眼を惹くのは妹ゲルベルガの活躍ぶりである。彼女は夫ルイ四世の解放のために東奔西走し、兄の宮廷には実に五回も赴いてその支援を勝ち取ったのであった。

妻の死

オットーが愛妻エディットを喪《うしな》ったのは、九四六年夏の西フランク遠征に先立つ冬のことであった。

訃報に接したのは休養のために訪れていた狩猟場である。「その命日となった一月二六日は、すべてのザクセン人の悲嘆と落涙によって迎えられた。アングル人に生まれた彼女は、神々しき敬虔さのみならず、国王家門の出自という権威によって輝きを放っていた」（ヴィドゥキント『ザクセン人の事績』第二巻四一章）。享年は三三～三四。若き日にマクデブルクの大司教座聖堂学校で学んだティートマルは、同地に伝わるエディットへの追憶を伝えている。

国王は、身に降りかかる危険に対しては、それが公然たるものであれ秘匿されたものであれ、いつも無事に乗り越えた。それは神の慈愛の恩寵、それに神々しい妻エディットの不断の執り成しのお蔭であった。都市マクデブルクの建設を始めたのも、彼女の勧めによるものであった。国王は、同地にキリストの殉教者インノケンティウスの聖遺物を大いなる栄誉をもって移葬したが、この城塞を獲得し建造したのは、永遠の報恩と祖国の救済という恩寵を求めてのことであった。その際、祝福された祈念《メモリア》にとどまるエディットは、この世で授けられた力の限り夫を支え続けた。数え切れぬほど多くの徳に恵まれた彼女は、生涯において神と人間の意思に適った日々を送った。そのことは、死後に起きた〔奇蹟

の」徴《しるし》が物語っている通りである。（ティートマル『年代記』第二巻三章）

殉教者インノケンティウスは、テーベ軍団を率いた指揮官マウリティウス（五四頁）の配下の部隊指揮官である。

3—5　エディットの石棺　34頁参照（マクデブルク大聖堂内）

オットーがブルグント国王ルードルフ二世から寄贈された聖遺物を祀る聖マウリティウス修道院を同地に創建したのは、国王登位翌年の九三七年のことである。「死後に徴が起きた」とは、聖人に値する聖職者に向けたティートマルの定型句である。この一節は、俗人であった彼女が死後半世紀を経て、マクデブルクではすでに聖女に匹敵する篤い崇敬——「神々しい妻」——を捧げられていたことを物語っている。

エディットの亡骸は、聖マウリティウス修道院に葬られた。後年、オットーは、「敬虔なエディットが眠る墓所に、自らの死後その傍らで休らうことを望み、豪華な教会を建造させ始めた」（同一一章）。マクデブルク大司教座計画の始まりである。

妻の死後、オットーは遺言書をしたため、一六歳前後の息子リウドルフを後継国王とすることを定めた。すでに成人してはいるが、まだ未熟さを残した若者であった。

翌九四七年、彼女が遺した二人の子は相次いで結婚する。リウドルフはかねてより婚約していたシュヴァーベン大公ヘルマンの娘イーダと、長女リウトガルトは、「当時、国王にとって他の誰にも増して愛すべき人物」（アーダルベルト『レーギノ年代記続編』九四七年の項）、すなわち三年前にロートリンゲン大公に抜擢されていたコンラート（赤）とである。同じ九四七年にはバイエルン大公ベルトルトが、九四九年にはヘルマンも亡くなり、オットーの弟ハインリヒ、息子リウドルフがそれぞれ後継大公位に就いた。この結果、国王の直轄下に置かれたザクセンとフランケン以外の三つの大公位は、すべてオットーの血縁者によって独占されることになったのである。

盤石の支配体制が整ったかに見えた、その家族の絆に亀裂が生じる原因となったのは、初のイタリア遠征、そしてオットーの再婚問題が投じた波紋である。

第四章
絶望の淵から
——父と子の確執

玉座のオットー１世と服従するイタリア国王ベレンガーリオ２世

玉座のオットー1世と服従するイタリア国王ベレンガーリオ2世

12世紀半ば、フライジング司教オットー『年代記』イェーナ手稿、イェーナ大学図書館蔵

イェーナ手稿は、フライジング司教オットー（在位1138〜58年）が異父兄の息子のフリードリヒ1世バルバロッサ（国王在位1152〜90年、皇帝在位1155〜90年）に献呈した『年代記』（273頁）のオリジナルから作成された写本で、天地創造（イヴの創造）から12世紀の〝現在〟に至るまでの事件について、計14点の挿絵を付している。ルネサンス期以前の人物像は様式化されて描かれており、個々人の特徴を図像から読み取ることはできない。

跪《ひざまず》いたベレンガーリオが両手を広げ武器の剣を差し出しているのは、降伏の意思表示である。玉座のオットーの左手には、権力を象徴する笏が握られている。正面右手のオットーの刀持ちが剣先を天に向けて掲げているのは、オットーの下す裁きが神意を得た正義であることを、背後の家臣たちが武装しているのはベレンガーリオの服従が戦闘によるものであることを意味する。

1　「暗黒の世紀」のイタリア

“イタリア皇帝”の時代

このときオットーは行くべきか迷っていた。イタリア、だがそれは伏魔殿ではないのか――。九五〇年代になると、オットーの対外政策の軸足は、これまでの「東西」から徐々に、しかし確実に「南北」へとシフトしていく。そこで、多少長くはなるが、「暗黒の世紀」（一〇世紀）のイタリアの皇帝と教皇の歴史を振り返ってみる。史料に関してはリウトプランドの独壇場である。

「北」のオットー朝の王国の状況と同じく、「南」のイタリア王国も多民族的に規定された多極的な権力構造を有していた。イタリア半島には北・中部のランゴバルド人、教皇が統治するローマーニャ地方のローマ人、南イタリアのランゴバルド系およびギリシア系の諸民族が混住していた。北・中部イタリアを包摂するイタリア王国の住民の総称としての「イタリア人」という術語は、オットーの第一次遠征が始まる一〇世紀半ばまでは存在しなかった。イタリア王国は、諸司教と在地貴族層が割拠するロンバルディア地方、トスカーナ辺境伯領、スポレート大公領、旧ラヴェンナ総督領、そしてローマ教皇領等々の様々な政治的単位から成る複合国家であった。

「暗黒の世紀」の前後のローマ教皇の状況について若干のデータを紹介しておく。教皇ヨハネス八世（在位八七二〜八八二年）が暗殺された八八二年から、叙任権闘争の引き金となる改革教皇庁が始動する一〇四六年までの一六四年の間、ローマ・カトリック教会の最高位の聖職者であるローマ教皇の地位に就いた人物は四五名を数える。このうち罷免されたのが一五名、亡命先や獄舎で死亡するか、あるいは暗殺者の手に斃れた者は一四名に上る。ローマから追放された者は七名、複数の教皇が並立する教会分裂《シスマ》も六回に及ぶ。平均在位期間は、一〇世紀の場合わずかに三年八ヶ月にすぎない。

嘆かわしき教皇庁の混乱の原因は、「聖ローマ教会の守護者」たる皇帝の権力の局地化とそれに伴う権威低下、そして今やその位が政争の具と化した皇帝に代わって都市ローマの有力貴族門閥の影響力が増大してきたことにある。

大フランク帝国を再統合した皇帝カール三世が、八八七年に甥のアルヌルフによって廃位されて以降、帝国は五つの分王国に分裂した（二〇頁）。イタリア王国では、カロリング王家の血を引き、北イタリアを権力基盤とするフリウーリ辺境伯ベレンガーリオ一世と、中部イタリアに勢力を張るスポレート大公グイードの二人が相次いで国王に擁立され、以後両者間で抗争が繰り広げられることになった。もっとも、両者はいずれも、ヴェルダン条約で皇帝ロータル一世に帰したアルプス以北の中部フランク王国に出自する貴族家門の出であり、イタリアではよそ者であった。

イタリア国王グイードは八九一年にいち早く皇帝位を獲得した。彼は、翌年には息子の共同国王ランベルトを時の教皇フォルモススの手で共同皇帝に授冠させた。〝イタリア皇帝〟の時代の始まりである。ところが、その後皇帝父子と不和になったフォルモススは、東フランク国王に救援を要請した。国王アルヌルフが武力をもってローマを攻略し、対立皇帝として授冠されたのは八九六年二月のことである。この事件は、アルプス以北の東フランク国王が強大な軍事力を梃子にイタリアの政局に介入する先例となった。ただし、新皇帝は、ローマを出立して行軍中に重度の卒中の発作に襲われ、遠征は中断、撤退を余儀なくされた（二二頁）。グイードの寡婦に毒を盛られたとの噂《うわさ》も伝えられている[1]。フォルモススが八〇歳前後の高齢で死去したのは、二ヶ月後の四月である。

4―1　ジャン＝ポール・ローランス画「屍体裁判」（1870年）（ナント美術館蔵）

ところが、二代後の教皇のステファヌス六世は同年末か翌八九七年初頭、埋葬されたフォルモススの遺骸を墓から掘り出して、教会会議の席で改めて裁きにかけるという前代未聞の「屍体《したい》裁判」を演出したのである。教皇の衣装を纏い椅子に座らされたフォルモススの遺体に向かって、三人の司教が次々に訴状文を読み上げ糾弾し、黙して語らぬ遺体の代わりに一人の助祭が弁護の任を演じた。下された判決は破門、教皇として生前におこなった叙階はすべて無効とされた。遺骸はテヴェレ川に投じられた。だが、ステファヌス自身も八九七年夏、地震によりラテラーノ大聖堂が崩壊したことに端を発する市民の騒擾《そうじょう》のさなかに捕縛され、獄中で扼《やく》殺《さつ》された。

グイードとランベルトの父子、アルヌルフの諸皇帝の相次ぐ死（八九四、八九八、八九九年）を尻目にただ一人生き延びたのは、北イタリアを拠点とする国王ベレンガーリオ一世であった。しかし、彼が侵攻してきたハンガリー人に惨めな敗北を喫すると、敵対する党派は九〇〇年、皇帝ロータル一世の曽孫でプロヴァンス国王のルイ（″盲目王″）を対抗馬として招き入れた。ルイは翌年にはローマで帝冠を授けられた。だが、九〇五年、ヴェローナでベレンガーリオに捕らえられ、目を潰されたことで統治能力を喪失した。

ベレンガーリオは、一〇年後の九一五年に念願の皇帝位を獲得する。次に反ベレンガーリオ派陣営によって担ぎ出されたのは、ヴェルフェン家のブルグント国王ルードルフ二世である。九二二年にランゴバルド王国の旧都パヴィーアでイタリア国王に擁立され、翌年ベレンガーリオに勝利を収めた。敗れた皇帝は九二四年、私怨《しえん》が原因でヴェローナにて自らの家臣の手によって殺害された。以後九六二年までの三八年の間、西欧カトリック世界に皇帝は不在となる。

「娼婦政治」

「イタリア人というものは、一方を他方への脅威によって抑制すべく、常に二人の主人を有することを欲する」（リウトプランド『報復の書』第一巻三七章）——。

イタリア王国の政治的混乱の原因は、権力の真空状態の中で互いに競合する各地の有力貴族党派が、自らの政治的影響力を確保するため、各々外部から統治者を招請しては追放するという方策を繰り返したことによる。

九二六年、ルードルフ二世の義父であるシュヴァーベン大公ブルヒャルト二世が、支援のため北イタリアに軍を進めたものの、襲撃され殺害された（五二頁）。ルードルフが退位を余儀なくされたのを承《う》けて、対抗する貴族党派が新国王としてパヴィーアの王宮に招いたのは、盲目にされたルイに代わってプロヴァンス王国を事実上支配してきたヴィエンヌ＝アルル伯ユーグ（ウーゴ）である。カロリング王家の血を引くボソン家の生まれで、ルイの又従兄弟《またいとこ》にあたる。後押ししたのは、教皇ヨハネス一〇世と、ユーグの異父弟のトスカーナ辺境伯グイードであった。そのグイードの妻こそ、「悪女」として歴史に名を残した女傑マロッツィアにほかならない。

彼女は、「暗黒の世紀」の前半にローマで権勢を誇った都市貴族家門テオフィラット家の出である。ローマの官僚系都市貴族が、世俗的権力の集中する教皇庁の重要行政職を占有することを通じて影響力を増大させ、外来のフランク系有力貴族との提携によって都市支配を確立したのは、一〇世紀初頭以降である。

4―2　マロツィア　フランコ・ミニストリ『ヴァティカンあるいはローマ教皇の謎』第1巻の挿絵（1861年）

それはまた、「永遠の都」の盛名と教皇庁の権威が地に堕ちた時代、すなわちテオフィラット家の当主テオフィラット（?〜九二四/九二五年）の妻テオドラ、そしてとりわけその娘マロツィアの二人の名に象徴される悪名高き「娼婦政治《ポルノクラシー》」の時代でもある。この言説が歴史小説や映画の題材となるほど有名になったのは、ローマ人、それに有力諸侯の妻たちを毛嫌いするランゴバルド人のリウトプランドが、劇的かつ饒舌《じょうぜつ》に描き出した諷刺的《ふうしてき》な歴史叙述『報復の書』によるところが大きい。

それによれば、母テオドラは、姦通《かんつう》相手のラヴェンナ大司教を側近くに呼び寄せるべく、ヨハネス一〇世として教皇位に就けさせた。男勝りの野心家の娘マロツィアは、スポレート大公アルベリーコ一世との最初の結婚に先立ち、時の教皇セルギウス三世（在位九〇四〜九一一年）との間に男子を儲けた。さらに、母の愛人で、ビザンツと連携してイスラーム教徒に勝利を収めた剛気なヨハネス一〇世を、二番目の夫グイードを動かして投獄、扼殺させた。目的は、都市ローマの支配体制を堅めるとともに、この不義の子をヨハネス一一世として教皇の座に据えることであった……。リウトプランドが伝える一連のスキャンダラスな事件の真偽をめぐってはもとより議論があるが、大筋において事実のようである。

ユーグからベレンガーリオ二世へ

「マロツィアは恥知らずの娼婦《しょうふ》であった。すなわち、夫グイードの死後に国王ユーグに向け使者を遣わし、彼女の元に到来して、最も高貴な都市ローマを我が物とするよう招請したのである。それを実現させうる手立ては、国王ユーグが彼女を妻とする以外にありえぬ、と確約したのであった」（リウトプランド『報復の書』第三巻四四章）。マロツィアによる招請は九三一年、両者の結婚は翌九三二年夏のことである。ユーグは前夫グイードの異父兄であり、近親婚として教会法に抵触するにもかかわらず……。

マロツィアよ、ウェヌスに駆り立てられ、何ゆえにかくも激しく荒れ狂うのだ？
見よ、汝が欲しがるのは自らの夫の兄の甘美な接吻《せっぷん》
ヘロディアと同じく兄弟二人を相手に結婚したいのか
分別を失った汝はヨハネの定めを忘れたのか
それは兄弟の妻を兄弟が汚すことを禁じているのだ〔『マルコによる福音書』六・一八〕。
（中略）
雄牛が祭壇の前へと引き出されるが如く、お望みの国王ユーグが汝の元へ近づく
だが彼が情熱を燃やしているのは都市ローマに対してなのだ。

何の役に立つのか、嗚呼、悪人め、罪無き者をかくも破滅させることが？
かかる罪業によって王妃の地位を獲得せんとする間に
汝は神の裁きによって偉大なローマを失うことであろう。

（同前）

双方にとって三度目となる結婚である（まさに〝カオス〟とも言うべき両者の結婚歴については、系図4を参照されたい）。息子ヨハネス一一世による夫ユーグの皇帝戴冠式は、カール大帝の場合と同じく降誕祭に予定されていたようである。

ところが、それに先立つ秋頃、マロツィアの居館であるサンタンジェロ城で、彼女と最初の夫の間の息子アルベリーコ二世と、今やその継父となったユーグとの間に、些細《ささい》なトラブルに端を発する喧嘩《けんか》が起きた。息子は、母の再婚により自らの立場が脅かされることを恐れていたのである。騒擾はやがて、マロツィアを嫌うローマ市民を巻き込んだ大規模な蜂起へとエスカレートしていった。息子は、よそ者のプロヴァンス人の統治を望まぬ都市貴族の党派を味方に引き込み、母に向けて武器を取った。ユーグはからくも脱出に成功したものの、マロツィアは捕縛された。市内のいずこかに幽閉された挙げ句、九三六年頃に牢獄の露と消えたようである。

マロツィアの死が九三六年頃と推測されるのは、ユーグはその翌年に実に四度目の結婚に及んでいるからである。皇帝冠を逸した彼は、その後鉾先《ほこさき》を北のブルグント王国に向けた。九三七年、前イタリア国王でもある国王ルードルフ二世が死去すると軍を進め、その寡婦ベルタと結婚したのみならず、その娘アーデルハイトを息子の共同国王ロターリオと婚約させたのである。息子は当時一〇歳前後、アーデルハイトは六歳前後であった。アーデルハイトの兄でブルグント王位継承者のコンラートは、アルプスを越えて逃走し、オットーに庇護を求めた。

ユーグの二〇年に及ぶイタリア統治は比較的安定していた。対外的にはビザンツ帝国のマケドニア朝の皇帝コンスタンティノス七世（〝ポルフィロゲニトス〔緋室生まれ〕〟）との間に友好関係を確立することにも成功した。九四四年には愛妾《あいしょう》との間にもうけた幼少の娘ベルタが、コンスタンティノスの息子のロマノス二世と結婚するという栄誉も授けられた。

しかし、長期にわたる強権的支配体制には随所でほころびが生じていた。トスカーナ辺境伯やスポレート大公の要職を親族に与え、ローマへの道を開こうと画策したものの、ついに皇帝冠を手中にするには至らなかった。母マロツィアに代わって都市ローマを事実上支配し、「全ローマ人のプリンケプスにしてセナトール（元老院議員）」を称したその息子アルベリーコ二世が、歴代教皇を操り人形の如く背後で思いのままに支配していたからである。

アルベリーコ二世の独裁体制が二〇年以上にわたり維持されたのは、それまで官僚系都市貴族に欠けていた軍事力を補強すると同時に、ローマ市外に向けて所領・権限を著しく拡張し、大領主貴族化することに成功したからである。言い換えると、それに先行する「娼婦政治」とは、教皇を最高世俗権力者に戴《いただ》くローマの官僚系都市貴族が、外部の軍人系貴族勢力と政略結婚で同盟するという微妙なバランス関係の構築を通じて統治の再生を達成しようとした、特殊ローマ的にして過渡的な現象だったのである。[2]

ところで、ユーグの晩年に最大のライヴァルとして台頭してきたのは、イヴレーア辺境伯ベレンガーリオ二世である。暗殺された皇帝の同名の孫である。九四一／九四二年にはイタリアを追われ、アルプスを越えてオットーの宮廷に亡命した。だが、ユーグの権威低下が決定的になった九四五年、ベレンガーリオは帰国して実権を掌握することに成功した。

当時、イタリア人の歓喜がいかに絶大なものであったことか！　人々は新たなダヴィデが到来したと叫んだ。否、かの偉大なるカール〔大帝〕にも増してこの者のことを、手放しで賞讃したのである。イタリア人は、確かにユーグとロターリオを再び国王として受け入れはした。だが、その名は辺境伯にすぎぬものの、実力においてはベレンガーリオこそ真の国王だったからである。かの両名は国王と称しはしたものの、実際には伯と変わらぬ存在でしかなかった。

（リウトプランド『報復の書』第五巻三〇章）

翌九四六年、有力貴族の相次ぐ離反によって見放されたユーグは、一人故郷のプロヴァンスに帰国し翌年春、失意のうちにアルルの地で死去した。パヴィーア宮廷で育てられたアーデルハイトが、名ばかりとはいえ今や単独国王となったロターリオと正式に結婚したのは、同じ九四七年の夏のことである。

パヴィーアの助祭リウトプランド

以上の「暗黒の世紀」の前半に関する主要史料は、繰り返し引用してきたリウトプランドが、亡命者として異郷の地で九五八～九六二年の間に著した『報復の書』である。著者は「お喋《しゃべ》り好きで饒舌」（『コンスタンティノープル使節記』四七節）、強烈な自己顕示欲に満ち、溢れんばかりの教養と修辞技巧をこれ見よがしに誇示する、中世前期において他に類を見ないほどに個性的な人物である。九二〇年頃に王都パヴィーアに生まれ、ユーグとベレンガーリオ二世の二代の国王に仕えたリウトプランドのキャリアについて、ここで一言しておく。

不詳の名の父は、ランゴバルド系の裕福な家門の出自で、ユーグの使節として九二六／九二七年にコンスタンティノープルに派遣された。しかし、帰国後間もなく病死した。それからほどない九三〇年頃、少年は「その声の甘美な響きのゆえに国王ユーグの好意を得ることになった」（『報復の書』第四巻一章）。聖職者の道に足を踏み入れ、最終的にはパヴィーア司教教会の助祭に叙階された。なお、実母がその後再婚した継父も、この間の九四一年にユーグの使節としてコンスタンティノープルの宮廷に派遣されている。

リウトプランドが学んだパヴィーアの宮廷学校は、当時のイタリアではミラノと並んで最も高い学問水準を誇っていた。中世の教養の基礎をなす「自由七科」は、人文科学系の三学《トリウィウム》（文法・修辞・弁証）と自然科学系の四科《クァドリウィウム》（算術・幾何・天文・音楽）から構成される。パヴィーアは特に三学の秀逸さにおいて傑出していた。彼がローマ古典期の文学と熱心に取り組んだことは、著作の随所に膨大な量の文学作品の知識と技巧的表現がちりばめられていることから解る。パヴィーア宮廷に渦巻く数々の陰謀や、好色なユーグの頽廃的《たいはいてき》な生活に関する詳述も、側近くでの直接の見聞に基づく。

大きな転機となったのは、ベレンガーリオが権力を掌握した九四五年の政変である。両親は、息子を新たな主人に仕えさせるべく莫大《ばくだい》な贈り物を提供した。九四九年、リウトプランドは、ベレンガーリオにギリシア語能力を買われ、二人の父と同じくコンスタンティノープルに遣わされることになった。だが、継父は、ベレンガーリオに言葉巧みに騙され、旅費と大量の贈り物のすべてを自ら賄う羽目となってしまった。

『報復の書』という特異なタイトルは主人夫妻に対する私怨に由来する。

> この作品の意図は、かのベレンガーリオ、すなわち今日イタリアを国王としてではなく暴君として統べている者、さらにその妻ウィッラ、すなわちその凄まじき暴政のゆえに第二のイゼベル[3]と、また飽くことなき貪欲《どんよく》のゆえにラミア[4]というふさわしき名でも呼ばれている者、この二人の行状を叙述し、暴露し、声を大にして世界に向けて叫ぶことなのです。

この両名は、かかる幾多の虚言に満ちた痛罵《つうば》、かかる略奪による損害、そしてかかる神をも畏れぬ策謀によって私自身、私の家、私の氏族、私の家族を謂《い》われなく迫害したのであり、それは言葉では表現し尽くせず、蘆筆《あしふで》では書き留めることができぬほどのものなのです。それゆえにこの書は、二人に対する「アンタポドシス」すなわち「報復」を意味するのであって、私に加えられた損害の代償として、両名の恥知らずな罪深さを、現在そして将来の人々に向けて暴露することがその目的なのです。

（同第三巻一章）

しかし、この独自の「諷刺的同時代史叙述」(5)は、翌九五〇年春のコンスタンティノープル宮殿での儀式の叙述をもって唐突に中断される。著者は、私怨の具体的内容を胸に秘めたまま筆を擱《お》いてしまったのである。もっとも、本書では、九六二年以降クレモナ司教として、また二点のさらなる歴史叙述の著者として再び舞台に登場することになる。

2　第一次イタリア遠征

「イタリア王国の化身」

若き国王ロターリオとアーデルハイトとの間には、その後娘エンマが生まれた。しかし、仲むつまじい生活が長く続くことはなかった。九五〇年一一月二二日、ロターリオは二三歳前後の若さで急死したのである。突然の死について、ランスのフロドアールはベレンガーリオによる毒殺の噂があることに言及している。暗殺説の真偽は定かではないが、同時代人のみならず近年の研究でも唱えられている[6]。

その死からわずか三週間後の一二月一五日、ベレンガーリオが息子アダルベルトとともにパヴィーアで国王として戴冠した。

念願の王位を手に入れたベレンガーリオが次に触手を伸ばしたのは、前王の寡婦である。アーデルハイトは、王国の継承権を父のルードルフ、夫のロターリオの双方から受け継いだ、まさに「イタリア王国の化身[7]」であった。この間パヴィーアに拘禁されていた彼女は、そこから脱走して、かつて兄のコンラートを庇護していたオットーに救援を求めようとした。しかし、九五一年四月二〇日、コモで捕らえられ、ガルダ湖畔《こはん》の城に移送された。ベレンガーリオの狙いは、息子との結婚を強いることであった。アーデルハイトはこれを頑なに拒み、苦難と屈辱に満ちた孤独な幽閉生活を送ることを余儀なくされた。

若きリウドルフの挫折

「国王オットーはイタリアへ赴くことを望み、遠征のために大規模な支度を整えさせた。国王ルードルフの娘でイタリア国王ロターリオの寡婦アーデルハイトを、ベレンガーリオにより科された鎖と監禁から解き放って妻に迎え、同時にイタリア王国をも獲得することを思案していたからである」（九五一年の項）。リウトプランドと交代するかのように、以後の事件に関する重要な史料となるのがアーダルベルトの『レーギノ年代記続編』である。

ところが、すでに五／六月、オットーの息子のシュヴァーベン大公リウドルフが、軍を率いてイタリアに向け出立していた。「父の到着に先駆けて同地で勇敢に振る舞ったならば、父の気に召すはずであるとの願いゆえであった」（同前）。功を焦る若者の軽率な抜け駆けか、あるいはイタリア王位奪取への野望か。否、おそらくはそうではあるまい。

リウドルフの妻イーダは、捕らわれたアーデルハイトの母方の義理の叔母にあたり、その救出は急務であった。加えて、シュヴァーベン大公は、先のブルヒャルトの行動（一二七頁）に見るように、アルプスを越えて北イタリアにまで勢力を拡張する南下政策を伝統的に志向してきた。

しかし、アルヌルフの先例（六九頁）が示すように、バイエルン大公も同じ企図を抱いており、それは両者の利害が真正面から衝突することを意味する。叔父のハインリヒは、この遠征に先駆けてアクィレイアを占拠し、その際に同地の総主教を去勢するという蛮行に及んでいた。

だが、リウドルフは、所期の成果を何ら挙げることなく、むしろ助言を仰がなかったことで父の気分を害したため、叛乱と争いの種が彼の中に芽生える結果となった。かかる事態になったのは、リウドルフのあらゆる名誉と成功に嫉妬した叔父の大公ハインリヒが、先回りして使者をバイエルンからトレント経由でイタリアに向け派遣し、すべてのイタリア人の心を彼から離反させようとしたからであった。ハインリヒがそれに全力を傾注した結果、いかなる城塞も都市も国王の息子に門を開けることはなく（中略）、同地でリウドルフは、あらゆる艱難辛苦《かんなんしんく》に耐えねばならなかったのであった。

（同前）

リウドルフとハインリヒ、国王の息子と弟の対立が初めて表面化したのはこのときである。八月二〇日の夜、ガルダで四ヶ月間囚《とら》われの身にあったアーデルハイトは、わずか二人の供回りとともに冒険的な脱出を敢行した。追っ手から逃れるべく各地の森、洞窟、穀物畑に身を潜め、ようやく辿《たど》り着いたのがレッジョ・ネッレミーリアの司教館であった。その支援を得て匿《かくま》われたのがカノッサ城である。コモで捕縛された四月二〇日と解放された八月二〇日は、彼女にとって記録を残すに値する忘れ難き日付であった。『メールゼブルク死者祈念の書』のそれぞれの日の項には、幾多の故人たちの名前と並んで、この事件が例外的に記載されていることからそれが解る。

アーデルハイトとの結婚

オットーがイタリア王国に進攻したのは、彼女の解放とほぼ同じ八月末／九月初頭である。大規模な遠征軍には、弟のハインリヒとブルーノ、義息のロートリンゲン大公コンラート、マインツ大司教フリードリヒおよび多数の司教たちの姿が見える。失意の息子リウドルフも一旦ザクセンに帰還し、父の軍に合流した。王都パヴィーアに到着したのは九月中旬頃のことである。ベレンガーリオ父子は大軍の到来に恐れをなし、数日前に逃走していた。

史料はイタリア国王としての戴冠式には言及していない。しかし、その到来を待ち望んでいた有力貴族・司教たちの恭順を得たことは疑いない。オットーは、新国王として早速各地の教会・修道院宛に証書を交付している。このうち一〇月一〇日にミラノの修道院に発給した証書[8]では、「フランク人とランゴバルド人の国王」と称している。カール大帝が七七四年にランゴバルド王国を征服したときに用いた称号に倣ったものである。証書末尾の日付書式の国王統治年も、称号に対応して「国王オットーの統治、フランキアにおいて一六年、イタリアにおいて一年」と並記された。

4—3　アーデルハイト　マイセン大聖堂（1265／70年）

「イタリア王国の化身」との結婚は、オッ

トーにとって自らのイタリア王位獲得を正当化する最も重要な要件であった。弟のバイエルン大公ハインリヒは求婚の使者に立ち、レッジョ・ネッレミーリアを出立したアーデルハイトを護衛し、パヴィーアへと迎え入れた。この出来事のせいか、以後アーデルハイトは、ことあるごとにハインリヒに肩入れすることになる。双方にとって二度目となる結婚式は一〇月末／一一月初頭に挙行された。オットーはこのとき三八歳、アーデルハイトは二〇歳前後。親子ほどの年齢差で、息子リウドルフにとって、継母はほぼ同年齢である。リウドルフは、母エディットが九四六年に死去した後、父によって王位継承者に定められていた（一一九頁）。だが、父の再婚によってその立場を脅かされる事態となった。

「前述の経過に憤慨した大公リウドルフは、父の助言を仰ぐことなく、その後大司教フリードリヒに伴われて祖国へと帰還した」（アーダルベルト『レーギノ年代記続編』九五一年の項）。

怒れるコンラート

結婚式と同じ頃、オットーは、マインツ大司教フリードリヒを使者としてローマへと派遣していた。降誕祭に皇帝戴冠式を挙行することについて、教皇アガピトゥスに打診するためである。だが、交渉は不調に終わる。それを頓挫させたのは、事実上のローマの支配者アルベリーコ二世であった。

オットーは、皇帝位獲得が時期尚早であり、イタリア王国の直接的支配も困難であることを悟った。九五一年の降誕祭をパヴィーアで祝した後、翌九五二年二月に帰国の途に就いた。「一方、大公リウドルフはイタリアから帰還すると、〔九五一年の〕降誕祭を国王の如き盛大さをもってザールフェルトで祝した。この場には、大司教フリードリヒおよび居合わせた王国の有力者全員が参集した。だが、この饗宴は、多くの人々によって早くも疑いの目で見られることとなった。同地で討議されたのは、有益ではなくむしろ破滅へと通じることではなかったか、と」（同九五二年の項）。

ザールフェルトの王宮は、王弟ハインリヒが九三九年に兄に抗って蜂起した際に、やはり叛乱者による盟約のための饗宴を開催した場所であった（九一頁）。この集会については、ヴィドゥキントもまた「陰謀のゆえに不吉なザールフェルト」と記している（『ザクセン人の事績』第三巻九章）。リウドルフは、叔父のかつての不忠を父に想起させると同時に、自らの企図についても仲間に示唆するために、敢えてこの地を饗宴の場に選んだものと思われる。

父に対して不満を抱いた者がもう一人いる。義息のロートリンゲン大公コンラートである。オットーはパヴィーアを去るに際してコンラートを同地に残した。ベレンガーリオを追跡、服従させるためである。その後、コンラートの説得が功を奏し、ベレンガーリオは和平を受け入れる手筈となった。仲裁役となった大公に伴われて向かった先は、オットーのいるザクセンである。マクデブルクに到着したのは四月一八日の復活祭の頃で、和平を歓迎する国王の側近たちによって盛大な歓待を受けた。ただし、会見まで暫時宿舎で待機するよう命じられた。

ところが、国王に見《まみ》えることは、三日もの間認められなかった。このため、彼を連れて来たコンラートは気分を害したし、国王の息子のリウドルフもまた感情を同じくした。両者はその原因について、国王の弟ハインリヒのかねてよりの嫉妬心がそうさせたのではないかとの疑念を抱き、彼を避けるようにした。ハインリヒの側では、この若者には母親の庇護が欠けていることを知り、軽視し始めた。そして、ついには、若者に向けて罵倒の言葉を浴びせることさえ憚《はばか》らなくなったのである。

（ヴィドゥキント『ザクセン人の事績』第三巻一〇章）

継母と懇意の叔父による誹謗《ひぼう》中傷の言葉は、父と疎遠になりつつあるリウドルフの心に辛《つら》く突き刺さった。二人の国王の仲裁役を担ったその義弟も、義父の非礼な振る舞いに己の名誉を傷つけられた。「この出来事で酷く侮辱された大公コンラートもまた、国王に対して負う忠誠に背くこととなった。大司教フリードリヒと大公コンラートが友誼を交わしたのはこの頃のことである。〝両者はそれまでは互いに敵意を抱いていたのである〟〔『ルカによる福音書』二三・一二〕」（アーダルベルト『レーギノ年代記続編』九五二年の項）。二人の関係が、暴君ヘロデ・アンティパスとイエスを十字架刑に処したローマ帝国のユダヤ総督ピラトゥスとのアナロジーで理解されていることに注意されたい。

一方、ようやく会見の場に招じ入れられたベレンガーリオは、謝罪と服従の意思を表明した。「密室」での合意形成《コンセンサス》の次は、劇場的機能を帯びた「公の場」での可視的デモンストレーションが続く。その場は夏のアウクスブルクと定められた。

アウクスブルクの王国＝教会会議

九五二年八月上旬のアウクスブルク。イタリア遠征の幕引きの場には、アルプスを挟んだ南北の王国から多数の聖俗諸侯が参加した。「聖」と「俗」が未分離のこの時代には、国王主宰の王国会議と高位聖職者主宰の教会会議の境界は曖昧である。郊外のレヒフェルトで開催された王国会議の場では、ベレンガーリオが息子アダルベルトとともに、オットーに対して臣従礼をおこない（本章扉参照）、その見返りに王位を改めて容認された。イタリア王国に対する直接的支配の確立というオットーの構想は、水泡に帰した。新たに獲得したのは、ベレンガーリオ父子に対する封建的主君としての宗主的地位にすぎない。ただし、イタリア王国からヴェローナ辺境伯領が事実上分離され、バイエルン大公の管轄下に置かれた。遠征の真の勝者は王弟ハインリヒであった。

会議の場には『報復の書』の著者である助祭リウトプランドも参列していた。ベレンガーリオとオットー、いずれの側の随行者であったかは不明である。彼は、前者と袂《たもと》を分かち後者の宮廷に亡命することになるのだが、その時期について研究者の見解は九五一年から九五五年の間で分かれているからである。

他にもビザンツからの使節も臨席していたことは、『コンスタンティノープル使節記』の叙述から解る（五節）。ロマノス二世に嫁したイタリア国王ユーグの娘ベルタ（ギリシア名エウドキア）は、この間の九四九／九五〇年に一〇歳前後で死去していた。義父コンスタンティノス七世による暗殺の疑いもある。[9] アウクスブルクの会議では、王弟ハインリヒの娘のハトヴィヒが新たな婚約者候補とされたようである。彼女は早速ギリシア語の学習に着手した。だが、結婚は実現に至ることなく、彼女は後にシュヴァーベン大公ブルヒャルト二世の同名の息子に嫁ぐ結果となった。

3　リウドルフの乱

蜂起の始まり

このとき、リウドルフは苛立っていた。叔父を恨めしくも思っていた――。

オットーとアーデルハイトとの間に最初の男児が生まれたのは、この九五二年の末か翌九五三年の初頭頃であった。それはリウドルフの眼には、フロドアールの『編年誌』が伝えるように、後継王位への約束が反故《ほご》にされかねない脅威と映ったはずである。さらに危機感を高めたのは男児の洗礼名「ハインリヒ」である。これは、前国王の名であると同時に、今や宮廷でその母マティルデと王妃アーデルハイトの支持を得て発言力を強めつつある叔父のバイエルン大公の名前でもある。一方、「リウドルフ」という自らの名は、確かに高名な祖先に由来するものの、国王の名ではない。年端《としは》も行かない子供でも国王に登位した先例はあり、六歳の〝幼童王〟ルートヴィヒ四世のケースがなお忘却されてはいなかったであろう。父の再婚によって廃嫡された長男のその後の運命については、タンクマルの非業の最期が脳裏に生々しく甦《よみがえ》ってきたはずである。リウドルフの焦燥は尽きない——。

九五三年の復活祭（四月三日）をインゲルハイムの王宮で祝うべく、わずかの軍勢のみを伴ってフランケン地方を巡幸中のオットーが、最初に異変に気付いたのは三月中旬頃であった。「息子のリウドルフと大公コンラートはフランケン、ザクセン、バイエルンの放埒《ほうらつ》な支持者たち、特に若者たちと結託して謀議をおこない、できうるだけ多数の堡塁《ほうるい》や城塞の防備を今後の蜂起のために強化した。かくして、彼らは今や、その目指すところをもはや隠そうとはせず、むしろあからさまに叛旗を掲げたのである」（アーダルベルト『レーギノ年代記続編』九五三年の項）。

身の危険を感じたオットーが、逃げるようにして急ぎ向かった先はマインツである。企てが露見したリウドルフとコンラートも到来した。同地の大司教フリードリヒは、両名の側の主張を支持する方向に傾いた。なぜならば、二人の息子たちがこのとき意図していたのは、行動の真意が父に対する謀反《むほん》などでは断じてないことを納得させ、「叛乱者」の嫌疑を晴らすことにあったからである。二人は、「かかる行動は国王に反抗せんがためのものではない、と語った。ただし、王弟ハインリヒが復活祭にインゲルハイムに姿を現すならば、捕縛する覚悟であることを否定しはしなかった」(同前)。真の敵は叔父ハインリヒであった。

父と息子の「契約」

この協議の場で父と息子はある「契約」を結んだ。ただし、このことをただ一人書き留めたヴィドゥキントは、その具体的内容に言い及ぶことはない。父が二人の息子たちの軍事行動について、免責を約束したことは確かである。研究者は他にも、国王宮廷からのハインリヒの排斥、リウドルフの王位継承の保証、あるいはイタリア王国統治権をめぐる叔父と甥の間の利害調整などが約束されたと推測している。「両名は、確かに罪業のゆえに公然たる非難を浴びた。しかし、国王は、時と場所の危険な情勢を顧慮して、両者の主張をすべて受け入れることとした」(ヴィドゥキント『ザクセン人の事績』第三巻一三章)。

その後、マインツを逃げるように立ち去った国王は、四月三日の復活祭を自らのお膝元、ヴェストファーレン地方のドルトムントの王宮で祝した。同地では、これまで確執のあった母マティルデによって温かく迎えられた。そして、失いかけていた国王としての名声と自信、それに戦力の双方を取り戻したオットーは、重大な決断を下した。というよりも背信行為に及んだ、というのが正確である。息子との先の契約を反故にしたのである。

「すなわち、彼は、友人たちと自らの民族が参集したことに鼓舞されて、かの契約を破棄したのである。それは強制によって結ばされたのだと言明した上で、息子と義理の息子に対し、かかる罪業の首謀者たちを処罰のために差し出すよう命令した。さもなくば、両名を必ずや王国の敵と見なすであろう、と」（同一五章）。父の突然の変節の結果、二人の息子は、叔父の排斥どころか、今や「王国の敵」の烙印《らくいん》を押される危機に瀕することとなったのである。

同じく苦境に陥ったのは、父子の仲裁をしたマインツ大司教フリードリヒである。「大司教は、自らの意思があたかも平和と協調のために配慮することにあるかの如く、かつての契約のために執り成しをした。しかし、そのことで彼は、国王に対し疑念を抱かせることとなり、国王の友人たちと助言者たちの間では、まったく非難に値する存在となってしまった」（同前）。

ヴィドゥキントは国王側に立つものの、大司教の振る舞いに対して一定の理解を示していることが行間から滲《にじ》み出ている。想い起こされるのは一四年前の出来事である（一〇〇頁）。フランケン大公エーベルハルトとの仲裁役の任を託されたフリードリヒが、やはり国王が前言を翻したがゆえに「名誉」を毀損された、あのときの事件と同一の論理である。忠誠を尽くしたがゆえの叛逆《はんぎゃく》である。

ただ、ヴィドゥキントは、これ以上国王の責任を追及しようとはしない。大司教個人の聖職者としての高潔さを賞讃し、最終的判断を神に委ねることで、事の是非を曖昧のままにしたのである。「大司教に対して無分別に判断を下すことは、我々のなすべきことではあるまい。ただし、彼が昼夜の祈禱において卓越しており、喜捨の気前良さにおいて雅量に富み、説教の言葉において見事であること、これらのことを我々は認めるし、また沈黙すべきではないと考える。なお、提起された訴えについて裁きを下すのは、あくまでも主であらせられる」(同前)。

マインツ包囲戦

息子たちの意図とは裏腹に父との対立は激化する一方、オットーとハインリヒの兄弟の絆はますます結び付きを強めていった。その後、オットーは、フランケンとザクセンの境界域に位置するフリッツラーに宮廷会議を召集した。最初に登壇したのはバイエルン大公ハインリヒである。「国王の弟のハインリヒは、そこに到着すると、直ちに数多くの重大な訴えを大司教に向け浴びせかけた。このため大司教は、国王とほぼ全軍の不興を買うこととなった。それは、陳述の後に、彼らがこの者は完全に罪ありと判断したからである」(同第三巻一六章)。

オットーの怒りはテューリンゲン人の貴族に向けられた。一四年前のビルテンの戦いで忠臣として尽力したものの、今や息子の側に与した者たちである。彼らは弟ハインリヒに託され、その後追放刑に処された。さらに、欠席したコンラートのロートリンゲン大公罷免も決せられた。

その後、オットーはケルンに向かい、同地でロートリンゲンの主要な聖俗諸侯の協力を取り付けた。それから一旦ザクセンに帰還して軍勢を整え、七月一日頃再びマインツを目指した。ただし、今度は息子と協議に臨むためではない。大軍を率いて戦火を交えるためである。

報せに接した大司教フリードリヒはリウドルフに都市を委ね、同地を立ち去った。「そして、神と国王に抗う叛乱者たちが常に集う巣窟であるブライザッハの城塞に入った。その後、事の成り行きを見守るべく、同地でほぼ一夏の期間を過ごしたのであった」（アーダルベルト『レーギノ年代記続編』九五三年の項）。ブライザッハは、一四年前に「叛乱者」エーベルハルトの軍隊が占拠した、曰《いわ》く付きの城塞である。リウドルフがザールフェルトで饗宴を開いたのと同じく、この地の選択にもメッセージ性が込められていたことは明らかである。

バイエルン大公ハインリヒ、それにロートリンゲンで国王派を相手に奮戦した前大公コンラートもマインツに到来し、各々の陣営に合流した。包囲戦は七月に始まった。「そこで開始された戦いは、内戦やあらゆる災難にもまして悲惨なものとなった。数多くの機械が市壁近くに据えられたが、しかし、市民たちによって破壊されるか、焼かれるかした。市門の前では戦闘が頻繁に繰り返されたものの、哨《しょう》兵《へい》が外から放逐されることは稀であった。人々は、外では王国の統治者を、内ではその後継者を恐れており、躊躇《ためら》いのゆえに万事に決着がつくことはなかったのである」（ヴィドゥキント『ザクセン人の事績』第三巻一八章）。

戦いは二ヶ月もの長きに及んだ。その一因は、オットーが頼みとするザクセンからの増強部隊の到来をリウドルフによって阻止されたことにある。有力者たちの多くは、正義は息子の側にあると考え、同情を寄せていたのである。この頃オットーは、後顧の憂いを絶つためにビルング家のヘルマンをザクセンにおける自らの代理に任じていた。しかし、オットーによってマインツへと召集されたヘルマンの甥のヴィヒマンは、中途で寝返った。亡き父の遺産相続をめぐってかねてより怨恨を抱いていた若者は、叔父との戦いを開始した。

国王の軍隊は、勝利への見込みがないまま包囲戦がいたずらに長期化してゆく中で、次第に士気が低下していった。厭戦《えんせん》感情が湧き上がるさまを見て慌てたオットーは九月初頭頃、息子たちと直談判することを決意した。

叔父と甥

息子と義理の息子は陣地に到来すると、父の足下にひれ伏して述べた。罪業についてはすべての責を負う覚悟ができている、ただし、友人たちと支援者たちが誠意をもって受け入れられ、今後いかなる不幸も被《こうむ》ることがないのであるならば、と。これに対し、国王は、息子にふさわしい罰を科すことを決断できなかったので、陰謀の支持者たちを差し出すよう要求した。しかし、両名は相互の誓約に基づく義務を負っており、旧敵の術策によっても縛られていたので、これを受け入れる意思はまったくなかった。

（ヴィドゥキント『ザクセン人の事績』第三巻一八章）

この間、国王側の陣営内では休戦への期待から歓喜の渦が湧き起こっていた。しかし、その希望を見事なまでに打ち砕いたのは、服従を拒否する甥リウドルフに激怒した叔父ハインリヒによる痛烈な面罵《めんば》であった。

「汝は」、彼は言い放った。「繰り返し言い張っている、余の主人たる国王に抗うことなど一切したことはない、と。ならば見よ、全軍は承知しているのだ、汝が王位の簒奪者であり、支配権を不当に掌握せんとする者であることを。もし余が罪ありとして訴えられ、そして、もし余が処罰されるべきであるとするならば、何ゆえに汝は、この余に向けて軍団を率いようとはしないのか？　余に向けて旗を取るが良い！」。それから彼は地面の藁《わら》を取り上げた。「これほどの値打ちさえないのだ」、彼は続けた。「汝が余と余の権力から奪い取ることのできるものなど。何が汝をそのように仕向けたのだ、そんなざまで汝の父を悩ますなどということを？　汝が汝の主人にして父に向かって反抗するということは、最高の神の権威に向かって抗うことを意味するのだ。もし、汝にまだ理解するだけの力、あるいはその能力があるのならば、汝の憤怒《ふんぬ》を余に向けて吐き出すのだ。余は汝の怒りなど恐れはせぬのだから」。（同前）

「慈悲と快活さに乏しい」（一一三頁）ハインリヒの介入は、むしろ火に油を注ぐ結果となった。そもそも、甥たちが武器を手にしたのは、父ではなく叔父に向けてであった。この挑発的な非難の言葉は、忘れようと努めていた怨恨の念を再び呼び覚まし、さらなる戦いの継続を二人に決意させることとなった。「これに対し、若者は無言のまま返答しなかった。国王の言葉を聞いた後、彼は配下の者たちとともに市内へと再び戻っていった」(同前)。

国王陣営にはオットーが最も信頼する弟ブルーノの姿もあった。彼は、七月にケルン大司教ヴィクフリートの後任に選出されたばかりであった。先にコンラートから剝奪されたロートリンゲン大公の地位も与えられたのは八／九月、マインツの陣中においてであった。高位聖職者が国王に次ぐ世俗の最高官職を兼ねるのは、前例のない事態である。『ケルン大司教ブルーノ伝』の著者ルオトガーは、この唯一無二の地位をいみじくも「大大公」と形容した(二〇章)。「大司教」と「大公」を合成した造語である。

実際のところ、ブルーノは自らが国王であるかの如くロートリンゲンを統治した。大半の貴族を味方に付け、秋にコンラートがメッツ攻略を企図したときも、これを諦めさせたのであった。

レーゲンスブルク包囲戦

休戦交渉の頓挫は、それに失望した国王陣営から数多くの離反者を出す結果となった。ハインリヒ配下のバイエルン人の有力者の多くは、リウドルフ陣営に鞍替えした。息子が次の戦場に定めたのも、叔父の本拠地であるバイエルンであった。彼はこの間、ハインリヒが留守を託していた宮中伯アルヌルフと手を組んでいた。宮中伯はルイトポルディング家の同名の大公の息子である。叔父ベルトルトの死後、大公位が己の手をすり抜けて姉妹ユーディットの夫であるハインリヒに与えられたことに、かねてより不満を抱いていたのである。

交渉の次の日の夜、リウドルフはバイエルン人の友軍と連れだってマインツを発《た》った。そして、急ぎバイエルンの首都であるレーゲンスブルクに到来すると、都市を攻略した。叔父の財貨を戦士たちに分け与え、妻子は追放に処した。ハインリヒに向けた公然たる侮辱である。マインツに取り残される形となったオットーとハインリヒは包囲を解き、後を追うこととした。しかし、その軍隊は長期に及ぶ労苦に疲弊しており、戦列を離れる者が続出する有様であった。

九月末頃、兄と弟はわずかの手勢だけで同市を包囲したものの、戦いは今回もいたずらに長期化するだけであった。ついには、ザルツブルク大司教ヘロルト——おそらくは宮中伯アルヌルフの従兄弟——さえもが寝返った。「バイエルンでも、他の司教たちが、二つの党派のいずれを支持するか少なからず逡巡《しゅんじゅん》していた。ときには国王を支援し、ときには他方の党派を助けたのであるが、それは、危険なしに国王と袂を分かつことも、自らの損失なしに彼に与し続けることもできなかったからである」（ヴィドゥキント『ザクセン人の事績』第三巻二七章）。この間、戦乱はシュヴァーベンにも飛び火していた。

一二月末、オットーは何ら成果を挙げることのないまま軍隊を解散し撤収した。

ハンガリー人の侵入

このときまで戦況はリウドルフに有利に展開していた。国王の統率力が十全に及ぶのは、本拠地であるザクセンに限られていた。ところが、翌九五四年初頭、あるスキャンダラスな事件が起きたことで突如として風向きが変わった。リウドルフとハンガリー人との提携である。

ハンガリー人は、九三三年のリアーデの戦い以降も散発的に侵入を繰り返していた。ただし、いずれも規模は小さく、国境でくい止められていた。ところが、父子が繰り広げる内戦をそれまで遠巻きに注視していた彼らは、今が略奪の好機到来とばかりに大軍で襲いかかったのである。年初頃にほとんど抵抗に遭うことなくバイエルンに侵入した異教徒は、シュヴァーベンを駆け抜けてフランケンへと到来した。復活祭前の日曜日である三月一九日には、コンラートの本拠地であるヴォルムスで公然と歓待され、金銀多数が贈られた。その目的は、略奪者たちの鉾先を叔父のブルーノが掌握するロートリンゲン方面へと転じさせるためである。ハンガリー人はその後、ロートリンゲンを経て西フランク、ブルグントにまで深く入り込み、最後はイタリアを経由して帰還していった。

ハンガリー人との提携を画策し、彼らを呼び入れたのは、後述するようにリウドルフ本人ではなかった。しかし、宿敵の異教徒と手を組むことを結果的に追認してしまったことは、その名誉を致命的なまでに傷つけ、決起の本来の趣意と支援者の期待を瞬く間《またた》に喪失する原因となった。リウドルフとコンラート、二人はこのとき、言葉の真の意味で国王にして父に抗う「叛乱者」、キリスト教徒の「王国の敵」（一四七頁）になってしまったのである。

ハンガリー人が引き揚げた後、オットーは再びバイエルンに軍を進めた。厭戦気分が高まる中、老練のアウクスブルク司教ウルリヒほかの仲介で、一旦休戦協定が結ばれた。双方の協議の場として、ニュルンベルク近郊のランゲンツェンで六月一六日に集会を開くことが同意された。この場には内乱の当事者全員が参集した。

孤立したリウドルフ

すべての人民が取り決められた場所に集結したとき、国王は演説をおこなった。「堪え忍ぶ所存である」、彼は述べた。「もし余の息子と他の叛乱者たちの憤慨が、余一人だけを苛《さいな》むものであって、すべてのキリスト教徒の人民を掻き乱すのでないならば。彼らが、余の親族や最愛の従者たちの血だけでは満足せず、余の城塞に盗賊の如く侵入し、諸地方を余の支配権から強奪したこと、それはまだ我慢できる。さらに見よ、余は子供たちを奪われ、息子たちなしでここに坐《ざ》しておるのだ。余は、自らの息子を最も忌むべき敵としてもっているのだ。余が最も愛し、取るに足らない身分から最高の地位、最高の名誉へと登用した者［コンラート］、その者は余のただ一人の息子を余に背かせたのだ。だが、これもまだしも堪《こら》えることができなくはない――もし、神と人間の敵をこの問題に引き込まないというのであるならば。しかしながら、彼らがなしたこと、それはまさに余の王国を荒廃させ、人民を捕らえあるいは殺害し、城塞を破壊し、教会に火を放ち、聖職者を絞め殺すことであった。街路は今もなお、流された血で濡《ぬ》れそぼっておる。余が息子と義理の息子を富ませた、その金銀をキリストの敵は故郷へと持ち去っていったのだ。一体これに勝《まさ》るいかなる罪業、いかなる裏切りが今なお残されているというのか、もはや思いをめぐらすことはできない」。このように述べ終わると、国王は押し黙った。

（ヴィドゥキント『ザクセン人の事績』第三巻三二章）

父の非難の鉾先は「神と人間の敵」「キリストの敵」であるハンガリー人に向けられている。ところが、弟はその責めを、あくまでもリウドルフ個人に帰すのである。

ハインリヒは、国王の考えを賞讃し、付け加えた。二度にわたる戦《いくさ》で打ち負かされた敵方が、悪意のある最も恥ずべき仕方で買収され、その結果、害悪を加える術《すべ》を再び彼らに与えてしまったのである。共通の敵と手を組むくらいならば、むしろそれがいかなる損害であれ、いかなる労苦であれ、熟慮の後に耐える覚悟である、と。

（同前）

「二度にわたる戦」とは、四年前の九五〇年に、規模は小さいながらもハインリヒ自身が討伐遠征を敢行し、ハンガリー人に勝利を収めた戦闘を指す。

このように述べ終わると、リウドルフが前に進み出て述べた。「私は告白する。私に敵対するよう雇われた者たち〔ハンガリー人〕に金を払い、私と私に服従する者たちに対し、いかなる害も加えぬとの約束を得たことを。もし、私がこのことで罪ありと言い渡されるのであるならば、すべての人民は知るべきである。私がこれをなしたのは自ら望んでではなく、最悪の苦境に追い詰められ、やむなくのことであった、ということを」。

（同前）

叔父ハインリヒこそハンガリー人を雇って呼び入れた張本人ではないか、と言いたいようである。しかし、近年の研究によれば、黒幕はリウドルフと同盟した宮中伯アルヌルフであった⑽。それはともかく、リウドルフがハンガリー人に財貨を提供したことは紛れもない事実であり、いかに弁明しようとも、父に抗い続けることの大義名分をもはや喪失したことは、誰の眼にも明らかであった。彼は、「キリストの敵」たる異教徒との提携という踏み越えてはならない一線を越えたことで、自ら破滅への道を開いてしまったのである。

最後に、ブライザッハに退避していたマインツ大司教フリードリヒが、己の潔白を神にかけての雪冤《せつえん》宣誓によって晴らそうとした。オットーは、自らが契約に違背したことへの負い目もあってかこれを赦免した。

前大公コンラートはこの時点でもはや抵抗を断念した。妻でリウドルフの妹のリウトガルトは、前年の一一月に二二歳前後の若さで死去していた。「夫の存命中、彼女はしばしば誹謗の辱めを受け、多大な労苦を担わねばならなかった。だが、男性の如き忍耐力をもってこれを堪え忍び、生来の名誉を護持すべく尽力したのであった。その生涯を終えた後、悲嘆に包まれつつ、マインツのキリストの殉教者アルバヌスの教会に埋葬された。そこには今日もなお、祈念《メモリア》のために彼女の銀製の糸巻き棒が提げられている」（ティートマル『年代記』第二巻三九章）。

コンラートは大司教フリードリヒとともに国王に降伏する決意を固め、約一〇歳年下のリウドルフにも服従を説いた。だが、一人孤絶した若者は我を貫き、心変わりすることはなかった。

最後のレーゲンスブルク攻防戦

会談が決裂した次の日の夜、リウドルフは父の元を立ち去った。

最後の決戦の場に選んだのは、またしてもレーゲンスブルクであった。市内に籠城する息子と包囲する父——これまでの構図の再現である。オットーは包囲戦の長期化を予測して、エルベ川中流域地方を辺境伯として管轄するゲーロまで援軍として呼び寄せた。真夏の籠城戦で食糧の補給が絶たれた市内では、やがて戦士も住民も飢餓に苦しみ始めた。追い詰められたリウドルフには、もはや一撃をもって決着をつけることしか選択肢が残されていなかった。

4―4　レーゲンスブルク市街とドナウ河

「そこで次の命令が出された。騎兵は、あたかも陣地に攻撃を仕掛けるかの如く、西の市門を開いて打って出ること。他の者たちは船に乗り、騎兵が交戦している間に、武装した兵たちが立ち去った後の陣地に対し、都市に沿って流れる川から襲撃を仕掛けること、と」（ヴィドゥキント『ザクセン人の事績』第三巻三六章）。

だが作戦は事前に漏れ、逆に迎撃される展開となった。

「この間、騎兵たちは出撃に際し遅れを来《きた》し、船団は都市から遠くへと流されてしまった。彼らは船から飛び込み、陣地を目指して襲いかかった。しかし、そこで武装した兵たちと遭遇すると、狼狽《ろうばい》して逃走を考えたものの、周りを包囲されて殺害された。他の者たちは船へと急いだが、恐怖心に駆られて道を誤り、河に呑《の》み込まれてしまった。また他の者たちは船に大挙して押しかけたため、水中に沈んでしまった。この結果、多数の者たちの中で生き残った者はほとんどいない有様であった」（同前）。

戦いと飢餓に疲労困憊《ひろうこんぱい》した住民たちの凄惨な姿を目にしたリウドルフは、休戦を提案したものの拒絶された。そこで、今度はゲーロが包囲する東の市門を目掛けての突撃を敢行することとした。七月二二日のことである。激闘は朝から六時間以上の長きにわたり続いた。「市門前では一頭の馬が斃れたが、乗っていたのは〔宮中伯〕アルヌルフであった。彼は武具を剝《は》がされ、投げ槍に貫かれてその場で絶命した。その死は当初は不確かだったものの、二日後、飢餓のため都市から逃げ出してきた一人の女によって初めて知らされた。彼の死の報せによって、都市の住民たちは酷く狼狽し、やがて和平を求めるようになった」（同三七章）。

包囲が一月半もの間続いた七月末／八月初頭頃、精根尽き果てたリウドルフはついに市外に出て来た。そして、執り成しを得て、次の協議のときまでの休戦を認められた。父は包囲を解き、ザクセンへと帰還した。ところが、レーゲンスブルクでの抵抗が止《や》むことはなかった。同地に留まったハインリヒはその後、西方に位置する新市街を制圧した。翌日の夜、ドナウ河畔の壮麗な司教都市は火を放たれ、ほぼ完全に焼失した。

リウドルフの服従儀礼

それは国王が狩猟のためにテューリンゲン地方のヴァイマル近郊に滞在していた一〇月末頃のことであった。「息子が現れ、深い罪の意識に苛まれて、父の前に裸足でひれ伏した。悲しげな言葉によって彼は、最初は父を、次いでその場に居合わせた者全員を落涙させずにはおかなかった。かくして、彼は、再び父の情愛によって恩顧を与えられて服従し、すべてにおいて父の意思に適うことを誓ったのである」（同四〇章）。

九四一年のハインリヒの場合と同じ、裸足での服従儀礼である（一〇八頁）。「公の場」での交渉を待つことなく、狩猟場という閉ざされた空間で降伏したのは、叔父ハインリヒによるさらなる挑発、報復を避けるためであったと考えられる。父と子はようやく和解した。次に必要とされるのは、政治の表舞台におけるデモンストレーションである。

一〇月二五日、マインツ大司教フリードリヒが他界した。謹厳実直な性格のアーダルベルトの評価は手厳しい。「神聖なる信仰において精力的にして大いなる賞讃に値する人物であった。ただし、国王の敵の誰かがいずこかで蜂起したときはいつであれ、直ちに二番手として加担したことは唯一叱責に値する」（『レーギノ年代記続編』九五四年の項）。

前年初頭に始まった内乱の最終的な和解は一二月一七日、エアフルト南方のアルンシュタットの宮廷会議においてなされた。リウドルフは正式にシュヴァーベン大公位を剝奪された。新大公に登用されたのはブルヒャルト三世である。アーデルハイトの母ベルタの弟であると同時に、妻はハインリヒの娘ハトヴィヒであり（一四四頁）、王妃アーデルハイトとバイエルン大公ハインリヒの影響力はさらに強まる結果となった。フリードリヒの後継大司教にはヴィルヘルムが任じられた。オットーがエディットとの結婚前に儲けた非嫡出子である（五五頁）。コンラートは先に大公位を失っていたものの、辺境伯ゲーロのスラヴ人討伐遠征に参加する形で、この冬に復権を果たした——。

オットーはこのとき四二歳。九三七〜九三九年、九五三〜九五四年の二度にわたる内乱という試練を克服してきた。最初のフランケン大公エーベルハルトらの叛乱は、強権的な統治スタイルに不満を抱く大公が王位簒奪を目的に蜂起し、その際王位継承資格をもつ王族を巻き込むことで裏切りを正当化するという展開を辿った。そのため、叛乱の収束後にオットーは、ザクセンとフランケンを国王の直轄下に置く一方、三つの大公位はすべて血縁者によって固めてきたのであった。

しかし、盤石と思われた家族支配体制の絆に亀裂を生じさせたのは、イタリア遠征、そして皮肉にもオットー自身の再婚問題であった。リウドルフの蜂起の目的は、父の王位を奪い取ることではなく、確執のある叔父ハインリヒの影響力排除に向けられていた。その際、本来仲裁者たるべき家長のオットーが、紛争の一方の党派に与したことで調停能力を失い、息子の行動をエスカレートさせ、ついには宿敵ハンガリー人と手を組むところまで追い詰めてしまったのである。リウドルフの乱の悲劇的性格は、まさにこのパラドックスにある。

官僚機構や軍隊・警察などの強大な権力装置と法治主義の実践を欠く中世前期の国家は、個々人の間で取り結ばれる人的結合関係に大幅に依拠していた。こうした主として人的ネットワークをその支えとした国家は、ときに急速に膨張する可能性を秘めている。ところが、逆に求心力を失って崩壊するときは実に脆《もろ》い。その危うさと限界を露呈したのがこの内乱であった。オットーは、新人事で引き続き家族を統治の柱としていく態度を鮮明にした。しかし、治世後半になると、もう一つの柱、すなわち帝国教会に徐々にその重点を傾斜させていくことになる。

最後に、リウドルフの処遇は懸案として残されることになった。当面は叔父のケルン大司教ブルーノの預かりの身となった。ただし、大公位は剝奪されたものの、王位継承者であることに変わりはない。二年ほど前に誕生した異母弟ハインリヒは、この九五四年頃に夭折《ようせつ》している。休息の間もなくオットーを次の試練が待ち受けている。

第五章　レヒフェルトの戦い
――西欧世界の覇者として

レヒフェルトの戦い

レヒフェルトの戦い

ヘクトール・ミューリヒ（1420年頃〜89／90年）、「レヒフェルトの戦い」（1457年、年代記の挿絵）

899年以来西欧に侵攻を繰り返したハンガリー人との歴史的決戦の戦場の正確な場所については、今日に至るも議論が続いている。「夜が明け始めると起き上がり、互いに友誼を交わし、各人は、互いに助け合うことをまず最初に指揮官に対して、次いで仲間同士の間で誓約によって約束した。それから、旗を高く掲げて陣地を出発したのだが、その数はおよそ八つの軍団に及んだ。軍隊は、歩くのに困難な荒れた地帯を選んで進んだ。弓矢を巧みに扱う術《すべ》を心得ている敵に対し、行軍を混乱に陥れる隙《すき》を与えないためであった。茂みが軍隊を覆い隠してくれたのである」（ヴィドゥキント『ザクセン人の事績』第３巻44章）。オットーの軍は、アウクスブルク西方の木々が鬱蒼《うっそう》と繁《しげ》った荒蕪地《こうぶち》を通って、敵方が集結する東方の平原地帯に向かったと思われる。「レヒフェルト」の名はドイツ人の「記憶の場所」として1000年後に甦ることになる。西ドイツがNATO（北大西洋条約機構）に加盟した1955年の７月、アウクスブルクのローゼナウ・シュタディオンで、６万人が参加してレヒフェルトの戦い1000周年記念イベントが開催された。それは、ハンガリー人に代わる新たな「東方の脅威」、すなわちソ連共産主義からのキリスト教的西欧の解放を訴える、東西冷戦体制下の政治的デモンストレーションの場としてであった。

1　レヒフェルトの戦い

アウクスブルク包囲戦

このとき、オットーは狼狽していた。ハンガリー人が再び攻めて来るというのである——。確かに、息子リウドルフは九五四年秋に降伏した。もっとも、レーゲンスブルクと周辺での戦いは翌九五五年春まで続いていた。オットーは同年二月、弟ハインリヒの支援のため再び軍を率いてバイエルンへと出立した。苛立ったバイエルン大公ハインリヒは五月一日、捕縛されたザルツブルク大司教ヘロルトに、報復として目を潰すという常軌を逸した残虐行為を加えている。

七月初頭、ザクセンに帰還したオットーを待ち受けていたのは、ハンガリー人の使節であった。表敬訪問を装っていたが、内乱後のザクセンの状況と軍事力を偵察するのが真の目的であった。一行を早々に送り出したのと入れ替わりに、バイエルン大公の伝令によってハンガリー人の大軍侵攻の第一報がもたらされた。ルイトポルディング家の一部残党が、またしても彼らを招き入れたのであった。オットーは直ちに出陣したが、手勢のザクセン人戦士はわずかしかいない。残りの大半は、対スラヴ人戦の要員として留め置かれたのである。

目指す先は、三年前に盛大な集会の場となったアウクスブルクである。ドナウ河を難なく越えた異教徒の群れは、西進しながら略奪の限りを尽くした後、八月八日、アウクスブルク司教ウルリヒが立て籠もる都市を攻囲した。「ハンガリー人はかくも大規模な軍隊で出陣したため、仮に誰かに打ち負かされうるとしたならば、それは大地が彼らを呑み込むか、天が彼らの頭上に崩落するときだけである、と豪語したほどであった」(アーダルベルト『レーギノ年代記続編』九五五年の項)。頸垂帯《ストラ》のみを纏った高齢の司教自らが騎乗して市門前で陣頭指揮したものの、翌九日になると敵勢は、破城槌《はじょうつい》を投入して市壁を破壊せんとした。陥落はもはや時間の問題であった。

このときハンガリー人は、オットーの軍隊が西方から同地に向かっているとの報せを得た。告げたのは、前年のリウドルフの乱で反オットーの急先鋒としてハンガリー人を呼び入れたルイトポルディング家の宮中伯アルヌルフの息子ベルトルトであった。彼らは協議に入った。その結果、不得手で多大な時間と労力を要する攻城戦を中止し、敏捷《びんしょう》で粘り強い騎馬による得意の奇襲作戦に好適な地に戦場を移すこととした。場所は都市の南、レヒ川の両岸に拡《ひろ》がり、最大七キロの幅を有する広大な緑野。そこには、待ち伏せの罠を仕掛け、遠距離からの弓矢攻撃、敵方の戦列を攪乱する陽動作戦や見せかけの逃走劇のための充分な空間が確保されている。

以下、主にヴィドゥキントとCh・ボウルスの研究(1)によりつつ、戦闘の経過を跡づけてみる。

対するオットーの全軍は、八月七日までに西方のウルムの地に集結していた。「〔前〕大公コンラートも、強大な騎兵を率いて陣地に到来した。戦士たちは、その到着によって鼓舞され、もはやこれ以上戦いを先延ばししないことを望んだ。彼はその本性からして勇猛な性格で、しかもこうした勇猛な男には稀なことであるが、助言においても優れていたのである。敵に向かうときは、騎乗してであれ徒歩であれ、戦場で彼に勝る者はなく、同僚たちからは、平時も戦時も愛されていた」（『ザクセン人の事績』第三巻四四章）。軍団の数は最終的には八つに及んだものの、急ごしらえの感は否めない。

第一～第三軍団はバイエルン人。ただし、大公ハインリヒはこのとき病の床にあって不在であった。第四軍団はコンラート率いるフランク人。その多くは戦いには不慣れな若者たちである。「第五軍団は最大規模で、国王軍団とも呼ばれた。君主自身が指揮官で、密集した一団によって取り囲まれていた。側には総員数千名の戦士たちから選抜された者たちと、潑剌とした若者たちを従え、前には勝利をもたらす天使〔ミカエル〕を配していた」（同前）。第六・七軍団は地元の大公ブルヒャルト麾下《きか》のシュヴァーベン人。「第八の軍団には、選り抜きの一〇〇〇名のベーメン人の戦士たちがいた。彼らが装備していたのは幸運《フォルトゥーナ》ではなく武器であった。ここには荷物と輜重《しちょう》のすべてが集められた。最後尾が最も安全であると思われたからである」（同前）。オットーの弟のケルン大司教ブルーノと、彼に託された息子リウドルフの姿は見えない。ケルン大司教の軍隊は、ロートリンゲンの防衛を委ねられていたのである。オットーの軍の総勢は七〇〇〇～八〇〇〇名と推定される。

八日、全軍はアウクスブルクを目指して東進を開始した。翌九日の夜、陣営では断食が指示された。贖罪行為を通じて心身ともに浄め、異教徒との戦いに臨んで神に勝利を祈願するためである。夜が明け始めると、戦士たちは互いに協力し合うことを約した後、レヒフェルトに通じる鬱蒼《うっそう》たる森林内の荒れ果てた道を、難儀しながら東に向かって行軍し始めた（一六六頁）。

レヒフェルトの死闘

八月一〇日の早朝は、前夜から待ち伏せを仕掛けていたハンガリー人の一部隊の奇襲とともに始まった。襲いかかったのは、意外なことに最も安全と思われた最後尾の第八軍団に対してであった。ベーメン人の輜重隊の長く延びた戦列は瞬く間に総崩れとなった。「大きな叫び声を挙げながら攻撃を仕掛け、殺害と捕縛を繰り返した後、すべての荷物を奪い取り、この軍団の残りの武装兵に逃走を余儀なくさせたのである。同じように第七および第六の軍団も攻撃を受けた。多数が大地に打ち倒されるか、あるいは逃走へと追いやられた」（同前）。真の目標は総指揮官たる国王のいる第五軍団であった。最後尾に続けて直ちに前方を目掛けて襲いかかったことがそれを物語っている。

もしハンガリー人の主力が先頭を行く第一軍団も同時に攻撃していたならば、この歴史的決戦はまったく異なる展開となったはずである。国王軍側にとって幸いしたのは、後方の敵方が戦利品の略奪に夢中になったことで、反撃のための時間的余裕を得たことである。「国王は、戦闘が不利な状況下にあり、背後では最後尾が危機的状況にあることに気付くと、〔前〕大公

〔コンラート〕を第四軍団とともに派遣した。大公は、捕虜たちを救出し戦利品を取り戻すと、略奪中の敵の部隊を蹴散らした」（同前）。

コンラートのあっぱれな活躍ぶりである。義父の眼前での奮戦は、かつての叛逆、それにハンガリー人と提携した罪業を戦場で贖《あがな》うためであった。鎧の下に贖罪服を纏っていたことがそれを証している。それにしても、緒戦で三軍団が戦闘遂行能力を喪失したのは痛手であった。

国王軍は森林地帯をようやく通り抜け、レヒ川左岸に陣取る敵勢の主力と対峙《たいじ》した。

オットーが、本書の「はじめに」（ⅰ頁）で引用した全軍を前にしての長大な鼓舞演説をおこなったのはこのときである。演説の続きを引用する。

「余は承知している、彼らが勝《まさ》っていることを。だが、それは数においてなのであって、勇気と武器においてではない。彼らの大半が一切の武器を欠いていることは、充分に解っていることなのだ。そして、我々にとって何よりも最大の慰めとなるのは、彼らには神の御力が欠けているということなのだ。彼らを守っているのは、ただひたすら向こう見ずさにすぎないが、我々の側は神の御加護への希望によって守られているのだ。我々はヨーロッパのほぼ全域を支配する者として、恥じ入らねばならぬであろう、仮に今敵に降伏などしたならば。もし、我々の最期の時が近づいているのであるならば、我が戦士たちよ、敵に服して隷属の身で生き長らえるよりも、ましてや悪しき野獣の如く首を絞められて殺されるよりも、むしろ戦場で名誉をもって死のうではないか。余はもっと多くを語るであろう、我が戦士たちよ、もし言葉によって汝たちの勇気と精神の大胆さが高まるというのならば。しかし今は、言葉ではなく剣をもって事を始めようではないか」。このように述べると、彼は、楯と聖槍を手に取って、自ら最初に馬を敵に向け、そのことで最も勇敢な戦士にして最高の命令者たる義務を同時に全うしたのである。

（同第三巻四六章）

ヴィドゥキントが、『マカベア書』に依拠しつつ、オットーを神の御加護を得て異教徒との戦いに臨む救国の英雄として描き出したことは先に触れた通りである（九九頁）。オットーが手にした聖槍には、まさに「我々の主にして救世主たるイエス・キリストの両手と両脚を打ち付けた釘で構成された十字架」（五三頁）が配されているのである。ヴィドゥキントの叙述ではこの鼓舞演説が戦いのピークをなし、続く戦闘場面の叙述は残念ながら詳細さを欠く。

当初は敵の中でも向こう見ずな者たちが抗っていた。しかし、その後仲間たちが背を向けて逃げ出したのを見て茫然《ぼうぜん》となり、我々の側の戦列に陥って殺害された。その他の者たちの中でも馬が疲弊した者たちは、近くの村々に入り込んだが、そこで武装した者たちに包囲され、家屋とともに焼き払われた。これ以外にも近くの川に泳いで渡ろうとした者たちがいたが、対岸をよじ登ることができないまま川に押し流されて死んだ。

（同前）

義息コンラートの戦死

軽装備のハンガリー人得意の弓矢による攪乱攻撃、それに続く奇襲戦法に対する最も有効な防御法は、重装備の戦士が整然と集結する密集陣形である。リアーデの戦いの教訓である。レヒフェルトでもそれは採用されたであろう。ただ、数において優《まさ》るにもかかわらずハンガリー人が逃走に及んだ原因は、「神の御加護」による奇蹟はともかく、未《いま》だに謎である。

たとえば、ハンガリー人側の最大の武器である「反《そ》り弓」の弱点を指摘する見方がある。長弓は矢の強度を高めるが、上下に長い弓を騎乗して操作するのは困難である。このため、中央アジアの遊牧

5—1　『第一マカベア書』挿絵
ザンクト・ガレン修道院（925年頃）。ハンガリー人による同院襲撃を描いたものと推定する研究者もいるが、定かではない（ライデン大学図書館蔵）

騎馬民族の間では、木製の短弓の握り部分に動物の角・骨、反対側には動物の腱《けん》などを貼り付けて弾性を強化した三つの湾曲部をもつ反り弓が用いられていた(2)。それは普通の長弓を凌ぐ貫通力を誇ったが、弱点は湿り気であった。接着部が剝がれて、弓が壊れてしまうのである。後世の一三世紀末のハンガリー側の史料は、この日の戦闘中に雨が降ったことを伝えている。ヴィドゥキントも「この日の酷く厳しい太陽の灼熱《しゃくねつ》」に言及している（後述）。熱雷が起き、雨で濡れた反り弓が充分に機能しなかった可能性があるのである。

もちろん、勝因は他にも考えられる。歩兵隊同士の衝突で陣形を崩されたハンガリー人側が、オットーの重装備の騎兵に有利な接近戦に持ち込まれ、予期せぬ正面攻撃で虚を衝《つ》かれた。あるいは、騎兵の陽動作戦が裏目に出て、パニックになり退却、逃走へと繫がった……。

「この日、陣地が攻略され、捕虜となっていた者たちは皆解放された。翌日、そして翌々日、残りの群れは、近隣の城塞から徹底的に討ち滅ぼされたので、生き延びた者はほぼ皆無であった」（同前）。リアーデの戦いと決定的に異なるのは、国王軍が逃走する敵勢を執拗なまでに追跡し、全滅へと至らせたことである。掃討作戦は徹底していた。ハンガリー人が東方への退却時に渡るバイエルン地方の河川は厳重な監視下に置かれた。辛うじて逃げおおせた者も、遅れて到来したベーメン大公ボレスラフ一世の援軍によって討ち取られた。

数日後、ハンガリー人の三名の指揮官が捕縛され、レーゲンスブルクに留まっていた病身のバイエルン大公ハインリヒに引き渡された。下された処罰は縛り首であった。名誉ある斬首とは異なり、絞首は盗人《ぬすびと》や放火犯あるいは異教徒などに科せられる恥ずべき不名誉刑であった――。

なお、これはハインリヒの最後の仕事となった。三ヶ月後の一一月一日、一六年前にビルテンの戦いで受けた傷が原因で世を去ったのである。享年三五前後。ティートマルは、アクィレイア総主教を去勢し、ザルツブルク大司教を盲目にした「神をも畏れぬ所業」を非難する。

「大公は亡くなる前、これらの罪業についてレーゲンスブルク司教ミカエルから訓戒されたとき、前者についてのみすでに贖罪を果たしたが、大司教については何もしていないと告白した。彼は知らなかったのである、過ちなきことなどいかに稀であるかを」(『年代記』第二巻四〇章)。

後継大公となったのは、当時わずかに四歳前後の同名の息子であった。後見役は母ユーディットが務めた。オットーは、辺境伯ないし伯以下の官職の場合は世襲を容認したものの、分国のトップに立つ大公については人選に細心の注意を払ってきた。だが、バイエルンについてのみは、ルイトポルディング家の影響力を排除することができなかったのである――。

死闘はオットーの歴史的大勝利に終わった。「しかしながら、かくも獰猛な民族に対する勝利は、完全に無血なままでは済まなかったのである」(ヴィドゥキント『ザクセン人の事績』第三巻四六章)。ハンガリー人の包囲攻撃からアウクスブルクを死守した司教ウルリヒの兄と甥は、レヒフェルトの戦場で命を落とした。しかし、オットーにとって何よりも痛手だったのは、義息コンラートの討ち死にであった。

「勇敢に闘った〔前〕大公コンラートは、激戦に興奮し、かつまたこの日の酷く厳しい太陽の灼熱のせいもあって、身体《からだ》が燃えるように熱く感じた。そこで、鎧の紐《ひも》を緩めて風の臭いを嗅いだのだが、そのとき彼は、喉を弓矢に貫かれて斃れたのであった」（同第三巻四七章）。

三五歳前後という男盛りである。リウドルフの乱までは最も信頼できる片腕として活躍し、今後もさらなる躍進を期待できたのだが……。亡骸は、義父の命で名誉をもって身支度され、故郷のヴォルムスへと運ばれた。「精神と肉体のあらゆる優秀さにおいて偉大にして高名な男は、すべてのフランク人の落涙と悲嘆の声に包まれつつ同地に埋葬された」（同前）。その曽孫は、七〇年後の一〇二四年にオットー朝が断絶した後、コンラート二世（国王在位一〇二四～一〇三九年。皇帝在位一〇二七～一〇三九年）としてザーリアー朝を開くことになる。

再び「祖国の父にして皇帝」

見事な勝利によって栄光に浴した国王は、軍隊によって「祖国の父にして皇帝」の歓呼を受けた。続いて彼は、最高の神のためにすべての教会において栄誉とふさわしき讃歌を捧げるよう定めた。また、同じことを使者を通じて神々しい母に託した。歓呼の渦と最高の歓喜に包まれて勝利者としてザクセンに帰還すると、彼の人民によって心からの歓迎を受けた。なぜならば、かかる見事な勝利は、二〇〇年このかた、彼以前のいかなる国王も享受したことがなかったからである。

（同四九章）

「二〇〇年このかた……」とは、トゥール・ポワティエ間の戦い（七三二年）におけるイスラーム教徒に対する宮宰カール・マルテル（?～七四一年）の勝利を念頭に置いての叙述である。それはともかく、ヴィドゥキントは、リアーデの勝利から凱旋した国王ハインリヒにも、同様の歓呼の言葉「祖国の父、強大な支配者にして皇帝」を捧げていた（六七頁）。しかし、父王の場合とは異なり、オットーに対しては以後一貫して「皇帝」の称号を使用していく。その一方で、七年後の九六二年に、ローマで教皇の手により挙行された皇帝戴冠式については完全に沈黙を貫くのである（二〇〇頁）。つまり、彼はオットーの「皇帝」たるゆえんをレヒフェルトの戦勝に帰したのである。

帝政ローマ時代の三世紀に、軍隊が戦場での勝利に際して彼らの最高司令官を皇帝に擁立したことは、「軍人皇帝」の時代としてよく知られている。四〇〇年頃には、聖書のラテン語翻訳を成し遂げた教父ヒエロニュムス（三四七／三四八～四一九／四二〇年）が、「軍隊が皇帝をつくる」という表現を一書簡中で用いている。

ドイツの中世史学界では一九八〇年代まで、ヴィドゥキントの「軍隊皇帝権」をめぐり盛んに議論がなされた。八〇〇年のカール大帝の戴冠以来ローマ教皇を介して授けられる普遍的・キリスト教的皇帝権とは異なるもう一つのコンセプト、すなわち、非ローマ教皇的・ゲルマン的な皇帝理念が存在したのではないか、との主張である。他の国王を圧倒するほどに強大な地域的権力を確立した大王権が、ローマでの教皇による戴冠とは無関係に「皇帝」の称号を独自に用いた事例は、実際のところ中世前期の周縁地域の王国（アングロ＝サクソン、ヒスパニア）にも散見される。ヴィドゥキントが描き出す、軍事的大勝利の場で軍隊の歓呼によって推戴された〝ゲルマン的〟大王権、つまり諸々の国王をその実力において凌駕する覇権的《ヘゲモニアール》な「軍隊皇帝権」は、こうした「非ローマ的皇帝理念」の頂点と位置付けられたのである。

しかしながら、この解釈の行間には、「西欧」の基本的価値観である「ローマ」「キリスト教」への対抗軸として一九世紀以降、とりわけナチス期のドイツで喧伝《けんでん》されたイデオロギーとしての「ゲルマン主義」の影響が見え隠れする。また、こうした研究の同時代史的背景とは別に、レヒフェルトでの歓呼の歴史的事実性についても、他の同時代史料の裏付けを欠いている。

ヴィドゥキントが用いた「祖国の父にして皇帝」とは、国制上の最高の地位を表示する公的称号ではなく、事後の皇帝戴冠という出来事をすでに見据えた上で、その「称呼」を皇帝的な「権能」の事実上の獲得の時点にまで遡って使用した結果、と解すべきであろう。自らが生きる〝現在〟の状況に適合させるべく、過去の出来事を書き換える思考法は、学問的な〝時代考証〟という発想とはなお縁遠い中世においては決して珍しくはない（四二、九五頁）。

〝レヒフェルト〟は、実際にはあくまでも皇帝位獲得への道のプレリュードであった。後に取り上げるように、九六二年のローマでの戴冠以降、オットーはイタリア政策に急速に傾斜していく。九六八年にヴィドゥキントが著作を献呈した相手は、長らく故郷のザクセンを不在にしている皇帝オットーの娘のクヴェトリーンブルク女子修道院長マティルデである。ヴィドゥキントが教皇による授冠について敢えて沈黙したのは、故郷を蔑《ないがし》ろにした皇帝のローマ＝イタリア政策に対する批判の表れであったと考えられる。オットーの「皇帝」たるゆえんは、遠きローマでの典礼儀式などではなく、レヒフェルトでの異教徒に対する大勝利にある。それが皇帝の娘に向けた『ザクセン人の事績』の著者の訓戒のメッセージであったのではないか。

2　首都なき王国を旅する国王

マクデブルク大司教座計画

大敗を喫したハンガリー人は、その後騎馬民族的な略奪活動を止めて、パンノニア平原で農耕・牧畜を営む定住生活に入ることとなった。「暗黒の世紀」（一〇世紀）の末にはキリスト教を受け入れ、同じカトリック世界の仲間入りを果たすであろう。

ところで、歴史的決戦がおこなわれた八月一〇日は、聖ラウレンティウスの祝日であった。禁教時代のローマの助祭長で、火刑により殉教死したとされる。メールゼブルク司教ティートマルは、オットーが戦闘開始に先立ち、聖人に向けある誓約を立てて戦勝を祈願したと伝えている。

「国王は神の前に跪き、すべての者たちの中で罪あるのは己ただ一人であると告解した後、涙を流しつつ一つの誓約を立てた——この日、その執り成しでキリストが自らに対し勝利と命を与え給《たま》うならば、炎に勝利したかのお方〔聖ラウレンティウス〕の名誉のために、都市メールゼブルクの地に司教座を設置し、近年起工したばかりの王宮を彼のために教会として改築させる、と」（ティートマル『年代記』第二巻一〇章）。

父ハインリヒは異教徒に勝利を収めても、貢納を課すにとどまり、敗者に対して引き続き広範な自立的支配権の行使を容認していた。しかし、オットーは彼らを辺境伯領・司教区という聖俗の統治・教会組織の中に編入し、直接支配することを目指したのである。カール大帝の先例に見るように（一一頁）、この時代、「支配」と「伝道」は表裏一体の関係にある。すでに七年前の九四八年には、インゲルハイムの教会会議（一一六頁）に派遣された教皇特使の協力を得て、エルベ川中流域のハーフェルベルクとブランデンブルクの地に司教座を設置していた。スラヴ人世界との境界域に位置する両司教座は、さしあたりマインツ大司教管区の下属とされた。

最大の外敵の脅威を取り除いた今、次にオットーが射程に捉えたのは、同じく異教にとどまる東方のスラヴ人に向けたキリスト教伝道組織の大規模な再編成であった。メールゼブルクは東ザクセン地方の南東に位置する。伝道事業を指揮すべきマインツ大司教と、ハーフェルベルク、ブランデンブルク、メールゼブルクの三司教座の空間的隔たりはあまりにも大きい。

自らが九三七年に聖マウリティウス修道院を建立し、九四六年以来亡き妻エディットが眠るマクデブルク。このエルベ川中流域の地に大司教座を創建し、既存のハーフェルベルクとブランデンブルクに新設のメールゼブルクを加えて三司教座を属司教区として従えさせる――マクデブルク大司教座計画が具体化し始めたのは、レヒフェルトでの勝利と同じ九五五年の夏の頃であった。マクデブルクとメールゼブルクは、ザクセンで最大の広さを有し、多数の修道院を抱えるハルバーシュタット司教区に位置する。管区大司教としてその上に君臨するのは息子のマインツ大司教ヴィルヘルムである。

オットーの構想が窺《うかが》い知れるのは、そのヴィルヘルムが一〇月頃に教皇アガピトゥス宛に送った書簡を通じてである。それによれば、この夏オットーは、交渉術に長《た》けたフルダ修道院長ハダマールを使節として教皇の下に派遣していた。内容は、ハルバーシュタットの司教座をマクデブルクに移転し、大司教座に昇格させるという極めてシンプルな解決策であった。教皇は使節に対し、国王の所望通りに司教座を設置するが良い、と返答した。

ただし、新司教座の設置は教皇の認可だけで決定できる案件ではない。他にも当該大司教・司教の承認が不可欠である。老猾《ろうかい》なハルバーシュタット司教ベルンハルトは、司教座を移るだけで自らは大司教に昇進できるので、異議を唱えることはなかった。マインツ大司教はオットーの息子である。前年末に彼を任じたのは、そこまで計算してのことだったのだろうか。

マインツ大司教ヴィルヘルム

ところが、事前に何も知らされていなかったヴィルヘルムは、これに猛反対したのである。自らの大司教管区からハルバーシュタットほかの三司教区を失うことになるからである。

まだ二〇歳代半ばの若き大司教は、前記書簡で激烈なトーンで教皇に抗議し、「偽預言者」にして「羊の皮を纏った狼《おおかみ》」（『マタイによる福音書』七・一五）のハダマール、それに名指しこそしないものの父オットーをも糾弾する。外敵が去った後の現下の教会が抱える喫緊の課題は国内の懸案、すなわち教会に対する世俗権力の干渉を排除し、正常な秩序を回復することである。バイエルン大公がザルツブルク大司教に加えた狼藉《ろうぜき》、伯による司教の追放、あるいは（叔父ブルーノを念頭に置きつつ）「大公と伯が司教の任務を、司教が大公と伯の任務を遂行する」という異常な事態を放置することは許されない、と。ヴィルヘルムは、その側近たちが買収されているとして教皇アガピトゥスさえをも槍玉《やりだま》に挙げる。そもそも大司教管区の変更には当該大司教の承認が不可欠であり、それを欠く決定は教会法に違背する。己がもはや大司教の任にふさわしくないというのならば、喜んで職を辞し、自ら異教徒の地に伝道に赴く覚悟である……。

この筆を執っているのは、オットーの息子というよりは、むしろ聖職者に厳格な規律と倫理を求めた前任者フリードリヒ（九〇頁）の後継大司教としてのヴィルヘルムである。こうしてヴィルヘルムの反対によって、このときのマクデブルク大司教座創設は失敗に終わった。

九五五年はオットーにとって浮き沈みの激しい年となった――ハンガリー人に対する歴史的大勝利と教会政策の見事なまでの頓挫。しかし、それまではときに熟慮を欠く場当たり的な対応と高飛車な姿勢が目立ったのに対し、今や人生の円熟期に入ったオットーは、冷静な状況判断、明確な目標設定、そしてその実現を可能とする周到な計画性を行動の基調としていくことになる。

なお、ヴィルヘルムの弾劾書簡は、教皇本人の手に達することはなかった。それが一二月頃にローマにもたらされたとき、アガピトゥスはすでにこの世を去っていたからである。後継者となったヨハネス一二世の返信は、非難に直接答えることなく、マインツ大司教に型通りの遺憾の意を表明したにすぎない。

実はこの教皇自身、教会法の規定（イエスが伝道を開始した三〇歳より年長）に反して一八歳前後という若さで教皇に登位していた。父は、都市ローマの事実上の支配者であるテオフィラット家のアルベリーコ二世、母はその愛妾と推定される。教皇位に就いたのも、前年に死去した父の遺言のお蔭であった。その際、洗礼名オッタ―ヴィオという異教徒のローマ皇帝の名前（オクタウィアヌス／アウグストゥス）は不適切として、名を「ヨハネス」と改めた。ローマ教皇の改名の慣習は、以後伝統として徐々に定着していくことになる。六年後、その問題含みの教皇の救援要請により、オットーはイタリアに再び軍を進めることになる。

巡幸王権

オットーが統治する東フランク王国の当時の推定人口は約四〇〇万人。実にその九五パーセントは農民であった。[3] 伯職を有し、彼らを支配する有力貴族は二〇〇名足らずである。

この国はまた、中世を通じて「首都なき王国」であり続けた。国王とその家族、供回り、側近、護衛、つまり人的集団としての「宮廷」は通常数百名、ときに一〇〇〇人規模で、国内各地を移動した。街道、宿泊設備、通信手段などのインフラがほとんど整備されていないこの当時、一日の移動距離は平均二〇～三〇キロ程度である。彼らは、戦時の軍事遠征はもとより、平時も王領地に建つ特定の王宮に常住することなく、ほぼ恒常的に旅の途上にあった。

理由の一つは、貨幣経済がなお未発達で、宮廷人員の給養の大半を現物供給に依存せざるをえなかった事情にある。宮廷の移動、各種の集会・会議の開催、外国使節の迎賓などのロジスティクスは、周到に計画され、受け入れ準備の手配がされたはずだが、同時代の記録は残念ながら残されていない。

一二世紀のザクセンで成立した『ペールデ編年誌』は、オットーの宮廷の食費は、一日につき銀三〇ポンドを要したと伝えている。やはり同時期のザクセンの匿名の著者であるアナリスタ・サクソの『王国年代記』は、その一日分の食料の内訳を具体的に列記している。豚と羊計一〇〇〇頭、牛八頭、ワイン一〇樽《フーダー》（一フーダーの量は約八〇〇～一八〇〇リットルの幅で地域により異なる）、ビール一〇樽、穀物一〇〇〇マルター（一マルターの量は約一一〇～一二八〇リ

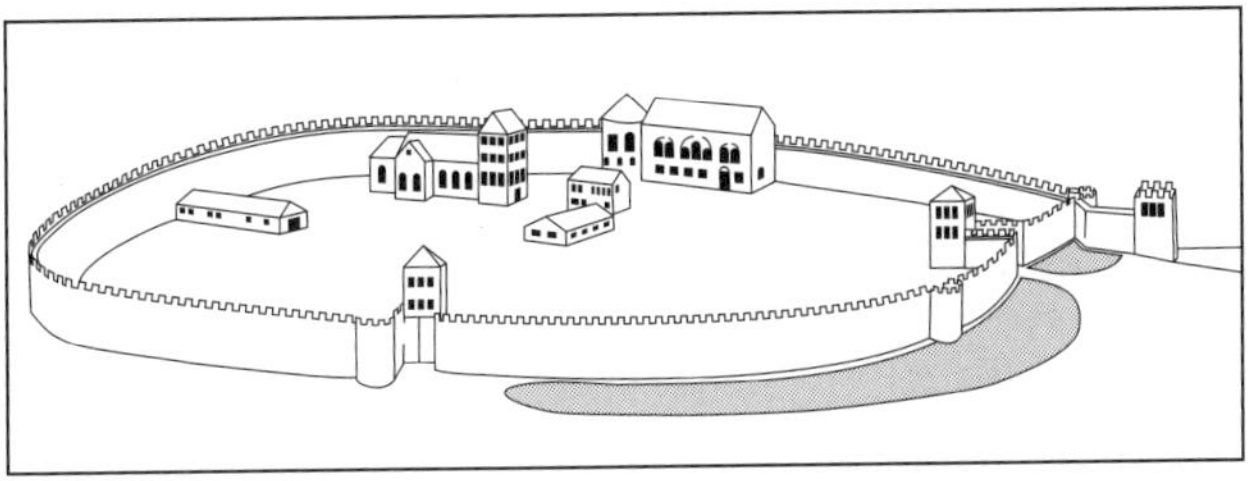

5—2　ザクセン地方で最大のヴェルラの王宮（復元図）

ットル）、それに数え切れぬほど大量の鶏、子豚、魚、卵、野菜……。キリスト教の三大祝日（復活祭《イースター》、聖霊降臨祭《ペンテコステ》、降誕祭《クリスマス》）などに際して催される盛大な饗宴は、大量の食糧を必要とした。アナリスタ・サクソが伝える前記の膨大な数字も、こうした特別なケースの場合であると考えられる。[4] 栽培可能な穀物、野菜の品種が限られているため、肉の比重は相対的に高かった。今日のドイツ料理に欠かせないジャガイモは、南米原産のため当時はまだ食卓に上ってはいない。受け入れ側にとって、国王宮廷の到来は確かに名誉をもたらしたが、滞在の長期化は決して歓迎すべきことではなかったのである。

巡幸王権を必要とさせたもう一つの要因は、人的ネットワークに大幅に依拠した国家においては、各地方の〝現場〟における国王自らのプレゼンスが不可欠であったことに求められる。紛争解決のための裁判、各種の集会・会議、証書の発給、それに様々な宗教的儀典（祝祭日の典礼、教会献堂式、聖職者の叙任など）の挙行において、国王は自ら出向いて在地の貴族・聖職者との人的な絆を確認し、さらに深めねばならなかった。ただし、統治者は、王国の全域をくまなく巡幸していたわけではない。それは、技術的には必ずしも不可能ではなかったろうが、政治的には乗り越え難い障壁が立ち塞がっていたからである。

宮廷の奥まった執務室からではなく、馬上から統治する国王の辿った軌跡を再構成する作業には、史料の量的乏しさのために常に困難が伴う。年代記や編年誌などの叙述史料と並ぶ最重要史料は、特権授与や所領寄進などを記録した国王・皇帝証書である。しかし、たとえばハインリヒ一世の場合、年平均二・四通しか伝存しておらず、巡幸路の確定は不可能である。

中世史家E・ミュラー＝メルテンスは、より精緻な方法論を確立した上で、比較的史料の多いオットー一世の事例に取り組み、巡幸路と証書発給活動（年平均一一・六通）に即して支配実践をデータ分析した。(5) その成果によれば、国王が直接支配する領域としては、リウドルフィング家の権力基盤である東ザクセン＝北テューリンゲンのほか、東カロリング王家から継承した王領地の集中するフランケン、そしてニーダーロートリンゲンの三つの地域が挙げられる。オットーは、九三七〜九三九年のエーベルハルトの叛乱以降フランケンを国王の直轄下に置いた。ロートリンゲン統治と対西フランク政策についても、九五三年以降弟のケルン大司教ブルーノに委ねた。平時の場合、彼はこの三つの中核地域の間をほぼ周期的に巡幸したのである。

バイエルン、シュヴァーベン、オーバーロートリンゲンは「国王支配の遠隔地帯」に分類される。これらの地域に国王が足を踏み入れるのは、イタリア遠征、叛乱の鎮圧などの例外的ケースを除けば、平時では王国全体の案件処理を目的とする場合に限られる。大公領に限定される問題の処断は、通常大公の裁量に大幅に委ねられており、国王の実効的支配権は著しく制約されていた。また、国王が滞在する場合でも、大公領内の聖俗貴族に証書が発給されることはなかった。受領希望者は、「直接的な国王支配領域」の拠点に国王が滞在するとき（宮廷会議、教会の祝祭日等）を見計らって、わざわざ自ら伺候したのである。

多極性と重層性を特徴とする王国が抱える支配領域の二重構造という問題は、オットーの時代には基本的に克服されることはなかった。シュヴァーベンとバイエルンがその自立的地位を失い、国王の支配実践が王国の全域に及び始めるようになるのは、孫のオットー三世統治下の一〇〇〇年頃のことである。

帝国教会

家族の絆と並んで国王統治を支えるもう一つの柱は帝国教会である。「帝国教会」とは、俗人に対する司牧を任務とする宗教的組織という側面ではなく、国王・皇帝の権力の下に置かれた世俗的な統治・行政装置としての司教座教会、修道院の総体を指す。特に二度にわたる内乱を体験したオットーの治世後半になると、王権の権力基盤は徐々に教会勢力にシフトしていくことになる。

書き言葉としてのラテン語を操ることができたのは、当時は一部の聖職者に限られる。国王にとって、彼らの存在はキリスト教の様々な典礼の遂行者としてのみならず、平時の行政における文書作成者や財産管理者、あるいは政策助言者、各種の使節として不可欠であった。しかも、生涯独身を旨とする聖職者の場合、封建的主従関係で結ばれた世俗貴族とは異なり、国王が授与した官職・所領・権益が世襲によって国王の手から失われてしまう危険も回避できる。さらに、王国全域に及ぶ司教区のネットワークは、王権を多方面で持続的かつ安定的に支えるのみならず、前記の王国統治の二重構造に風穴を開け、全国規模での直接的統治体制の確立を実現する可能性を秘めていたのである。

その要となるのは司教人事に関する任命権、いわゆる「叙任権」の掌握である。教会法上は「聖職者と人民」による司教選出が大原則である。実態としては、「聖職者」は司教を支える司教座聖堂参事会員を、「人民」は有力貴族を意味する。しかし、国王はときに選出に介入し、彼らの意向を無視して意中の候補を司教として送り込んだ。特に抜擢されたのは、側近として重用した有能で信頼に足る聖職者であった。その多くは貴族家門の次男・三男以下の生まれで、司教座聖堂ないし修道院で学問とキャリアを積み重ね、国王の目に適って宮廷礼拝堂付き司祭、すなわち宮廷に出仕して巡幸をともにする宮廷司祭や、書記に登用されたエリートである。

こうした政治家肌の帝国司教を典型的に体現したのが王弟のケルン大司教ブルーノである。彼は、幼少期に預けられたユトレヒト司教の下で高度な学識を身につけ、その後兄王の宮廷に呼び戻されてからは、宮廷司祭長、書記長として若手聖職者の指導・教育と証書発給業務を一手に掌った。

大司教位に就いた後も、優秀な若手を多数ケルンに集め、ロートリンゲン地方の将来の司教候補たるべき人的リソースを培った。加えて前例のない大公位の兼任という重責を担い、内乱の舞台となったロートリンゲンの秩序回復に努めた。さらに九五四年に西フランク国王ルイ四世が狩猟事故のため三三歳の若さで落命して後は、姉であるルイの寡婦ゲルベルガとともに、まだ年少の国王ロテールを事実上の摂政として支えるに至ったのである。

　国王の肝煎りで抜擢された司教は、登位後その代価として様々な「国王奉仕」を課された。各地を巡幸する国王宮廷の給養、世俗貴族を上回るほどの規模の軍役奉仕の提供がそれである。こうした諸々の義務の履行を可能とするために国王の側も、「国王大権《レガリア》」と呼ばれる各種の特権（関税徴収権、貨幣鋳造権、市場開設権等）、不輸不入権《インムニテート》、所領、ときには世俗の官職である伯職さえも授与し、人的、物的の両面において司教を保護、育成したのである。

　国王をトップとする統治・行政装置としての「帝国教会」——それを理論的に裏打ちするのは、オットー朝期にピークに達する「神権的君主観念《テオクラシー》」（八二頁）にほかならない。「国王にして祭司」「主の塗油されし者」「神の代理人」としての聖性を帯び、神の御意志で選ばれた国王、そして「聖」と「俗」が自明の如く一体化した「神の御国《みくに》」「教会帝国」という政治神学こそ、「聖職者と俗人の仲介者」たる国王の支配実践を、権力と権威の双方において正当化する最大の拠《よ》り所であったのである。

　もちろん、こうした帝国教会の内実は、常に世俗化の危険と隣り合っていた。また、司教は帝国教会の一員であると同時に、司教座教会や出身貴族家門の利益代表者としてのもう一つの顔も持ち合わせていた。それゆえ、国王に求められたのは、様々な当事者の利害を巧みに調整し合意形成《コンセンサス》を見出すバランス感覚であった。それが充足されない場合、政治的コミュニケーションは思わぬ機能不全に陥ることになる。反抗的な司教たち、たとえば王息のマインツ大司教ヴィルヘルムによる父オットーへの非難は、その最たるケースである。

国王がマクデブルクに大司教座を設立するという計画を実現するためには、大司教・司教の上位に君臨するローマ教皇と対等の、否、それを凌ぎさえする皇帝としての絶大な権威を必要としたのである。

西欧カトリック世界の覇者として

皇帝は、幾多の勝利によって栄光を得てその名が知れ渡ると、数多くの国王たちと諸民族の間に畏怖と好意の念を喚起した。このため、彼は多数の使節を引見することとなった。すなわち、ローマ人、ギリシア人、サラセン人の使節であり、彼らは様々な贈り物をもたらした。金・銀製の容器、銅製で技巧豊かな驚くほどの種類の容器、ガラス・象牙製の容器、およそ考えられる限りあらゆる種類の絨毯《じゅうたん》、バルサム〔含油樹脂〕、各種香料、さらにザクセン人がこれまで一度も見たことのない動物、すなわちライオンと駱駝《らくだ》、猿と駝鳥《だちょう》。そして、周りを取り巻く全キリスト教世界は彼に視線を向け希望を抱いたのである。

（ヴィドゥキント『ザクセン人の事績』第三巻五六章）

「ローマ人、ギリシア人〔ビザンツ人〕、サラセン人」とは、当時の西欧人が認識していた世界の支配民族を指している。ヴィドゥキントは、辺境のザクセン人が今やその国王の偉業を通じて彼らと対等な地位へと高められたことを手放しで賞讃する。末尾の「周りを取り巻く全キリスト教世界は……」とは、オットーが皇帝に相当する西欧カトリック世界の覇者としての高みに昇ったことを意味する。ただし、三つの民族のうち史料でその訪問が裏付けられるのは「サラセン人」のみである。

九五六年二月、オットーはヒスパニアから到来した使節を引見した。一行を率いるのはエルビラ司教レセムンド（アラビア語名ラービー・ビン・ザイド）。彼をコルドバ宮廷から派遣したのは、後ウマイヤ朝の第八代アミール、初代カリフで、王朝の最盛期を築いたアブド・アッラフマーン三世である。使節の任務はキリスト教とイスラーム教、双方のこじれた関係を改善するという難題であった。

事は六年前の九五〇年にまで遡る。オットーの名声を聞きつけたカリフは、豊かな贈り物を携えた親善使節をザクセン宮廷に派遣した。目的は、北アフリカに勢力を張るファーティマ朝に対抗する同盟締結の打診にあったようである。使節は歓待を受けたものの、持参した親書にキリスト教を誹謗する文言が含まれていたことから問題化し、一行は異郷の地に留め置かれた。

5—3　ディオニシオ・バイシェラス画「アブド・アッラフマーンの宮廷」（部分。1885年）（バルセロナ大学蔵）

内乱の渦中の九五三年、オットーは、メッツ近郊のゴルツェ（ゴルズ）修道院の修道士ヨハネスをコルドバのカリフの宮廷に派遣した。道案内として同行したのは、近郊のヴェルダンの商人であった。同地は、戦争で捕虜とされたスラヴ人奴隷を去勢してヒスパニアに売却する奴隷交易の中心地であった。使節の目的の一つは、九世紀末以来プロヴァンス地方のフレネ（サン＝トロペ近郊に位置する今日のラ・ガルド＝フレネ）に巣くうサラセン人の海賊の掃討であった。同地をヨーロッパ大陸での略奪活動の拠点とするイスラーム教徒は、カリフの宗主権の下に服していたのである。

ところが、今度はオットーの親書がイスラームの教義を激しく批判する内容を含んでいることが問題となった。ザクセン宮廷はまだ、異教に対する無知と偏見によって支配されていたのである。カリフの御前での公式の謁見の場でこの親書が読み上げられたならば、ヨハネスは瀆神罪《とくしんざい》のゆえに処刑される運命を免れえなかった。

それゆえ、親書の内容を事前に聞き及んでいたアブド・アッラフマーンは、謁見を棚上げし、使節を暫時拘禁下に置くことにしたのである。

この間ヨハネスは、コルドバで生活するユダヤ人やキリスト教徒たちと議論を闘わせた。しかし、禁欲的で頑ななまでに教義に忠実な修道士は、モサラベと呼ばれるイスラーム支配下に生きるキリスト教徒が、イスラーム教に迎合して割礼の慣習を受け入れたことを厳しく非難するなどし、双方の妥協点は見出せなかった。九五五年の夏、カリフの顧問であったレセムンドが外交使節として派遣されたのは、以上の混迷した状況を打開するためであった。

九五六年二月、フランクフルトの王宮でレセムンド一行を引見したオットーは、より穏当な内容の新たな親書と豊かな贈り物を託して再びコルドバに向け送り返した。アブド・アッラフマーンは、六月に帰還した使節の報告を受けて、ようやくヨハネスの謁見、そして帰国を認めた——。

ヨハネスの使節行については、その死去（九七四年）からほどなくして、友人であるメッツの聖アルヌルフ修道院長ヨハネスが『ゴルツェ修道院長ヨハネス伝』の中に詳細な記録を残している。共同でのフレネへの掃討作戦という目的は、結局実を結ぶことはなかったものの、西欧で最初の国王レベルにおける非キリスト教徒との外交交渉の舞台裏、異文化接触による他者認識の諸相を伝える記録として注目すべき史料である。

なお、フランクフルトの王宮には、この間オットーの宮廷に亡命していたリウトプランドの姿もあった。レセムンドの「全ヨーロッパの諸帝と諸王の事績を叙述するようにとの要望」（第一巻一章）を受けて、二年後の九五八年に執筆が開始されたのが『報復の書』である。双方にとっての異郷の地における邂逅《かいこう》で、知識人同士として意気投合するところもあったのかもしれない。

息子リウドルフの死

リウドルフの乱の鎮圧以降、国内の支配体制は安定化へと向かった。以後、東フランク王国ではオットーの治世中に大規模な内乱が起きることはなかった。しかし、喉に刺さった骨が残されている。イタリア王国の不穏な情勢である。

九五二年夏にイタリア国王としての統治を安堵《あんど》されたベレンガーリオ父子は、翌年に始まった内乱でバイエルン大公が弱体化する隙をついて、ヴェローナとアクィレイアの辺境伯領の奪還を企図したのである。さらに、司教たちの忠誠を確保するために人質を取ることさえも辞さなかった。九五六年、オットーは弟ブルーノの助言を容れて、暴君の専制を抑え秩序を回復するためにリウドルフを再度イタリアに派遣することとした。

この間リウドルフの立場は、王家内部の亀裂と相俟《あいま》ってさらに微妙になりつつあったからである。アーデルハイトは、九五二年末か翌九五三年初頭にハインリヒを、一年後にはブルーノと命名された男子を儲けた（ただし、前者は九五四年頃に夭折）。さらに、九五五年初頭には娘マティルデを、同年末には父と同名のオットー（二世）を相次いで産んだ。

リウドルフは確かに王位継承者ではあるものの、内乱で彼を相手に闘った戦士たちには、それを認めることに躊躇いがある。それゆえ、オットーがリウドルフ派遣を決定したのは、再起を期する息子に試練とチャンスを与えるためであった。息子自身もまた、己の叛乱に加担した支援者たちが、その損失をこの遠征によって償い、新たな活路を開くことを望んでいた。

一方、妻のアーデルハイトは、自らの産んだ幼い息子たちのいずれかが将来王位を継承することに強い期待を寄せており、夫が危険なイタリアに出陣することには反対であった。

ただし、仮に息子がイタリア王国を平定することに成功した場合、イタリア国王の地位を主張する可能性は充分に考えられる。だが、義息と反目し、自らも「イタリア王国の化身」として多数の権益を保持する妻は、当然ながらそれに異議を唱えるであろう……。二律背反の葛藤、国王にして父、夫たるオットーの悩みは尽きることがない――。

だが、それもすべては杞憂《きゆう》に終わることとなる。九五六年秋、軍を率いてイタリアに向かったリウドルフは、国王に不満を抱く貴族党派の支持を獲得し、ベレンガーリオ父子は逃走するに至った。年末には王都パヴィーアを占拠することに成功、翌九五七年半ばには、共同国王アダルベルトを相手にしての大規模な会戦で見事勝利を収めた。北イタリアのミラノやベルガモでこの時期に作成された証書は、日付書式で再びオットーの国王統治年を採用し始めている。

そのとき、すべてが順調に進んでいるかに思われた。秋には戦勝土産を手にして一旦帰郷することも予定されていた。ところが、九月六日、リウドルフは、オルタ湖のサン・ジューリオ島に立て籠もるベレンガーリオとの戦闘中に突如としてこの世を去ったのである。毒殺説を伝える史料もあるが、イタリアの風土病であるマラリアに襲われたと推定される。享年二七前後。

リウトプランドは、オットーとエディットの結婚、リウドルフの誕生に言い及んだところで、言葉を詰まらせた。「彼に思いを馳《は》せるならば、この間に起きたその死去のゆえに、我々は湧き起こる涙で胸を満たしたばかりである。嗚呼、いかに幸福であったろうか、もし彼が生まれなかったならば、あるいはかくも早くに逝くことがなかったならば！」（『報復の書』第四巻一七章）。

訃報に接した父の反応については、ティートマルが伝えている。「国王が悲報を受け取ったのは、レダーリ族討伐に向かう遠征の途次であった。彼は、ダヴィデがアブサロムを喪ったかの如く〔『サムエル書　下』一九・一～五〕、度を越して息子〔の死〕に慟哭《どうこく》した」（『年代記』第二巻一二章）。ティートマルがこの箇所を引いたのは、アブサロムが父ダヴィデに叛乱を起こして敗死したこととと無関係ではあるまい。

亡骸は、異母兄の大司教ヴィルヘルムの計らいでマインツへと運ばれ、四年前に死去した妹リウトガルトが眠る聖アルバン修道院に葬られた。リウドルフの死の二日後の九月八日、その異母弟ブルーノも夭逝した。四四歳のオットーに残された正嫡の男子は、今やわずかに一歳のオットー一人のみとなってしまった。

第六章
ローマを目指して
——皇帝戴冠への道

帝冠

帝冠

ウィーン王宮宝物館所蔵。制作年代はオットー1世期の965／967年頃と推定するのが通説であるが、11世紀、さらには12世紀半ばまで押し下げる異論もある。通説によれば、十字架は11世紀初頭、上部のブリッジは12世紀前半に付加された。144個の宝石とほぼ同数の真珠で豪華に飾られている。

帝冠は神権的君主観念《テオクラシー》を神学的プログラムとして明示化する支配表象でもある。4枚の宝飾プレート、同じく4枚の図像プレートの計8枚から構成される。序列の最上位に位置する図像プレートは、「荘厳のキリスト」を中央に描き、上部の銘文で旧約聖書の『箴言《しんげん》』の一節を引用している——「私によって、王たちは統治する」(8・15)。他の3枚にも預言者イザヤ、ダヴィデ王、ソロモン王の図像が描かれ、旧約聖書の一節が引かれている。「私はお前の寿命を15年延ばそう」(『列王記　下』20・6)、「王の力は公正を愛する」(『詩篇《しへん》』99・4)、「ヤハウェを畏れ、悪から離れよ」(『箴言』3・7)。

1　第二次イタリア遠征

ローマからの特使

このときオットーは憔悴《しょうすい》しきっていた。ついに自分にも最期の時が来たのかと――。

二人の息子の死の翌九五八年夏、父もまた大病を患ったのである。「この頃、皇帝自身もまた病に罹《かか》った。しかし、彼が絶えず誠実なる服従を示してきた諸聖人の功徳によって、とりわけ彼がその口を開いた高名な殉教者ウィートゥスの御加護によって病から回復した。そして、暗闇の後の最も輝かしき太陽の如く、再び彼は、あらゆる誉れにして歓《よろこ》びとして世界に贈られたのである」（ヴィドゥキント『ザクセン人の事績』第三巻六二章）。

ウィートゥスは、最後のキリスト教徒大迫害をおこなった皇帝ディオクレティアヌス（在位二八四～三〇五年）の時代の少年殉教者で、コルヴァイ修道院の守護聖人である。ヴィドゥキントは別の箇所で、同院の祭壇上にはかつてオットーが寄贈した「宝石の様々な輝きが真に素晴らしい」黄金の留め金が輝いている、と記している（同第二巻三五章）。宝物を贈った動機は、このときの病気治癒の感謝の印しであったと考えられる。

仮にオットーがこのとき病に倒れていたならば、あるいは義息コンラートのようにレヒフェルトの戦場で討ち死にしていたならば……。彼は、ハンガリー人に対する大勝利のゆえに歴史にその名を残しこそすれ、後世において〝大帝〟と評されることはなかった。六〇年に及ぶその生涯において、オットーはまだ頂点を極めてはいない。

ヴィドゥキントは、続く第三巻六三章で「全フランケンとザクセンの、そして周囲に隣接する諸民族の問題を適切に処理した後、彼はローマに赴くことを決断し、ランゴバルド地方に向かった」と記し、第二次イタリア遠征（九六一～九六五年）の開始を告げる。しかし、「それについて語ることは、我々の限られた力を超えるものである。この歴史書の冒頭ですでに述べたように、私は力の及ぶ限り誠実な敬意を捧げる努力をした、ということで満足せねばならないのである」（同前）と釈明し、教皇によるローマでの皇帝授冠については一言も触れようとしないのである（一七七頁）。

遠征についての主要史料は、アーダルベルト『レーギノ年代記続編』、それにオットーに随行したリウトプランドが九六四／九六五年に著した小品『オットー史』である。この小著は、授冠者である教皇ヨハネス一二世とその後対立するに至った皇帝の立場を弁護する目的で書かれた、極めて党派的な文書である。それによれば、この問題含みの若き教皇は、色欲・放蕩《ほうとう》・貪欲《どんよく》など、ありとあらゆるスキャンダラスな噂に事欠かない放埒な若者であった。

さて、そのヨハネスが——己自身の終わりの始まりとなることも知らずに——オットーに救援を要請してきたのは、ベレンガーリオ父子による圧迫に耐えかねてのことであった。オットー父子による二度にわたる軍事遠征（九五一年、九五六～九五七年）をからくも凌いだベレンガーリオは、その後北イタリアに対する支配権を回復した。リウドルフ支持に回った党派は報復を受け、ミラノ大司教ヴァルペルトをはじめとする有力諸侯が、相次いでアルプスを越えてオットーの元に亡命してきた。勢いづいたベレンガーリオは南へと軍を進め、九五九年半ばにスポレート大公領に、息子の共同国王アダルベルトは同年末頃に教皇領にまで侵攻した。

オットーが教皇庁から遣わされた二名の特使、助祭枢機卿のジョヴァンニと書記のアッツォーを引見し、ベレンガーリオによる抑圧からの解放を要請されたのは、九六〇年の降誕祭にレーゲンスブルクで開催された宮廷会議の場においてであった。この席にはミラノ大司教らの亡命者も参加していた。特使はオットーに軍事支援の見返りとしてローマでの皇帝戴冠を約束した。

ロシア伝道

四八歳ともはや若くはないオットーを、二度目のイタリア遠征へと駆り立てた要因は何であろうか？　九年前の遠征で皇帝冠への期待が教皇ヨハネスの父のアルベリーコ二世によって斥けられた苦い記憶、息子リウドルフのイタリアでの死のほかにも、理由は多々考えられる。

たとえば中世の政治神学においては、統治者の「称呼」とその「権能」の間に齟齬があってはならないとの見解が支配していた（二七八頁）。オットーはすでに現世における最高の地位である「皇帝」に相当する権力を事実上獲得していたが、その称呼は一介の「国王」にすぎない。現世の秩序を乱すこうした事態は是正されねばならない、ということになる。この理論は、カール大帝の皇帝戴冠、あるいはその父の宮宰ピピン三世による王位獲得とカロリング朝の樹立に際しても、すでに周辺の知識人の間では重要視されていた。

もう一点は、懸案の「マクデブルク問題」を解決するためには、教皇の支援を必要としていたという事情にある。この頃、オットーと息子のマインツ大司教ヴィルヘルムの関係は改善しつつあった。ハルバーシュタット司教区は、引き続きマインツ大司教管区に留まり、その一部を新設のマクデブルク大司教管区に割譲するという構想で、ヴィルヘルムは好意的姿勢に転じつつあった。

マインツ大司教の重要性は、この頃もう一つの伝道計画に関連しても高まりつつあった。九五九年、キエフ・ルーシ（ロシア）の大公イーゴリ一世（在位九一三～九四五年）の寡婦のオリガ（洗礼名ヘレナ）が、国内の伝道のために司教一名と聖職者たちを派遣するよう要請してきたのである。コンスタンティノープルで受洗したオリガが、ギリシア正教会ではなく、ローマ・カトリック教会に伝道を委託したのは、キエフ大公国のビザンツ帝国からの政治的自立化の試みと解される。オットーへの要請は、西欧世界において彼が占める傑出した地位が遠く離れたキエフでも認識されていたことを意味するものであった。キエフ大公国の伝道の次には東欧の形成途上にある国々、すなわちポーランド、ベーメン、そしてハンガリーがその視野に入ってくるであろう。

伝道司教の白羽の矢が立ったのがマインツの聖アルバン修道院の修道士リブティウスであっ

たことは、国王に対するヴィルヘルムの影響力の増大を示すものである。しかし、リブティウスは、出立に遅延をきたした上、ついには九六一年二月に死去してしまった。代わりに派遣されることとなったのが、聖マクシミヌス修道院の修道士アーダルベルト、すなわち『レーギノ年代記続編』の著者である。彼は、九五〇年代に国王宮廷で書記として活動し、その後トリーア市外に立つ修道院に入った。同院は、九三七年にオットーがマクデブルクに聖マウリティウス修道院を建立した際に、最も多くの修道士を提供した改革派修道院で、宮廷とは密接な関係で結ばれていた。

これは大司教ヴィルヘルムの目論見《もくろみ》と勧言に基づく決定であった。アーダルベルト本人は、大司教からより良きものを期待していたし、彼に背くことなど断じてしていなかったにもかかわらず。最も敬虔な国王〔オットー一世〕は、アーダルベルトが必要とするものすべてを常日頃の憐憫をもって支度させ、名誉をもってロシア人に向け送り出した。

（アーダルベルト『レーギノ年代記続編』九六一年の項）

しかし、伝道活動はこの間のキエフの政情の変化もあって失敗に終わった。翌九六二年、アーダルベルトはオットー一世不在のザクセン宮廷に空《むな》しく戻って来た。

同年、ロシア人の司教に任命されたアーダルベルトは、派遣された任務について何も為すことができず、いたずらに疲労困憊していると自覚したので帰還してきた。配下の者数名が帰途に殺害され、彼自身も艱難辛苦の末に辛うじて逃げおおせたのであった。国王〔オットー二世〕を訪れると、情愛をもって受け入れられた。さらに、神に愛された大司教ヴィルヘルムからは、当人の目論見によって託されたかくも難儀な旅路に対する報恩として、互いに兄弟であるかの如くにあらゆる品々と好意をもって歓迎され、かつ支援を得た。

（同九六二年の項）

以上の記事を伝える『レーギノ年代記続編』の著者は、実は匿名で執筆している。この二箇所は、一見したところ無味乾燥な事件の羅列にも思われる記事中における、異例なまでの感情移入という意味で、独自の光彩を放つ一節である。特に著者が聖マクシミヌス修道院の修道士の立場に身を置きつつ、託されたロシア人伝道の任務を庇護者《パトロン》による不当な〝処罰〟と受け止めていることが注意を惹く。研究者が著者をアーダルベルト本人と比定する最大の根拠とした記事である。

この件でアーダルベルト個人が責任を問われることはなかった。その後も宮廷に留まって幼少の国王オットー二世に書記として仕え、九六六年には由緒あるエルザスのヴァイセンブルク修道院の院長に抜擢された。『レーギノ年代記続編』を執筆したのは、院長時代の九六六～九六七年末／九六八年初の間である。

ローマへの道

命の危険を伴うイタリア遠征の前提は後継者の確保である。

オットーは九六一年五月中旬、有力貴族をヴォルムスに召集し、同名の息子を国王に選出させた。そこからアーヘンに移動し、聖霊降臨祭の五月二六日、聖マリア教会で国王戴冠式が厳かに挙行された。先に触れたように、ヴィドゥキントが二五年前のオットーの戴冠式の模様を詳細に描写できたのは、このときの儀典の式次第を過去に投影したからであると考えられる（七九頁）。この場合、オットー二世に王冠を授けたのは、マインツ大司教ヴィルヘルムであったことになる。東フランク王国史上初の共同国王は、このときわずかに五歳であった。幼王の後見は母の王妃に託されるのが通例であるが、異母兄ヴィルヘルムの手に委ねられた。母のアーデルハイトは、夫のイタリア遠征に同行する手筈となっていたからである。

大規模な軍隊の集結地は、六年前に死闘が繰り広げられたアウクスブルクである。八月下旬に出立し、ブレンナー峠からアルプスを越え、トレント到着は九月末。ベレンガーリオによる抵抗に遭遇することもなく、王都パヴィーアに無事に入市したのは一〇／一一月。長期滞在となり、降誕祭も同地の王宮で祝した。この間、ミラノ大司教ヴァルペルトが復位したほか、リウトプランドもついに念願が叶って、故郷のパヴィーア近郊のクレモナの司教へと抜擢された。

さらに同じ頃、ローマに向け露払い役の使節が派遣された。フルダ修道院長ハダマールの甥で、その後継院長となったハットーである。任務はローマへの入市、皇帝戴冠の段取りに関する事前交渉、そして滞在のための宿営の準備ほかであった。オットー自らが大軍を率いてパヴィーアを出陣したのは翌九六二年一月初頭。「永遠の都」の市門前に到着したのは一月三一日のことであった。

サン・ピエトロ教会の皇帝戴冠式

到着前、オットーは使者を通じて教皇に対し誓約を立てた。教皇の地位と身柄の安全を保障し、事前の同意なくして都市ローマに対する支配権行使をしない、と。軍隊が市の北西部の境界をなすモンテ・マリオの丘に駐屯し、市内には入らないのもこの約束のためである。

皇帝戴冠式は九一五年のベレンガーリオ一世以来実に四七年ぶりとなる。九六〇年頃にマインツの聖アルバン修道院で作成された皇帝戴冠祭式書に則せば、儀式はおおよそ次のように挙行されたはずである。

二月二日の日曜日、聖母マリアのお浄めの祝日のことである。一行は早朝に宿営を出発し、荘厳な行列を組んで入市、中途で聖職者と市民の歓呼を受けながら、ヴァティカンの丘の上に立つサン・ピエトロ教会へと導かれた。四世紀にコンスタンティヌス大帝によって建造された古い長方形の建物は、歳月に洗われてはいるが、なお西欧カトリック教会の総本山としての伝統と威厳を誇示し続けている。豪華な衣装に着替えたオットーは、正面の前廊《ぜんろう》の壁段に座った教皇の前で、聖ローマ教会の守護者にして防衛者たることを約束した。豪華な金・銀・宝石を教皇に寄贈し、代わりに各種の聖遺物を得た。教皇ヨハネス一二世は、オットーとアーデルハイトを中へと招き入れ、玄関廊を経て中庭《アトリウム》へと導いた。そこを通り抜けると、大理石とモザイクで見事に飾られた、全長一一九メートル、幅六四メートル、西欧では当時最大規模の壮麗な五廊式の大バジリカに到達する。入場するのは七世紀に造られた中央入り口の「銀の扉」からである。

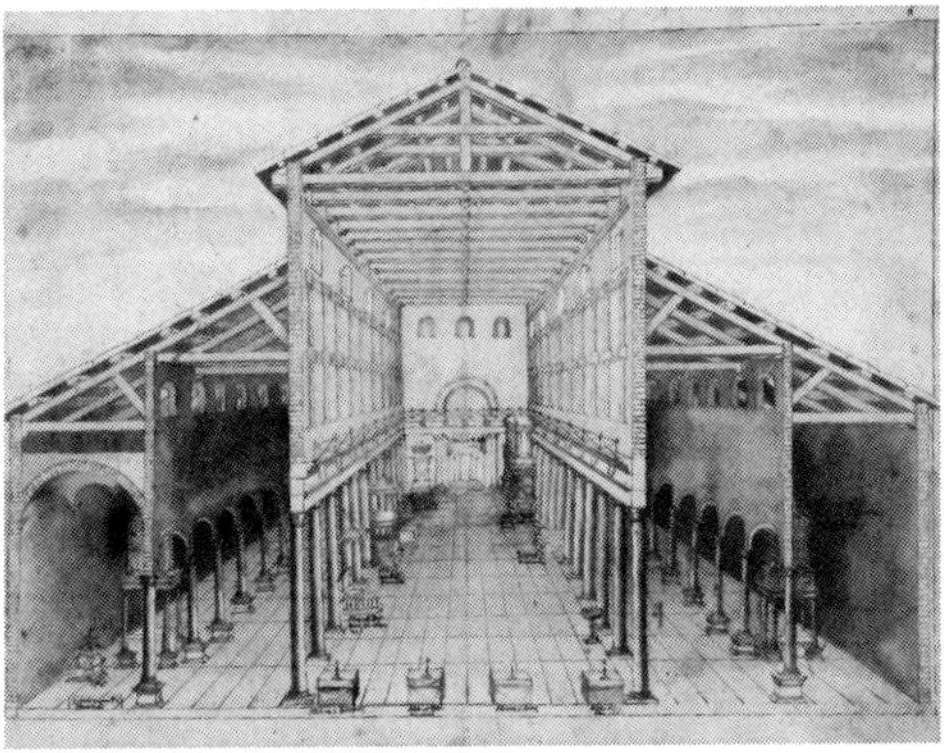

6—1　ドメニコ・タッセッリ画、旧サン・ピエトロ教会バジリカ内部（1605年以降）（ヴァティカン図書館蔵）

まず、三人の司教枢機卿により聖別式が執り行われる。アルバーノ司教は銀の扉の前で、次いでポルト司教が中廊《ちゅうろう》のロータと呼ばれる巨大な円形の斑岩《はんがん》の床石の上で、各々聖別の祈禱文を読み上げる。それからオットーは、主祭壇手前の真下の窪《くぼ》みに位置する聖ペテロの墓の前まで進み出で、両手を拡げて十字架形をとり伏して跪拝《きはい》した。助祭長が諸聖人の連禱《れんとう》を捧げた後、オスティア司教は、祓魔油《ふつまゆ》をオットーの右の上腕部、両肩の間に塗り、祈禱文を読み上げた。頭部に塗油しないのは、国王戴冠式ですでに受けた聖別（七八頁）をさらに堅めるという意味をもつからである。

この跪拝の場面については、ティートマルが一つのエピソードを伝えている。オットーは式に先立ち、随行の刀持ちに向かって次のように命じたというのである。

「今日、余が使徒たちの聖なる敷居の前で祈禱を捧げるとき、その間汝は剣を常に余の頭の上に掲げているのだ。前任者たちにとって、ローマ人の誠実なるものがいかに怪しげなものであったか、そのことを余は充分に承知しているからだ。予期せずして打ち負かされることのないよう、将来起こりうるあらゆる不幸に前もって備える者、そうした者だけが賢明だと言えるのだ。その後は歓喜の山〔モンテ・マリオの丘〕に戻って、好きなだけ祈るが良い」

（『年代記』第四巻三二章）

「ローマ人の誠実」――この先オットーは、それがいかに怪しげなものであるか、嫌というほど思い知らされることになる。

続けてオットーは階段を昇り、主祭壇と後陣《アプシス》の間に立つ教皇の前に跪いた。ヨハネスは、「栄光の徴《しるし》を受けよ、父と子と聖霊の名において……」と唱えながら頭の上に皇帝の冠を載せた。最後に新皇帝のためのミサが捧げられ、儀式は無事終了した。アーデルハイトも皇后の冠を授けられた。儀式が夫と同時かあるいは別個に挙行されたのかは不明である。異例なのは、ヨハネスがローマ市民の代表とともに、今後皇帝に背いたりベレンガーリオ父子を支援したりせぬ旨の誓約を、聖ペテロの亡骸に懸けて立てさせられたことである。跪拝の際のオットーの警告と同様、この時点ですでに教皇への不信感が高まっていたことが窺える。

オットーは、再び中庭を通り抜けてバジリカの正面入り口から外に姿を現した。待ちかねていた配下の軍隊とローマ市民が、新皇帝の誕生を歓呼の声で言祝《ことほ》ぎ、サン・ピエトロの鐘が打ち鳴らされた。記録には残されていないものの慣例によれば、その後一行は、祝宴が催されるラテラーノ宮殿に群衆の歓声を浴びながら向かったはずである。筆頭使徒たる聖ペテロの墓所のあるサン・ピエトロ教会は、ローマにおける信仰の中心であるが、ローマ司教としての教皇の司教教会は、ラテラーノ地区にあるサン・ジョヴァンニ大聖堂である。隣

6—2　オットー1世とヨハネス12世　ディーボルト・ラウバーの工房で制作された年代記の挿絵（1450年頃）（ハイデルベルク大学図書館蔵）

接して教皇の居館と政庁を兼ねる大規模なラテラーノ宮殿も建てられており、ここがローマの政治の中心であった。

教皇ヨハネスが新皇帝の饗応《きょうおう》の場としたのは、宮殿内にあるローマ最大の大広間トリクリニウムであったと推定される。もっとも、今後双方の間に生じるであろう摩擦を予感して、緊張感の張り詰めた宴席に並んで着座した二人の会話は、弾むことはなかったに相違ない。

ローマ皇帝権の救済史的地平

ところで、「国王」と「皇帝」、両者の相違はどこにあるのであろうか？

皇帝の地位は、確かに数々の世俗的な権力、すなわち他の諸国王に対する序列《ランク》の優越、西欧における覇権的《ヘゲモニアール》地位の樹立、教会政策への影響力強化、それに先進地イタリアがもたらす経済的利益等々のさらなる獲得を容易ならしめた。「皇帝の冠は、支配者が統治する領域において、状況によっては彼の権威に一定の重要性を与え得た。（中略）しかし、すでに国王として有する諸々の権力に、それが新たに何かを付け加えるということはなかった[1]」。

これらの世俗的権力は、戴冠以前に充足されていなければならない前提条件であった。「皇帝権」はまた、王権とは異なる独自の権力＝統治装置を備えていたわけでもない。純粋に権力史的に見た場合、それは覇権的な国王支配の言わば拡大版にすぎない。

キリスト教的に理解されたローマ皇帝権の本質は、「世俗史」に属する権力の領域にはない。

これは一九世紀以降の「国民史」、ナショナル・ヒストリーを標榜《ひょうぼう》する歴史学者の多くが見誤った点である。むしろ、皇帝権の本質は「救済史」上の権威の次元に存する。

皇帝の最大の使命は、カール大帝の時代以来「キリスト教帝国」として理解された西欧カトリック世界の全教会の母にして頭たる「聖ローマ教会」の守護者たることにある。九六二年にオットーが甦らせたローマ皇帝権は、カール大帝のそれに直接連なるのみならず、コンスタンティヌス大帝、ローマ教皇、否、さらにはイエス・キリスト誕生以前のユリウス・カエサル、アウグストゥスにまで遡る長大な歴史と伝統を有する。キリスト教中世のローマ帝国の統治者たる者は、神の召命によって現世の最高位を委ねられた「神の代理人」として、「神の国」の完成に至る人類の「救済史」を正しき方向へと教導し、「最後の審判」において神の前で申し開きをする責務をその双肩に担わねばならないのである。

6—3　最後の審判に臨むオットー1世（左下）　ミラノ(962～968年)。手に抱いているのはマクデブルク大司教教会、背後で執り成しをしているのは聖マウリティウス（ニューヨーク、メトロポリタン美術館蔵）

実際、「最後の審判」への言及は、オットーの後年の皇帝証書に見出される。九六五年にマクデブルクの聖マウリティウス修道院に城塞を寄進した証書では、前文中で寄進の目的について「余の罪が来るべき偉大なる裁きの日に赦免されるように」と明記されている。九六七年に同院に所領を寄進した証書では、末尾の罰則規定文中に「(背反者は)最後の審判の日に全能の神と聖なる殉教者マウリティウスの復讐《ふくしゅう》を受けることになるであろう」と見える。(2)

最後の「世界帝国」

それでは、「最後の審判」を主題とするキリスト教の終末論において、「ローマ帝国」は何ゆえ重要な位置を占めるのであろうか?

答えはそれが第四にして最後の「世界帝国」であるからである。その根拠となるのは、紀元前一六七〜一六三年頃に成立した旧約聖書の『ダニエル書』の第二章「ネブカドネザルの夢」ほかの記述と、後にそれを『ダニエル書注解』(四〇七年頃)の中でキリスト教的に再解釈した四大ラテン教父の一人、ヒエロニュムス(一七七頁)が展開する「四世界帝国論」である。

「ネブカドネザルの夢」によれば、ユダヤ人の「バビロン捕囚」で歴史にその名を残した新バビロニア(カルデア)の国王ネブカドネザル二世(在位前六〇五〜前五六二年)は、夢の中で四つの部分が各々異なる材料で作られた巨大な像を見た。預言者ダニエルは夢の内容を次のように言い当てた。

その像は、頭が純金、胸と腕が銀、腹と股《もも》は青銅、脛《すね》が鉄、足は一部が鉄、一部はタイルでした。あなた〔ネブカドネザル〕がじっと眺めておられると、しまいには一つの石が人手によらず切り出され、鉄とタイルでできたこの像の足を叩《たた》き、粉々に砕きました。やがて、鉄、タイル、青銅、金銀も一緒に砕け、夏の脱穀場の籾殻《もみがら》のようになり、風にさらわれていき、その跡形もありませんでした。像を叩いた石は大山となって全地を覆いました。

（『ダニエル書』二・三二～三五）

『ダニエル書』七章の「四つの獣」の幻、八章の「四つの角」の幻と総合すると、ダニエルが与えた解釈は、頭がネブカドネザルのバビロニア、第二の胸と腕がメディア、第三の腹と股がペルシア、そして第四の脛と足はアレクサンドロス大王の死後分裂したギリシア人の諸国ということになる。それが最終的に崩壊した後、石、すなわち「神の国」が到来し世界は終末に臨むことになるのである。

ヒエロニュムスは、四つの帝国に関するユダヤ教の黙示文学的解釈をその後の現実の歴史展開、特にローマ帝国とキリスト教の成立を踏まえ、アッシリア→ペルシア→マケドニア→ローマへと組み替えた。この「四世界帝国論」は、最大のラテン教父アウグスティヌス（三五四～四三〇年）によってその著書『神の国』の中へと受容された。(3) 古代末期以降のキリスト教歴史神学においては、異教時代も含めた普遍史としての「世界の歴史」の中で、「ローマ帝国」には第四にして最後の「世界帝国」という特別の地位が与えられてきた。そして、それはオットーの生きる〝現在〟においてもなお存続しているのである――。

ここで展開されているのは、我々の教科書的知識とはまったく異なる、普遍的救済史として理解されたキリスト教版の「世界史」の姿である。もっとも、オットーの時代には「世の終わり」についての議論は例外的であり、「そのとき」が近いという切迫感はまだない。それが一部知識人の間で盛り上がりを見せるのは、同名の孫の三世が生きた「紀元千年《ミレニアム》」の頃のことである。

それはともかく、今やオットーによって樹立された帝国が、最後の審判に臨むことなくこの後八世紀半の長きにわたり存続すると考えた者はこのとき誰一人としていなかった。これはまずもって確かであろう――。

2 混迷する教皇庁

「マクデブルク問題」

再び九六二年二月のローマに戻る。

新皇帝は戴冠式に続く数日間、サン・ピエトロ教会において教皇と共同で教会会議を開催するのが慣例である。四旬節初日の灰の水曜日の二月一二日、教皇ヨハネスは新皇帝の求めに応じて証書を発給し、マクデブルク大司教座計画に関するオットーの新構想を承認した。「余の息子、国王オットーは、野蛮な異教徒たるアヴァール人〔ハンガリー人〕その他を打ち負かし、聖なる神の教会の守護と勝利の凱旋のゆえに、帝国の頂きへと上り、余を通して筆頭使徒たる聖ペテロから冠を受け、神の権威によって余が治める至高にして普遍的な座に赴いた」(4)。

教皇は、異教徒に対する勝利と皇帝戴冠の因果関係について明言した後、マクデブルクの聖マウリティウス修道院を大司教座教会に昇格させ、メールゼブルクにも司教座を設置し、マインツ大司教管区から分離・独立させる構想を認めたのである。マクデブルクの属司教区としてほかにもスラヴ人の地方に新司教座を設置することも許された。オットーは、七年前にレヒフェルトの戦場で立てた聖ラウレンティウスへの誓約をついに実現することができた――。

しかし、現実にはこれまで通り教会筋の抵抗が止むことはなかった。今度はハルバーシュタット司教ベルンハルトが異議を唱え始めたのである。司教座の移転により大司教に昇進できる夢を断たれ、むしろ自らの司教区内に新設される両司教座に対して教区の割譲を迫られる立場に転じたからである。教皇庁のその後の混乱もあり、この計画の遂行は一旦中断されることとなった。

翌一三日、新大司教座認可への返礼として、今度は新皇帝が教皇に対して証書を発給した。七五六年にフランク国王ピピンが、ランゴバルド遠征に際しラヴェンナほかの所領を教皇に寄進して以来、歴代皇帝は戴冠式後に教皇領の安堵を確認、更新するのが伝統となっていた。ただし、オットーが与えた、緋色に染められた長さ約一メートルの巻物状の豪華な羊皮紙の証書(5)には、広大な所領の寄進の前提条件として将来の新教皇選出に関する規定も含まれていた。

それによれば、新たに選出された教皇は、叙階に先立ち皇帝の委任者の前で誠実宣誓を立てねばならない。また、都市ローマに対する裁判上の監督権も、皇帝に帰属することとされた。その意味するところは、教皇の選出と統治に皇帝が介入するということにほかならない。世俗的権力の集中する教皇庁の重要行政職は、事実上都市ローマの統治組織と大きく重なり合っており、教皇の側から見るならば、ローマに対する自らの支配権が皇帝によって脅かされることにもなりかねない。教皇を最高世俗権力者に戴くローマの都市貴族支配体制に対するオットーの側からの牽制である。皇帝たるオットーにとって、「保護」は「支配」と同義であった。

翌一四日、オットーはローマ滞在をわずか一二日間で切り上げ、再びパヴィーアに向かった。教皇庁の内情と教皇の人柄を直《じか》に知るに及んで、複雑な思いであったろう。ヨハネスがとりあえず安堵し、胸をなでおろしたことは言うまでもない。

教皇ヨハネスの裏切り

三月三〇日の復活祭を祝した後オットーが向かったのは、ベレンガーリオ討伐戦である。ベレンガーリオの息子のアダルベルトらは、北イタリア各地を転々としつつ、マッジョーレ湖、コモ湖の島、ガルダ湖の各城塞を堅持していた。オットーが最初に攻略に成功したのは、ベレンガーリオの妻ウィッラが立て籠もるオルタ湖の島に立つ城塞サン・ジューリオである。二ヶ月間にわたる苛酷な包囲戦に疲弊し切った七月末、ウィッラはついに城塞を明け渡し、その後夫が籠城するサン・レーオ山へと奔《はし》った。サン・マリノの西方約九キロに位置する岩山に立つ、要害堅固をもって知られる城塞である。

オットーは降誕祭、それに翌九六三年の復活祭（四月一九日）も再びパヴィーアで祝した。この王都での長期に及ぶ滞在中、妻にして有能な助言者として皇帝を支え続けたのは皇后アーデルハイトであった。かつてのイタリア王妃として各地に様々な寡婦財産や権益をもち、人的ネットワークを張りめぐらした彼女の重要性は、皇帝証書において繰り返し登場する「王国の共治者」という呼称に反映されている。

この間、アダルベルトはコルシカ島をはじめとする各地に潜伏したのみか、フレネのサラセン人の保護を仰いだことさえあった。五月、オットーはサン・レーオ山に立て籠もるベレンガーリオを包囲し、外部との接触を遮断した。同地での滞在は一夏に及んだ。だがこの間、二つの悪い報せに頭を悩ませていた。一つはアダルベルトと教皇ヨハネスが年初頃から同盟を画策しているとの情報である。もう一つは、その教皇の行状に関する噂である。以前の放蕩な生活に再び舞い戻り、「かつては聖なる人々の居所であったラテラーノ宮殿は、今や娼婦たちの女郎宿と化した」（『オットー史』四章）というのである。ただ、こちらの情報を伝えている史料は、例の如くリウトプランドのみであり、額面通り受け取ることは禁物であるが……。

オットーはすでに四月に調査のための使者をローマに派遣していた。返答は噂が事実であることを認めるものであった。さらに五〜六月初頭の間、相互不信に満ちたサン・レーオ山の皇帝とローマの教皇との間では、使者の遣《や》り取りが交わされた。リウトプランドも一度派遣されたが、彼を迎え入れた教皇の態度は極めて礼を失するものであった。ヨハネスが苛立ち態度を硬化させたのは、一二年前とは異なり、オットーがベレンガーリオを強大な軍事力をもって屈服させ、自らイタリアの直接的支配に乗り出してきたことであった。教皇であると同時に都市ローマの支配者でもあるヨハネスの眼に、その脅威は日々現実化しつつあったのである。

そのヨハネスがアダルベルトにローマ市内に入ることを許したのは、六月初頭のことであった。前年の二月に市民の代表とともに聖ペテロの亡骸に懸けて立てた誓約は、こうしてあっけなく反故《ほご》にされた。リウトプランドは、両者がビザンツとの提携を目論み、さらにハンガリー人を呼び入れることさえも企図していたと伝えている。

ヨハネス罷免裁判

教皇の裏切りの報せを聞いたオットーは九月末頃、サン・レーオ山の包囲戦を中止した。大軍を率いて向かった先は再びローマである。到着は一一月一日。翌二日、ヨハネスは教皇庁の宝物を奪い取ってカンパーニャ地方に、アダルベルトはコルシカ島に逃走した。三日、市民は皇帝が市内に入ることを認め、人質を差し出してその支配に服した。そして、今後皇帝とその息子の許可なくしていかなる教皇も選出、任命しないことを誓約した。

「そのとき、ローマ人は複数の党派に分かれていた。皇帝に好意的な党派は、前述の教皇による幾多の不当な圧迫に苦しめられた、と非難した。別の党派は教皇に媚《こ》びへつらっていた」（アーダルベルト『レーギノ年代記続編』九六三年の項）。当時のローマでは、一、テオフィラット家とその縁戚のクレシェンツィ家に代表される都市貴族家門、二、教皇庁の官僚系の聖職者と俗人、三、教会改革派の聖職者、以上の三派の間で錯綜した党派抗争が展開されていた(6)。教皇ヨハネスはもちろん、第一の都市貴族家門を基盤とする勢力の象徴である。

一一月六日、サン・ピエトロ教会において教会会議が開催された。事実上のヨハネス罷免裁判である。会議の場ではリウトプランドが皇帝の通訳の任を担った。「ローマ人は〔皇帝の〕本来の言語、すなわちザクセン語を理解できなかったので、皇帝はクレモナ司教リウトプランドに対し、以下の演説をラテン語ですべてのローマ人に向け伝えるよう命じた」（『オットー史』一一章）。公式の議事録は伝存しておらず、リウトプランドの党派的な文書が唯一の史料である。出席した司教は、ローマと周辺の二五名をはじめとして計四〇名以上にも及んだ。

不在の教皇に向けて数々の非難——教会法に反する聖務執行、金銭を得ての叙階、偽誓、寡婦・父の愛妾との姦通、狩猟への耽溺《たんでき》、助祭枢機卿の去勢と殺害、武器の携行、サイコロ遊びでローマの異教の神々の名を呼び叫んだこと等々——が読み上げられ、出席者はそれが事実で

6―4　オットーの皇帝印璽
（966年、DOI 331）（マクデブルク、ザクセン・アンハルト州立文書館蔵）

あることを一致して認めた。併せて、申し開きのため裁判の場に姿を現すよう教皇に要請する使者を遣わすこととなった。

召喚状を読んだヨハネスは、出廷を拒否するとともに、新教皇の選出を企む者たちを破門をもって威嚇した。一一月二二日に同じ場所で開催された会議は、さらなる召喚状を送ることを決議した。ところが、ローマ近郊のティヴォリを訪れた使者は、それを当人に手渡すことができなかった。ヨハネスはこのとき、教会法では聖職者に禁じられていた狩猟の真っ最中で、不在だったのである。

そして、ついに一二月四日の会議は、三度に及ぶ召喚に応じなかった「背教者」ヨハネスの事実上の罷免を決議した。新教皇に選出されたのは書記長レオである。俗人であったため、二日後の教皇への叙階式に先立ち、守門《しゅもん》に始まり司祭に至るまでの七つすべての品級の叙階を、教会法に反して一挙に授けられた。レオは、都市貴族家門を代表するヨハネスに批判的な官僚系の聖職者と俗人グループによって支持されていた。ローマ市民は叙階されたレオ八世に対し誠実宣誓を立てた。

「教皇はいかなる者によっても裁かれない」――中世初期まで遡る教会法上の大原則である。

このときオットーは事実上それを無視した。かつてマインツ大司教フリードリヒとは幾度も衝突したが、罷免に至ることはなかった。カール大帝も、皇帝戴冠に際して教皇レオ三世（在位七九五～八一六年）の行状に対する非難に頭を悩ませたが、教会法に敬意を払って裁判は回避した。

この断固たる行動は、今や皇帝としての高みにまで昇ったオットーの自信と責務の自覚を示すものであろう——教皇は、聖ペテロの後継者として確かに最高位の聖職者である。だが、同時に彼はローマの一司教であるにすぎず、西欧カトリック世界における最高の権力者たる皇帝に対して絶対的な忠誠を義務付けられている、と。敢えて俗人の書記長を新教皇に擁立したのは、ローマの教皇庁に集う既存のエリート聖職者集団に対する根強い不信感の表れであった。

オットーはこのとき五一歳、まさにその権力の頂点にあった。

ヨハネスの最期

オットーは降誕祭もローマで祝した。「永遠の都」での滞在は実に二ヶ月に及んだ。彼を喜ばせたのは、ガルダの陥落、そしてサン・レーオ山のベレンガーリオの降伏を伝える朗報が、降誕祭の前後に相次いでもたらされたことである。かつてのイタリア国王は妻ウィッラとともに捕らえられ、バイエルンのバンベルクへと追放された。娘たちは皇后アーデルハイトが引き取った。その二年半後の九六六年、ベレンガーリオは流謫《るたく》の地にて六六歳前後の高齢で死去し、寡婦となったウィッラは修道女の袈裟を纏った。

この時点で、暴君のイタリア国王と不埒な教皇、そのいずれをも斥けたオットーは遠征の成功と終了を確信していた。長期にわたり忠誠を尽くしてきた遠征軍を解散し、大半はアルプス以北の故郷に帰還させることとした。

ところが、ローマはまさに伏魔殿である。一二月末に皇帝の軍隊がローマを退去したとの報せに接したヨハネスは、市内に密使を送り込み、蜂起を煽動《せんどう》させたのである。しかし、市民による皇帝暗殺の謀議はたちまちにして露見した。九六四年一月三日、オットーはわずかの家来たちをもって攻撃を加え、少なからぬ数の者たちを殺害した。ローマ市民は再び到来し、一〇〇名の人質を差し出すと、皇帝と教皇に対する忠誠を聖ペテロの亡骸に懸けて誓約した。

しかし、ローマ人を慈悲の心をもって寛大に扱う方策は、またしても裏切られることになる。一月一一日、アダルベルトがスポレート地方にいるとの報せに接したオットーは、当地を発った。人質は、皇帝不在中の報復を恐れたレオの懇請により市民に返還された。リウトプランドは、このとき教皇を一人ローマに残したことについて名言を書き留めている——「教皇をローマ人の誠実に託すること、それは小羊を狼の群れに託するようなものだ」(『オットー史』一八章)。

「だが、この者たちはかかる善行に感謝することなく、皇帝がまだかの都市からなお遠ざかっていないにもかかわらず、オッターヴィオとも呼ばれたヨハネスが市内に入ることを許し、皇帝と教皇に対して約束した忠誠を恥じ入ることなく破ったのである」（アーダルベルト『レーギノ年代記続編』九六四年の項）。二月のことである。アーダルベルトが敢えてヨハネスの洗礼名を用いたのは、教皇としての正統性を否認するためである。彼を市内に呼び入れたのは、リウトプランドによればローマの愛人たちの仕業であった。教皇レオはわずかの側近とともに辛うじて脱出に成功、遠征先のオットーの元へと奔った。

都市ローマの支配権を奪還したヨハネスは、敵方に残酷な報復を加えた。九六〇年にオットー招請の使節に立てた助祭枢機卿ジョヴァンニは舌と鼻と右手の指二本を、書記アッツォーは右腕を切断され、オットー側に引き渡された。偽誓、偽文書作成などの罪に対する反映刑（同害報復）である。留守役として市内に残っていたシュパイアー司教オトガーについては、鞭打《むちう》ちに処した後に監禁した。

次にヨハネスは、二月二六日から三日間にわたりサン・ピエトロ教会で教会会議を開催した。前年末の教会会議の無効を決議し、レオの教皇選出の不当性を教会法に則して弾劾するためである。この場にはローマとその周辺から司教一六名が参集した。先にレオの教皇叙階式を執行した司教枢機卿三名のうち、祈禱を捧げたアルバーノとポルトの両司教は謝罪した。聖別を授けたオスティア司教は姿をくらましたため、その地位を剝奪された。

それにしても、ローマ人の変わり身の素早さは見事というほかない。先にヨハネスを断罪したばかりの司教たちの実に三分の二が、この対抗教会会議の場に参集したのである。なお、皇帝側の二人の歴史叙述者、リウトプランドとアーダルベルトは、この会議については完全に沈黙している。

だが、ヨハネスの抵抗もここまでであった。三月にはシュパイアー司教を解放したものの、すでにオットーは、ローマ攻略のために追加の軍隊をアルプス以北から召集していた。その規模を推定する手掛かりとして、息子の皇帝オットー二世が、九八一年にやはりイタリアの地から要請した重装騎兵の追加派遣リストが伝わっている。マインツとケルンの両大司教、シュトラースブルク司教は各一〇〇名、ヴァイセンブルクとロルシュの両修道院長は五〇名……計二一〇〇名となる。重装備の騎兵は一人ないし二人の従者を必要としたので、戦士の総計は四〇〇〇〜八〇〇〇名に上る。そのほぼ四分の三は、国王奉仕を課された聖界諸侯の負担であった。この数値は父のケースについて直ちに一般化することはできないが、参考にはなるであろう。

さて、オットーは、補充部隊の到着を待ってスポレート地方から出陣した。五月中旬頃、三度目となる入市を目指してローマまで二日の行程のリエーティに到着した。そこに市民からの火急の使者が到来した。もたらしたのは、ヨハネスが五月一四日に急死したとの報せであった。まだ二七歳前後の若さである。卒中の発作によるものと思われる。もっとも、リウトプランドによれば、ローマ市外である夜に既婚婦人と同衾中に悪魔に襲われて八日後に死去し、悪魔の唆《そそのか》しにより終油《しゅうゆ》の秘蹟《ひせき》を受けることもなかった、という。死に臨んで罪を贖わなかったことは、地獄に堕ちて永遠の劫罰《こうばつ》に苦しむことを意味する。それは、この不埒な背教者の罷免の妥当性を裏付ける何よりもの証しであった。

再びの教会分裂

ヨハネスの頓死《とんし》、レオの復位で一件落着となるかに思われた——。

ところが、先のローマ市民の使者は、新教皇擁立への皇帝の同意を要請してきたのである。推されたのは教皇庁の助祭枢機卿ベネディクトゥスである。ヨハネスとは対照的に、敬虔にして高い教養を有する謹厳実直な人柄で、多くの信望を集めていた。推したのはローマの第三の党派である教会改革派の聖職者であった。だが、オットーはこの申し出を断固拒否した。それを認めることは、ヨハネス罷免、レオの教皇選出の正当性を自ら否定することになるからである。

しかし、レオを嫌う市民は五月末、前年一一月と一二月の皇帝・教皇に対する誓約をまたしても無視し、ベネディクトゥス五世の教皇任命を強行した。オットーはローマへの進軍を再開した。「そして、かの都市を全方向からの堅固な包囲によって封鎖し、いかなる者であれ市外に出ることを阻止した。ところが、前述の偽って教皇と呼ばれたベネディクトゥスは、皇帝に対して引き続き抵抗するようローマ人を焚き付け、皇帝とその忠誠なる者たちを破門をもって威嚇した。さらに、自ら市壁の上に登り、教皇にはふさわしからぬ酷く傲慢な振る舞いを示したのである」（アーダルベルト『レーギノ年代記続編』九六四年の項）。六月半ばのことである。

だが、包囲による飢餓と窮乏に苦しめられた市民は六月二三日、ついに市門を開き皇帝の軍門に降った。六月末、復位した教皇レオは、ベネディクトゥス罷免のためにラテラーノ大聖堂で教会会議を開催した。「ローマの座〔教皇位〕の簒奪者ベネディクトゥスを全員の裁きによって簒奪した地位から罷免すると、彼が纏っていた教皇の肩衣《パリウム》を剝ぎ取り、その手から司教杖を取り去り、それを全員の眼前でへし折った」（同前）。かつての「屍体裁判」（二二五頁）と同じく、「公の場」での可視化された劇場的演出である。ベネディクトゥスの身柄はハンブルクへと移送された。北辺の最遠の地にて流謫の身で亡くなったのは、おそらくは翌年のことである。

前年の六月以来続いた教皇庁の混乱は、これでひとまず鎮静化することとなった。リウトプランドの『オットー史』の叙述もここで終わる。ただし、各党派間の抗争は以後もなお水面下でくすぶり続けることになる。

祖国への帰還

オットーは六月末までローマに滞在し、その後、酷暑を避けるため北に向かった。しかし、やや時機を逸してしまったようである。軍隊内において致死率の高い危険な疫病が発生し、聖俗諸侯をはじめとする多数の死者が出たのである。「健常者でも朝には夕べまで、夕べには朝まで生きているとの希望をほとんど抱けぬ有様であった」（同前）。疫病の正体はマラリアか赤痢であったと推定されている。特に夏のイタリアでの疫病は、アルプス以北から到来した軍隊にとっては常に脅威であった。息子リウドルフの病死についてはすでに触れた。やはり「オットー」と命名された息子の二世、孫の三世も、実はそれぞれ二八歳、二一歳の若さでイタリアの地でマラリアに襲われ早世する運命にある——。

その後パヴィーアに無事到着したオットーは、同地に長期滞在した。ルクマニア峠経由でアルプスを越えたのは翌九六五年一月である。「皇帝はパヴィーアで降誕祭を祝い、祝祭の終了後イタリアでの統治の案件を処理すると、直ちに祖国へと向かった。息子の国王オットーと大司教ヴィルヘルムが、彼をフランケンとアレマニエン〔シュヴァーベン〕の境界に位置するハイムスハイムの村で出迎え、ここで大いに歓待した」(同九六五年の項)。

二人の息子たちはなぜ、長きにわたる遠征をようやく終えて帰還した父を、シュヴァーベン——たとえば、オットーがその直前に訪れたザンクト・ガレン修道院やライヒェナウ修道院——ではなく、はるか手前の一寒村で出迎えたのであろうか。このとき両者に随行していたアーダルベルトの認識では、シュヴァーベンは確かに皇帝にとっての「祖国」の一部ではある。しかし、王国統治の二重構造（一八七頁）という政治的現実を前に、息子たちは、支配実践を著しく制約された「国王支配の遠隔地帯」に立ち入ることを回避した。二人は、「直接的な国王支配領域」であるフランケンの境界地で父を待ち受けねばならなかったのである。

第二次イタリア遠征の三年四ヶ月という期間は、皇帝位の獲得、武力による都市ローマとイタリア王国の軍事征服という克服すべき課題の困難さ、あるいはその後一四五二年まで続くローマでの皇帝戴冠の歴史を振り返るならば、必ずしも長いとは言えない。成功裏に終わった要因の一つは、強大な軍事力の効果的な投入と追加補充の成功、それに疫病が猛威を振るう夏のローマなどでの滞在を巧みに避けたことにある。

ティートマルは、バイエルン大公ハインリヒの孫の国王ハインリヒ二世が、半世紀後の一〇一四年にローマでの皇帝戴冠を無事に終えて帰還したときの様子を、次のように記している。

その後、皇帝は、まったくの見事さと栄光をもってアルプス越えの困難を克服し、我々の静穏な地方に足を踏み入れた。かの地方の気候も人間の性質も我々には適さない。ローニャ地方とランゴバルド地方では、嘆かわしきことに多くの奸計が蔓延《まんえん》している。そこに到来する者は、ほとんど好意を寄せられることはない。客人は、必要とする物すべてを金銭で、しかも騙されて買わねばならない。多くの人々は毒を盛られて死ぬ。

(『年代記』第七巻二章)

民族性に関するこの種のステレオタイプ化された偏見は、著者の「イタリア体験」の欠如に起因する。だが、それがザクセンにおける大方の認識であったことも、おそらくは確かである。

第七章
エルベを越えて
——キリスト教伝道の使命

オットー父子とパンドルフォ父子

オットー父子とパンドルフォ父子

復活祭のミサで朗唱されるテクストと挿図が書かれている巻物（Exultet Roll）。969年以降、ヴァティカン図書館蔵（Cod. Vat. lat. 9820）

皇帝父子を描いた唯一の同時代の肖像画であることが、中世史家のJ・ラウダーゲにより近年確認された（Laudage, *Otto der Grosse* (*912-973*), S. 337）。左列の冠を被り緋色のマントを纏っているのが皇帝オットー1世、後ろの同じく緋色のマントを纏っているものの冠と髭を欠く若者が、息子の共同皇帝オットー2世。右列の黄金の首飾りを付けているのがカープア侯、スポレート大公パンドルフォ1世（〝鉄頭〟）、その後ろが息子のランドルフォ4世。

969年5月26日、教皇ヨハネス13世主宰のローマの教会会議で、ベネヴェント司教座を大司教座に昇格することが決定された（252頁）。図像は、この慶事を後世に伝えるために描かれたと考えられる。

1　家族の絆

西欧の家長として

このとき、オットーは興奮し、心を躍らせていた——。

無事の帰還を心待ちにしていた家族との久方ぶりの再会である。九六五年五月一四日の聖霊降臨祭からほどなくして、弟ブルーノのお膝元のケルンで盛大な宮廷会議が開かれた。それは三世代にわたる王家の面々が一堂に会する歓びの場となった。

オットーとブルーノの兄弟以外に出席者として確認されるのは、母のマティルデ、妹の西フランク王妃ゲルベルガとその息子の国王ロテール、娘のマティルデと息子の国王オットー二世、甥のバイエルン大公ハインリヒ二世とその母ユーディットである。

この場では、ロテールと皇后アーデルハイトの娘エンマの結婚、それに皇后の兄のブルグント国王コンラートとゲルベルガの娘マティルデの結婚が、各々取り決められた。オットーは言わば「西欧の家長」としての傑出した地位を手にしたことになる。かつての大フランク帝国を構成した四つの分王国のうち、東フランクとイタリアの両王国を皇帝として直接統治するのみならず、今や西フランクとブルグントの両王国をも間接的ながらその宗主権下に置くことになったからである。

もっとも、このときの歓喜は、同年一〇月一一日にブルーノがまだ四〇歳でこの世を去ったことで曇らされることになった。オットーの弟はケルン大司教、ロートリンゲン大公、それに国王ロテールの事実上の摂政として西方の副王的任務を担っていた。このときは二人の甥たち、すなわちロテールとユーグ・カペーの間の内紛を仲裁するため西フランクに赴いていたが、病を得てランスの地で死去したのであった。最も信頼できる、かけがえのない支柱を失ったオットーは、一二月に再びケルンを訪れ、新人事による体制の立て直しを図っている。

この訃報に先立ち、五月二〇日には長らく辺境伯として君臨し、スラヴ人との歴戦で名を馳せたゲーロも死去していた。オットーは、実はスラヴ人との戦いにはあまり参加していない。その代わりゲーロが、この間にザクセン大公に任じられていたヘルマンとともに常に背後を固め、エルベ川を越えてオーデル川に至るまでの西スラヴ系諸民族を次々に征服し、国境を大きく東方に向け拡大したのである。ゲーロは二年前の九六三年、エルベ川およびオーデル川の上流域に定住するラウジッツ族を相手に、自ら深傷《ふかで》を負いながらも勝利を収めていた。さらに、この頃オーデル川以東で急速に勢力を伸長しつつあったポーランドの建国者ミェシコ一世をも屈服させ、その領土の一部について貢納を課した。

もっとも、勇将ではあるものの、敗者となった異教徒に対する仕打ちは残忍さを極めた。九五五年夏のレヒフェルトの戦いの後の秋に、オットーとともに指揮した北辺のオボトリート族討伐遠征の顚末について、ヴィドゥキントは次のように伝えている。

この日にはまた、敵の陣地も攻略され、多数の人間が殺されるか捕虜となった。殺戮は、深夜に至るまで続けられた。翌朝、〔オボトリート族の〕小王の首は戦場に晒され、その周りでは七〇〇人の捕虜が首を刎《は》ねられた。かの者の側近たちは、眼を潰され、舌をくり抜かれた上、屍《しかばね》の中にそのまま放置された。

（『ザクセン人の事績』第三巻五五章）

ゲーロの死後、オットーは、東方の守りをより効果的に再編成すべくその広大な管轄領域を六つの辺境伯領に再分割し、在地の有力貴族を各々辺境伯に任命した。なお、ミェシコは服従直後の九六三／九六四年、ベーメン大公ボレスラフ一世の娘と結婚し、妻の影響でキリスト教に改宗した。ポーランドがカトリック世界の仲間入りをしたのはこのときのことである。

オットーの破門？

皇帝位獲得後に残された懸案は、エルベ川畔の大司教座設置問題である。オットーは九六五年七月、マクデブルク滞在中にハルバーシュタット司教ベルンハルトと協議した。しかし、司教の側から譲歩を引き出すことはできなかった。翌九六六年の復活祭（四月一五日）の祝いに際して、オットーの娘マティルデがわずか一一歳にしてクヴェトリーンブルク女子修道院の院長に就任した。一〇世紀末に執筆された『ハルバーシュタット司教事績録』は、多数の司教たちが参列したこの慶事に関連して一つの興味深いエピソードを伝えている。

それによれば、復活祭の儀典に先立ちベルンハルトがオットーに向かって激しく抗議した。これに立腹した皇帝は司教を捕縛して投獄させた。聖木曜日（四月一二日）、司教は皇帝を獄に呼び寄せた。オットーはベルンハルトがついに圧力に屈したかと考えたのだが、獄中の司教は祭式用の正装を纏っており、何とその場で皇帝を破門に処したというのである。その後、オットーは自らの罪を後悔して贖罪服を纏い、この間に解放されてハルバーシュタットに戻っていた司教の元に向かい、その足下に身を投げ出して赦しを請うた。結局ベルンハルトは破門を解いたが、その条件として己の命ある限りマクデブルク問題を二度と議論の俎上《そじょう》に載せない、との約束を取り付けた、という。

このドラマティックな叙述の真偽をめぐっては、研究者の意見が二分されている。いずれにせよ、事件から数十年の時を経たハルバーシュタット司教教会筋では、皇帝の不当な要求に対する司教の果敢な抵抗が逸話として語り伝えられていたことは確かである。表面には出てこないが、マインツ大司教ヴィルヘルムに加えて、複数の女子修道院の権益を有するオットーの母マティルデも、新大司教座の設置については慎重な姿勢を取っていたようである。

問題を予期せぬ解決へと導いたのは、三度目となるオットーのイタリア遠征、そして当事者たちの相次ぐ死であった。

第三次イタリア遠征の開始

祖国での滞在はわずか一年半余りで切り上げとなった。九六六年秋、オットーを再びイタリアの地へと呼び戻したのは、またもや教皇庁をめぐる都市ローマの混迷状況であった。

前年の九六五年三月初頭、教皇レオ八世が死去した。今回はローマ市民も慎重に対応した。夏頃、後継者の選出に際して皇帝に向け使者を送って寄越し、その望みの候補を教皇に擁立するとの意向を伝えてきたのである。オットーは、帰還する使節とともにシュパイアー司教オトガーとクレモナ司教リウトプランドをローマに遣わした。一〇月一日に教皇位に就いたヨハネス一三世は、当時急速に台頭しつつあった有力都市貴族クレシェンツィ家、すなわちテオフィラット家の親族の生まれであったと推定される。都市貴族家門の支持を得て選出されたことは明らかである。ただし、この間七ヶ月もの期間を要したことは、皇帝側による舞台裏での三つの党派間の利害調整がうまく機能せず、合意形成《コンセンサス》が困難であったことを示唆している。

ところが、わずか二ヶ月後の一二月一六日、ヨハネスは早くも追放・監禁の憂き目に遭う。「だが、教皇は、ローマ人の有力者たちを直ちに然《しか》るべき以上の高慢な心をもって弾圧したため、ほどなくして彼らが教皇に対して極めて敵対的で嫌悪していることを思い知る結果となった。すなわち、教皇は、都市総督とロトフレドなる者によって捕らえられ、都市から追放されてカンパーニャ地方で監禁されたのである」（アーダルベルト『レーギノ年代記続編』九六五年の項）。

「ローマ人の有力者たち」とは、前教皇レオ八世を支持した官僚系の聖職者と俗人の党派を指す。紛争の原因は、教皇が親族のクレシェンツィ家を優遇したことに対する不満であったと考えられる。教皇を捕縛した都市総督はピエトロ、ロトフレドは追放地のカンパーニャ地方の伯である。これまで幾度となく繰り返されてきた光景の再現である。

もっとも、翌九六六年になると状況は大きく転換する。教皇を監禁していたロトフレドは、クレシェンツィ家の者の手で殺害された。ヨハネスは逃走し、カープア侯パンドルフォ一世に庇護を求める一方、初夏にはザクセンに滞在中のオットーに救援要請の使者を派遣してきたのである。ローマ市民が暴動を起こしたのは、皇帝ではなく教皇に向けてであったが、その事実上の任命者であるオットーにとって、救援要請は無視することのできない重みをもっていた。また、「永遠の都」に対する皇帝の支配は独自の統治機構を欠くものであり、〝現場〟における皇帝自らのプレゼンスがなおさら不可欠であった。

八月中旬、オットーは五年前と同じくヴォルムスに宮廷会議を召集し、皇后を伴った出立に際して一〇歳の息子を再び後見役のマインツ大司教ヴィルヘルムの手に託した。ただし、今回は軍事征服が目的ではないので、遠征軍の規模は小さい。エルザスのシュトラースブルク、クールを経てセプティマー峠からアルプスを越え、ローマへと向かった。結果的に六年近くの異例とも言うべき長期に及んだ第三次イタリア遠征（九六六～九七二年）の開始である。

ところが、皇帝軍到来の報せに接したローマ市民は恐れをなし、一一月一四日、教皇ヨハネスに赦しを請い、再び教皇の座に迎え入れた。降誕祭前にはオットーもローマに到着し、ヨハネスとともに厳かに主の生誕を祝した。

2　最後のイタリア遠征

混乱の収拾と南イタリア情勢

年が明けて九六七年の一月初頭、皇帝と教皇はサン・ピエトロ教会において教会会議を共催した。その後、オットーが教皇追放劇の関係者に下した処罰は極めて厳しいものであった。

ローマ人の首謀者一三名は絞首刑に処された。それ以外の者たちはアルプスの彼方に追放となった。すでに死亡していた伯ロトフレドほかの亡骸は、墓から掘り出され、ローマ市外に遺棄された。逃走した都市総督ピエトロはその後捕縛され、教皇に引き渡された。

ヨハネスは、総督の髭を剃《そ》らせた後、居館であるラテラーノ宮殿の前の広場に立つ五賢帝の一人マルクス・アウレリウス・アントニヌス（在位一六一～一八〇年）の騎馬像——なお、中世人はこれを宮殿を建造したコンスタンティヌス大帝の像と誤解していた——に髪の毛で吊《つる》させた。その後、ピエトロは裸身でロバの上に後ろ向きで座らされ、その尻尾を手で握りしめたまま鞭打たれ、観衆の嘲笑と罵倒の声を浴びせられながらローマ市内を引き回された。教皇が

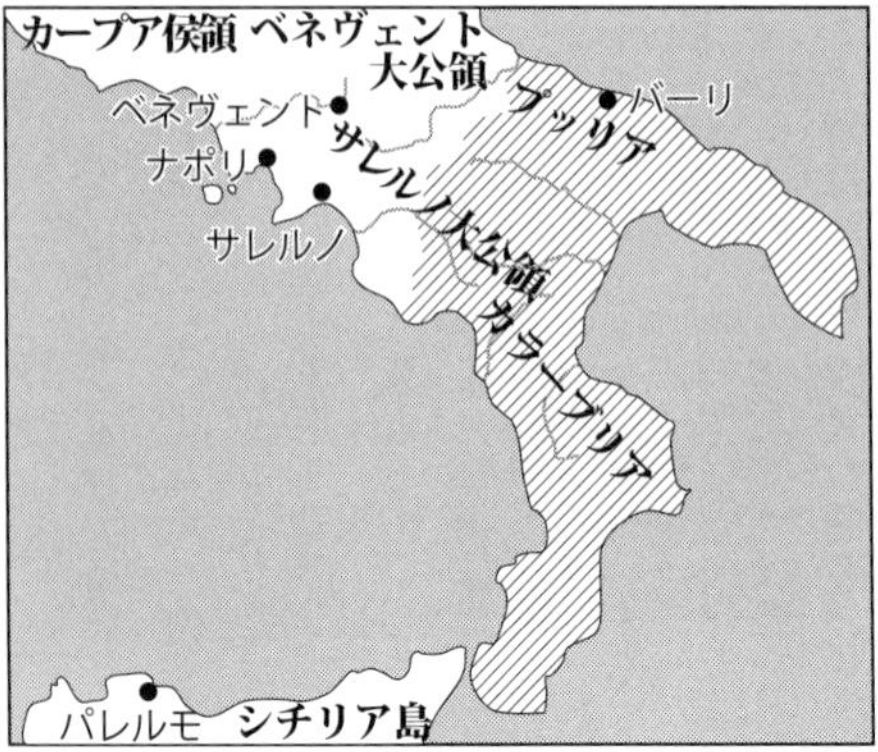

7—1　ランゴバルド系諸侯領とビザンツ軍管区（斜線）

科したこの恥辱刑は、実はビザンツ＝ローマ法を適用した処罰である。ピエトロは牢獄での長い日々を経て三月初頭頃、同じくアルプス以北に追放となった。この苛酷とも言うべき処罰が効いたのか、以後ローマで叛乱が起きることは、少なくともオットーの滞在中には二度となかった。

　オットーが五四歳という当時としては相当の高齢であるにもかかわらず、三度目のイタリア遠征を決意したのには他にも理由がある。一〇年来の懸案であるマクデブルク問題の解決、それに南イタリアへ向けての勢力伸長である。

　一月の教会会議の場には、先に教皇を庇護したカープア侯パンドルフォの姿もあったと推定される。〝鉄頭〟とあだ名された南イタリアのランゴバルド系諸侯の勇将は、褒美としてオットーから中部イタリアのスポレート大公領を授けられ、皇帝の家臣として誠実宣誓を立てた。もっとも、オットーがカープア侯と同盟を結んだことは、南イタリアにまで勢力を拡大する意思表明であると同時に、今後ビザンツ皇帝と深刻な対立関係に陥ることをも意味していた。

当時、南イタリアは、在地のランゴバルド系諸侯（カープア侯、ベネヴェント大公、サレルノ大公）、隣接するプッリアとカラーブリアの両地方を軍管区《テマ》として統治するビザンツ帝国、シチリア島を根城に略奪活動を繰り広げるイスラーム教徒、これら三勢力が互いに睨《にら》み合う複雑な状況にあった。ビザンツは、これまで上記のランゴバルド系の諸侯領に対し、名目的とはいえ宗主権を主張し、貢納を課していた。そこにオットーが横から割り込んできたのである。

オットーはローマでの会議の後、カープアを経て南下した。二月中旬にはベネヴェントを統治するパンドルフォの弟に皇帝としての宗主権を認めさせた。サレルノ大公もこれに倣った。「南イタリア領有問題」の始まりである。それは第三次遠征が長期化する主たる原因となった。

南イタリアから北上して向かった先は、アドリア海に面した古都ラヴェンナである。

「マクデブルク問題」の解決

ラヴェンナは、パヴィーアと並んでオットーがイタリア遠征中最も頻繁に滞在した北イタリアの統治拠点である。かつて、東ゴート国王テオドリック（在位四七一～五二六年）がその首都に定め、王国がユスティニアヌス大帝（在位五二七～五六五年）によって滅ぼされて後は、イタリア半島のビザンツ帝国領を管轄する総督府が置かれていた。七七四年にランゴバルド王国を征服したカール大帝が後年アーヘンに建立した聖マリア教会は、ビザンツ時代に建てられたラヴェンナのサン・ヴィターレ教会を範としたし（七七頁）、隣接する王宮の中庭に据えられたテオドリックの騎馬像も、ラヴェンナから運び出されたものである。オットーもこのとき、市外のチェーザレアに新たに王宮を建造させている。

三月三一日、皇帝と教皇は同地でともに復活祭を祝した後、四月中旬にイタリアの各地から六〇名以上もの司教が参加した一〇世紀では最大規模の教会会議を共催した。幾多の重要な問題の協議と並んで、大きな進展を見せたのが懸案の「マクデブルク問題」である。エルベ川畔の地に新大司教座を創建し、既存のハーフェルベルクとブランデンブルク、新設のメールゼブルク、加えてツァイツとマイセンの計五つの司教座を属司教区として従わせることがついに決せられたのである。このときヨハネスが大司教座設立を承認した教皇証書は、「尊厳なる皇帝オットーは、（中略）ローマを再び全世界の頭《かしら》にしてすべての教会の頭に復させた」と褒《ほ》め称《たた》えたのみならず、「歴代皇帝たちすべての中で、コンスタンティヌス以降、第三の最も尊厳なる者」と最大級の讃辞を与えている。(1)「第二」として理解されているのはカール大帝である。

だが、これで決着がついたわけではない。マインツ大司教とハルバーシュタット司教は、この会議に参加しておらず、両者の承認はまだ得られていなかったからである。それを実現へと導いたのは、当事者たちの相次ぐ死という偶然であった。翌九六八年二月三日、実に四四／四五年間もその座にあったハルバーシュタット司教ベルンハルト、三月二日にはまだ四〇歳にも満たないマインツ大司教ヴィルヘルムが死去したのである。さらにこの件に慎重だった七二歳前後の母マティルデも一四日に逝去した。亡骸はクヴェトリーンブルクに眠る夫の横に埋葬された。「生涯を通じて愛し続けたこのお方と、死においても一つに結ばれること、それが生前に彼女の常に切望していたことであったから」（ティートマル『年代記』第二巻一八章）。

オットーは、一〇月初頭に再びラヴェンナの地に会議を召集した。二人の高位聖職者の後任人事に際し、オットーはラヴェンナで候補者と直に面談した。その際、新大司教座設置の承認を叙任のための踏み絵とした。新マインツ大司教には、側近のフルダ修道院長ハットーが充てられた。彼は躊躇《ためら》うことなく同意を与え、文書にも認《したた》めた。

一方、ハルバーシュタットの司教座聖堂参事会が選出したのは、ベルンハルトが生前に後継指名していた主席司祭ヒルデヴァルトである。司教候補は、面と向かって司教区の一部の割譲を迫る皇帝の圧力に必死に抵抗した。しかしながら、最終的には要求に屈さざるをえなかった。「かかる贈り物に大いに満足した皇帝は、その手を取り、杖をもって司牧者の職を託した。そのとき、皇帝は語りかけた——「これをもって、汝の父の人命金を受けるのだ！」」（同二一章）。

叙任式における通例の文言は、「これをもって、教会を受けるのだ！」である。「人命金」とは、ゲルマン法において、殺人事件の加害者が刑罰を逃れるべく贖罪金として被害者と国家に支払う金で、損害賠償金と罰金の双方の性格を帯びていた。金額は身分その他に応じて異なる。実はヒルデヴァルトの父は、九四一年のオットー暗殺未遂事件（一〇七頁）の謀議に連座し、殺害されていた。それゆえ、この発言は、オットーがかつて命じた父への断罪が過ちであったことを認め、その罪を息子への司教位授与によって贖った、と解釈されるのが一般的である。しかし、これには異論もあり、司教区の一部を割譲したハルバーシュタット司教に対する財政的補塡《ほてん》が含意されているとの見方もある。いずれにせよ、このとき二人の間にいかに強い緊張関係がみなぎっていたか、それを伝える逸話である。

マクデブルク大司教座と異教徒伝道

紆余《うよ》曲折《きょくせつ》の末にオットーが初代マクデブルク大司教に指名したのは、『レーギノ年代記続編』の著者アーダルベルトであった。九六六年以来エルザスのヴァイセンブルク修道院長の要職にあり、前年の九六七年末にオットー二世に随行してローマに到来していた。新大司教座の最大の任務はエルベ川以東のスラヴ人への伝道であり、かつてのキエフ大公国での伝道経験が買われたのである。アーダルベルトはラヴェンナからローマに戻り、一〇月一八日に教皇ヨハネスから大司教位の象徴である肩衣《パリウム》を拝領した。その後急ぎアルプスを越えた新大司教は、降誕祭にマクデブルク大司教教会の座に着き、メールゼブルク、ツァイツ、マイセンの新司教を叙階した――。

ティートマルは、スラヴ系住民の異教信仰や習俗に関する幾多の貴重な証言を書き留めている。アニミズムと豊饒信仰については先に紹介した（二五頁）。スラヴ語による説教の難しさについては、初代メールゼブルク司教ボーゾ（在位九六八～九七〇年）の逸話を伝えている。

7―2　マクデブルク大聖堂

自らに託された人々に対し、より容易に教えを授けるために、このお方は指示をスラヴ語で書き記し、また彼らに対して“Kyrie eleison”、“主よ《キリエ》、憐れみ給《エレイソン》え”を唱うように求め、そのありがたみを説明した。ところが、心なき者たちは、悪意をもってこの文言を“vkrivolsa”へと侮蔑的に曲解したのである。我々の言葉でその意味するところは、“茂みの中に榛《はしばみ》がある”となる。「ボーゾがそう言ったのだ」と彼らは主張したが、それはかのお方の説明とは異なるものなのだ。

（『年代記』第二巻三七章）

さらに不詳の地リーデゴストに立つレダーリ族の政治的・宗教的中心地たる神殿城塞の描写、そこで繰り広げられる異教の不可思議な祭祀《さいし》、彼らの統治・裁判組織に関する叙述は極めて印象的である。神殿城塞の不気味な姿のみ紹介する。

レダーリ族の地域にリーデゴストと

いう名の城塞がある。三つの角の形で三つの門を構えており、四囲は住民にとっては不可侵の神聖にして巨大な森で囲まれている。二つの門は人々の出入りのために開かれている。第三の門は東方に面しており、最も小さい。その小道は、近くに位置する不気味な光景の湖へと通じている。城塞内に見出されるのは、見事な木造の神殿以外には何もなく、その土台は様々な獣の角で造られている。外壁は見分けることのできる限りでは、様々の神々と女神たちの不可思議な彫刻で飾られている。内部には手作りの神々が立っており、各々に名が刻まれている。神々は、恐るべきことであるが、兜と鎧で身を固めている。最高の神はスヴァロツィクと称し、異教徒たちは皆、他の神々にも増してそれを崇拝し敬愛する。それらの軍旗の持ち出しが許されるのは戦時のみであり、それができるのは歩卒に限られる。

（同第六巻二三章）

「最高神スヴァロツィク」については、若き日にティートマルとともにマクデブルクの大司教座聖堂学校で学び、後に異教徒伝道大司教に叙階されたクヴェーアフルトのブルーノ（九七四／九七五～一〇〇九年）が、一〇〇八年に国王ハインリヒ二世に宛てた書簡中でも、端的に「悪魔」として言及している。なお、ブルーノはその翌年、一八人の仲間とともにポーランド東方で伝道活動中に壮絶な殉教死を遂げることになる。

ともあれ、念願の「マクデブルク計画」はついに実現に至った。もっとも、課題は多々残されている。マクデブルクとメールゼブルクの両司教区に自らの司教区の五分の一の領域を割譲したハルバーシュタット司教教会は、以後経済的に疲弊し、前二者とは摩擦が絶えなかった。また、奥まった地に位置するメールゼブルク司教教会は、王国内では最も小さくかつ貧しく、伝道活動によってエルベ川以東に司教区を拡張する可能性はもとより閉ざされていた。このため、オットー歿後の九八一年、同司教区は息子の二世の同意を得て解体されることになる。

さらに、九八三年には、ザクセン人の苛斂誅求《かれんちゅうきゅう》に耐えかねたエルベ＝オーデル間の西スラヴ系諸民族が、レダーリ族を中心に「リュティチ同盟」を結成して異教に舞い戻り、エルベ川中流域に位置するブランデンブルク、ハーフェルベルクの両司教座を徹底的に破壊、略奪した。下流域のハンブルクも灰燼に帰した。オットーによって東方に向け大きく伸長した帝国とキリスト教の勢力圏は、再びエルベ川の線まで後退することとなるのである。

7—3　ティートマル　メールゼブルク大聖堂参事会員席（1500年頃）

メールゼブルク司教区は、最終的には一〇〇四年に再興されることになるが、司教区の一部は返還されず、難題は山積されたままであった。再興後二代目の司教となったのが『年代記』の著者ティートマルである。その主題は、「我々の教会〔メールゼブルク〕の創設と解体（中略）再興」および「この教会の管轄者」（第一巻序詩）の歴史を、オットー朝五代、一世紀にわたる歴代国王・皇帝の事績と併せて記録に残すことであった。

オットー二世の求婚使節

ここで今一度、九六七年のラヴェンナの春に戻る。皇帝と教皇による教会会議が開催されていた頃、郊外のクラッセの港にビザンツからの使節を乗せた船が到着したのである。

ビザンツ皇帝ロマノス二世は、九四九／九五〇年に妻ベルタ（＝エウドキア）（二四四頁）が夭折した後、テオファノと再婚した。コンスタンティノープルの市井《しせい》の酒場の娘（?）にして、「ビザンツ帝国史上最大の悪女」[2]として歴史にその名を残すことになる絶世の美女である。彼女は夫との間に、〃ブルガリア人殺し《ブルガロクトノス》〃の異名で知られる勇猛果敢な皇帝バシレイオス二世、享楽的なコンスタンティノス八世、それに娘アンナを産んだ。ところが、夫のロマノスは九六三年に狩猟中に事故死する。後継争いの混乱の中、後を襲ったのが、今回の使節を派遣してきた将軍皇帝ニケフォロス二世フォーカスである。オットーと同年齢の約五五歳である。

ニケフォロスは、小アジアのカッパドキアの名門軍事貴族フォーカス家の出で、生粋の軍人である。対イスラーム戦で活躍、クレタ島を奪還し東地中海の制海権を回復するという戦功を挙げた。後には、かつてのセレウコス朝シリアの首都でキリスト教の五本山の一つであるものの、当時はイスラームの支配下にあったアンティオキアを陥落させるという偉業も成し遂げることになる。彼は、皇帝としての地位にさらなる正統性を付与すべくまだ若い寡婦テオファノと結婚したのだが、両者の年齢は三〇歳近くも離れていた。

翌年にオットーの使節として彼に拝謁したリウトプランドは、武骨な老将軍の外見を次のように侮蔑的に描写している。

「彼は、大変奇形的な人物で、身の丈低く、頭が太っており、眼が小さいところはモグラのようでした。短く広く生えた、濃く半白の髪のために醜くなっており、指のような首によって醜悪さを増していました。髪の長さと豊かさでは豚〔のよう〕でしたし、色の点ではエチオピア人〔のように黒かった〕でした。「あなたは夜中にこの者に出会いたくはないでしょう」。

（『コンスタンティノープル使節記』三節）

一～二月のオットーによる南イタリア歴訪の報せは、コンスタンティノープル宮廷にはまだ達していない。ニケフォロスの使節は、親善と両帝国の良好な外交関係の維持を目的としていた。これに対し、四月末にオットー一世が返礼として遣わしたヴェネツィア人ドメニコの使節の目的は、一一歳の息子オットー二世のために「緋室生まれ」の皇女を后《きさき》に迎える求婚交渉であった。候補者は当時まだ四歳のアンナである。五月、故郷にいる息子に向け、父は教皇とともにローマへの招待の書簡を送った。降誕祭に共同皇帝として戴冠することで、ビザンツ皇女との結婚にふさわしい最高の地位と権威を与え、両者の婚姻を通じて両帝国の対等な関係を確立するためである。

しかし、オットーの構想はあまりにも楽観的であった。伝統と格式をことのほか重んじるコンスタンティノープル宮廷から見るならば、彼はローマ皇帝どころか、未開の北辺に蟠踞《ばんきょ》する蛮族生まれの一国王でしかない。「緋室生まれ」の皇女は外国の君主に降嫁させることなく、国内に留め置かれるのが慣わしである。しかも、春に派遣した使節は、オットーがビザンツの前庭である南イタリアを訪れ、ランゴバルド系諸侯の恭順と服従を迫ったとの報せをもたらした。婚姻を通じて「西」の支配者を「東」と対等な「ローマ皇帝」として承認するなど、僭越《せんえつ》にして厚顔無恥、非現実的な戯言《たわごと》にすぎない――。

ドメニコの交渉は当然ながら失敗に終わった。むしろ、彼は南イタリアの領有と「二皇帝問題」について、指示を逸脱する譲歩を誓約してしまった。空しく帰還したのは一二月二一日頃。

オットー二世の共同皇帝戴冠式は、予定通り降誕祭にサン・ピエトロ教会で盛大に挙行された。随行して来たアーダルベルトは、庇護者《パトロン》の晴れ舞台の叙述をもって作品の最後を飾る。

市の三マイル〔四・五キロ弱〕手前の地点で、極めて多数の元老院の人々により、十字架と旗そして讃歌を伴う歓迎を受けた。教皇猊下《げいか》は、聖ペテロ〔教会〕の壁段に坐して彼らを名誉をもって迎え入れた。翌日、教皇は国王オットーを、ローマの全人民の歓呼の中、聖ペテロの敷居《コンフェッシオ》の前で皇帝《カエサル》にして尊厳なる者《アウグストゥス》に任じた。そして、二人の皇帝が教皇猊下との間に取り結んだ大変喜ばしき提携について、我々とローマ人は少なからず歓喜したのであった。

（『レーギノ年代記続編』九六七年の項）

『コンスタンティノープル使節記』

年が明けて九六八年一月、オットーは再びカープア、次いでベネヴェントに歩を進めた。この当時、彼がいかにビザンツの戦力を不当に過小評価していたか、一月一八日にカープアからザクセン大公ヘルマンほかに宛てた書簡が如実に伝えている。

事態がいかなる方向に進むかはともかく、戦争という手段で我々に攻撃を仕掛ける意思は、神の思し召しによって、彼らは決して持ち合わせてはいない。もし、我々が意見の一致に至らなければ、彼らは、これまで有していた属州のプッリアとカラーブリアを譲らねばならないだろう。しかし、もし彼らが我々の望みに従うならば、我々は、今年の夏に余の后と余の同名の息子をフランケンに送り届けることになるであろう。余自身は、フレネでサラセン人を討伐した後、神の護衛を得て帰路に就き、それから汝たちの元に帰る所存である。

（ヴィドゥキント『ザクセン人の事績』第三巻七〇章）

その後、オットーは、ビザンツが支配する軍管区《テマ》プッリアの首都である港町バーリの包囲攻撃戦に着手した。軍事的圧力によってニケフォロスの譲歩を引き出す狙いである。しかし、バーリは、堅固な城壁によって防御されていた上、海路で外部から補給を確保できた。攻略は容易ではなかった。包囲側の致命的な弱点は、何よりも自前の艦隊を欠いていたことにある。

硬軟両様併せ持つオットーが打った次の手は、外交交渉に長けた使節の派遣である。白羽の矢が立ったのは、すでに二度の使節行を経験し、ギリシア語にも堪能なクレモナ司教リウトプランドであった。春、リウトプランド率いる使節がコンスタンティノープルを目指して旅立った。

ところが、ビザンツ皇帝ニケフォロスが婚姻同盟について提示した条件は、まったく受諾不可能な内容であった。「緋室生まれの皇帝の、緋室生まれの娘が、異民族と交わるというのは聞いたことがない話だ」。皇弟レオンの発言である。それが実現するための条件とは、すなわち、ラヴェンナとローマを、それに続く土地のすべて、それらの都市から我々の都市までの土地のすべてとともに与えるならば、である。実に婚姻関係なしで友好を望むなら、貴殿の主人がローマを解放させることだ。そして、諸侯、すなわちかつて神聖なる我らが帝国の僕《しもべ》であったが今や叛乱者となっているカープア、ベネヴェントの侯たちを、以前のように〔我らの〕服従者とすべきだ。

（『コンスタンティノープル使節記』一五節）

お后一人の代価としてラヴェンナ、ローマ、南イタリアを引き渡せ、というのは無理難題である。ローマ皇帝位の承認問題については、ニケフォロス自らがオットーを「貴殿の主人の国王」と見下した上で語っている。「彼が自身のことを皇帝と呼び、我々の帝国の諸地方を我が物にする、一体それ以上に大きな争いの種を想像することができるだろうか？」（同二五節）。最後は、異国への持ち出しを禁制されている緋色の絹織物を官憲に発見され、没収されるという不運も付け加わり、約一〇ヶ月にわたるリウトプランドの使節行は惨憺《さんたん》たる結果に終わった。

翌九六九年初頭の帰還後に、「ローマ人の不敗の尊厳なる皇帝陛下」（序文）たるオットー父子、それに皇后に向けた報告書として執筆されたのが『コンスタンティノープル使節記』である。もっとも、実際のところは見事なまでに失敗に終わった交渉の顚末についての弁明書と言うほうが正確である。ニケフォロスやギリシア人に対する口を極めての非難の多くは、実態に即さない記述である。むしろ同書は、今日の歴史学にとってはビザンツ文化史についての貴重な史料である。それは、もはや現存しない巨大な宮殿の外観や構造、各種の儀典や饗宴、あるいは当時のコンスタンティノープルの市井に生きた人々の日常生活に関する稀少《きしょう》な情報を提供してくれるのである。

ニケフォロス暗殺事件

オットーは使節の帰還を待つことなく、九六八年一一月、カープア侯パンドルフォの支援を得て攻撃を再開した。しかし、膠着《こうちゃく》状態のままプッリア地方で降誕祭を迎えた。翌九六九年になると、戦場をもう一つの軍管区カラーブリアに移した。四月一一日の復活祭も同地方で祝しているが、最終的には前線の指揮をパンドルフォの手に託してローマに戻った。

数少ない成果の一つは五月二六日、ローマの教会会議で教皇ヨハネスの協力を得てベネヴェントの司教座を大司教座に昇格させたことである（本章扉絵参照）。そのことで、南イタリアがオットーの支配に服していることをビザンツに向けて改めて高らかに宣言したのである。

ところが、続く夏、パンドルフォがプッリア地方での包囲戦中に負傷し、敵方の捕虜とされてしまったのである。オットーが最大の頼みとする忠臣は、コンスタンティノープルに連行された。反撃に転じたビザンツ軍は、四〇日間にわたりパンドルフォの本拠地カープアを包囲し続けた。しかし、オットーが新たに投入した救援軍はこれを撃退し、逆にカープアからナポリ、ベネヴェントを経てプッリアにまで攻め入り、九月頃には会戦で大勝利を収めた。捕虜たちは、ニケフォロスに対する威嚇と侮辱として、鼻を削《そ》いだ上で敵陣に送り帰された。だが、バーリを開城させることだけは今回も叶わなかった。

一進一退の膠着した状況に大きな転機をもたらしたのは、南イタリアの戦場ではなく、コンスタンティノープル宮殿の奥まった寝室で起きたクーデターである。皇后テオファノは、かねてより老皇帝の甥の将軍ヨハネス・ツィミスケスと愛人関係にあった。その彼女は愛人と共謀して一二月一〇日の深更から一一日の未明にかけて、寝室で眠りに就いていたニケフォロスを襲撃し、暗殺させたのである。ヨハネスは直ちに皇帝の地位に就いた。ただし、テオファノは皇帝との三度目の結婚には至らなかった。授冠者たるコンスタンティノープル総主教の命で追放に処せられたからである。

新皇帝は南イタリア情勢に関心を示さなかった。自らの確固たる権力基盤を築くことに加え、隣国のブルガリアのみならず、この時期ビザンツへの侵攻をも窺っていたキエフ大公の脅威に対処することが最優先課題であったからである。コンスタンティノープルで囚われの身となっていたパンドルフォは翌九七〇年の夏、解放されイタリアに帰還した。両帝国間の外交交渉も再開された。

九七一年の秋、今度はケルン大司教ゲーロの率いる求婚使節が遣わされた。この使節にはリウトプランドも随行者として加わっていた可能性が推測されているが、なお不確かである。リウトプランドが歿したのは九七二年頃のことである。

皇后テオファーヌ

ゲーロはついに積年の交渉に終止符を打つことに成功した。ヨハネスは「西」の皇帝権、それにカープア、ベネヴェント、サレルノの三諸侯領に対するオットーの宗主権を暗黙裏に容認したのである。オットーの側でも、プッリアとカラーブリアから軍を引き揚げることで譲歩の姿勢を示した。両者の妥協の成果はローマにおける結婚式へと結実する。

ところが、ケルン大司教がオットー二世の后として連れ帰ったのはアンナではなかったのである。将軍皇帝ヨハネス・ツィミスケスの前妻の姪《めい》のテオファーヌであった。母はフォーカス家、父はそれと並ぶ名門軍事貴族スクリロス家の出であるが、マケドニア朝の「緋室生まれ」の娘ではない。誕生は九六〇年頃で、当時のビザンツ皇后の名を与えられた（〝テオファーヌ〟はギリシア語名テオファノのラテン語形）。

ティートマルは、宮廷で批判の声が挙がったことを伝えている。「少なからぬ人々は、皇帝に対してこの婚姻を阻止せんと試み、彼らを故国へと送り返すよう助言した。だが、皇帝は耳を貸すことなく、イタリアとゲルマーニアの有力者全員の同意を得て、彼女を息子に妻として与えたのである」（『年代記』第二巻一五章）。これにはオットーも失望したであろうが、長期間にわたる戦いと交渉の連続に正直疲れてもいたであろう。しかも、故郷を留守にしてのイタリア滞在はもう六年近くにもなるのである。

九七二年四月一四日、サン・ピエトロ教会で一六歳と一二歳の幼い二人の結婚式、そして新妻テオファーヌの皇后戴冠式が教皇ヨハネス一三世の手で挙行された。新皇后は新妻に提供される嫁資として各地の所領を多数贈与された。その詳細は、緋色に染められた長さ約一・五メートルもの羊皮紙の上に金の文字と鮮やかな動物像（ライオン、グリフィン、牛、羊）のメダルを配置した豪華な証書に書き留められた(3)。いずれもビザンツ帝国から迎えた皇后の地位と権威にふさわしいものであった。

7—4　オットー2世（左下）とテオファーヌ　ミラノ？（982／983年）（パリ、クリュニー中世美術館蔵）

今や五九歳、鬢には白髪も見えるオットー（一一二頁）にとって、息子はまだまだ未熟である。だが、遠征を通じて共同皇帝戴冠とビザンツ皇女との結婚を実現できたことに、ともかくも安堵したであろう。もっとも、両者の間から生まれる孫にはザクセン人の血は四分の一しか流れてはいない。それを故郷の人々は素直に受け入れてくれるのであろうか。

最後に、ビザンツ皇女アンナは九八八／九八九年、ビザンツ皇帝バシレイオス二世に対する救援軍派遣への見返りとしてキエフ大公ウラディーミル一世（在位九八〇～一〇一五年）に降嫁することになる。大公と人民がキリスト教を受け入れることが条件であった。大公の祖母は、かつてオットーにキリスト教伝道を委託したオリガである。ロシアがローマ・カトリック世界ではなくギリシア正教圏に入る歴史的決定は、こうして下された。

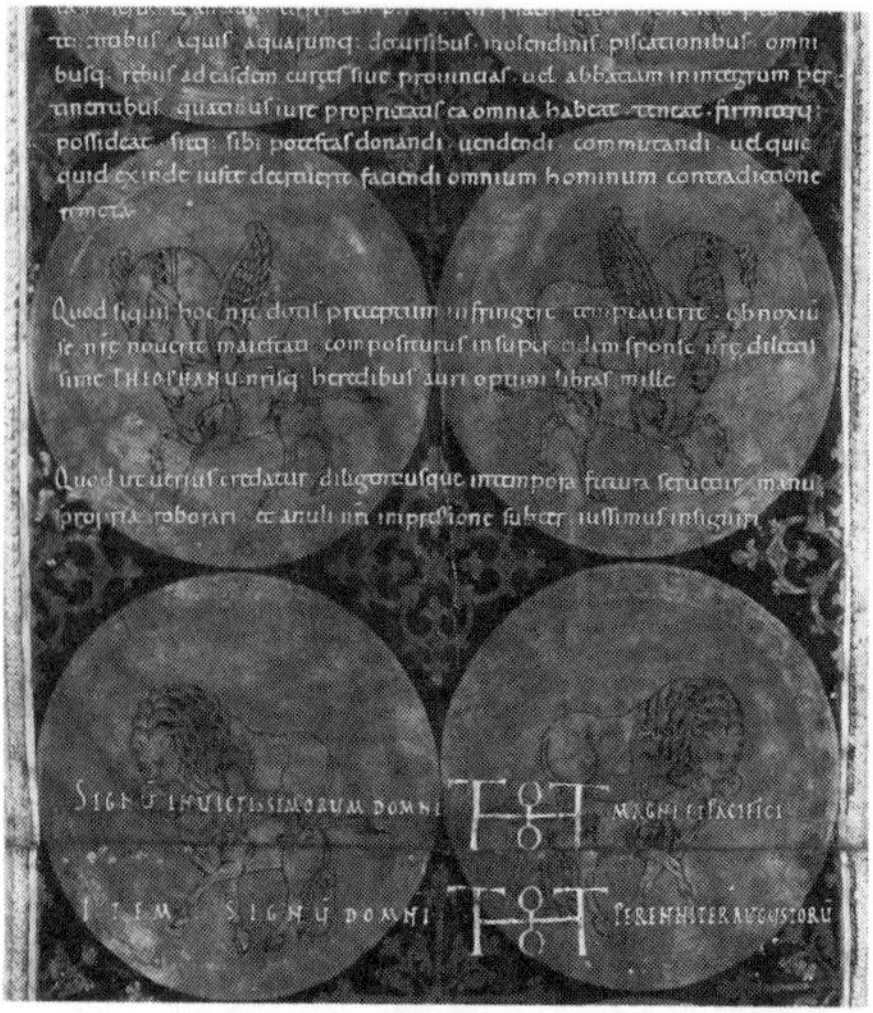

7—5 オットー２世・テオファーヌ結婚証書（末尾部分の拡大）（ヴォルフェンビュッテル、ニーダーザクセン州立文書館蔵）

3 晩年の皇帝

皇帝のベッド

この頃、ザクセンでは気になる事件が起きていた。

それが起きたのは同じ九七二年の春、おそらくは復活祭の一週前の枝の主日（三月三一日）であった。聖週間の初日である枝の主日は、ロバに跨《またが》ったイエスがイェルサレムに入城したとき、群衆がナツメ椰子《やし》の枝を手にもって歓迎したことを記念する祝日である（『ヨハネによる福音書』一二・一三）。この日、長らくの間留守居役を託されていたザクセン大公ヘルマンがマクデブルクで、大司教アーダルベルトによって皇帝の如く華麗なセレモニーをもって歓待されたのである。

「ある日大公は、マクデブルクで開催された集会で大司教によって迎え入れられた。それから、蠟燭《ろうそく》が灯《とも》され、すべての鐘が打ち鳴らされる中、手を引かれて教会へと導かれたのである」（ティートマル『年代記』第二巻二八章）。しかも、ヘルマンは、王宮での饗宴の席で司教たちの中央の皇帝の席に着いたのみならず、その夜はオットーのベッドで寝たのであった。

この僭越な振る舞いを非難して、ローマに滞在中の皇帝に伝えたのは、ティートマルの母方の祖父であった。「このため、尊厳なる皇帝は男々《おお》しげに激昂《げきこう》し、大司教アーダルベルトに対し書簡によって命じた、大司教が大公のために鳴らせた鐘の数、さらに灯させた豪華な蠟燭の数と同じだけの数の馬を皇帝の元に送るように、と。皇帝の命を受けた大司教は使者を遣わし、謝罪の限りを尽くしたのであった」（同前）。

この事件は、本来皇帝のために遂行されるべき政治的儀礼（入市式、教会ミサ、饗宴）を、ザクセン大公が敢えて簒奪するという形で、オットーの長期不在に対するザクセン人貴族の不満を挑発的に表明した事件と解される。(4)ヴィドゥキントも同じ九七二年の出来事として次のように仄《ほの》めかしている。「加えて、多数のザクセン人が叛乱を企図しているとの噂が、彼〔皇帝〕を不安にしていた。しかし、それは無益なことであったので、報告するには値しないと考える」（『ザクセン人の事績』第三巻七五章）。当時ザクセンでは、オットーはイタリアの地で死去したとの噂さえ、まことしやかに流れていた。故郷といえども統治者本人のプレゼンスは不可欠であり、急ぎの帰還を要する不穏な情勢となりつつあったのである。

オットーは、教皇とともに聖霊降臨祭（五月二六日）をラヴェンナで祝した後、往路と同じルートでアルプスを越え、夏にシュヴァーベンに入った。かねてより計画されていたフレネのサラセン人討伐は中止となった。その後、フランケンの各地を巡幸し、ザクセンに帰還したのは翌九七三年の三月である。マクデブルク入市は枝の主日（三月一六日）であった。

同地では、前年の事件の不安を払拭するかのように厳かな儀典が執り行われた。

司教や他の聖職者が序列順に並び、十字架、聖人の聖遺物、振り香炉を伴って挙行される荘厳な祈禱行列に、すべての祝日の慣例に即して参加した。それから、晩課、朝課、そしてミサのために教会へと導かれた。その際、〝あらゆる知識の始まり〟〔『箴言《しんげん》』一・七〕

である神への大いなる畏敬の念をもって、立ちあるいは着席し、儀式全体が終了するときまで神に関わること以外にはいかなる言葉も発しなかった。居館へと帰る際には、皇帝と随行する聖職者、大公、伯たちの前に多数の蠟燭が掲げられた。

（ティートマル『年代記』第二巻三〇章）

クヴェトリーンブルクの復活祭

復活祭（三月二三日）を祝したのはクヴェトリーンブルクの王宮である。この場は西欧世界の皇帝としての権威を内外に向けて高らかに誇示し、オットーの生涯の最後を飾る晴れやかな外交の舞台となった。参集したのは、ポーランド大公ミェシコ一世とベーメン大公ボレスラフ二世、さらにギリシア人、ベネヴェント人、ハンガリー人、ブルガリア人、デーン人、スラヴ人の使節である。プラハに新司教座を設置する計画は、このときに決せられたと推定される。それがベーメンと歴史的に縁の深いザルツブルク大司教管区ではなく、マインツ大司教管区に編入されたのは、マクデブルク大司教管区への一部司教区の割譲に対する補塡の意味合いが込められてのことと考えられる。

ただ、ローマから到来した使節は、教皇ヨハネス一三世の訃報と新教皇ベネディクトゥス六世（在位九七三～九七四年）の選出の報せをもたらすものであった。さらに四日後の三月二七日にはザクセン大公ヘルマンも死去した。「彼は、賢明さと正義、国の内外の問題についての素晴らしい配慮のゆえに、すべての人間に対し永遠の記憶《メモリア》を遺したのであった」(ヴィドゥキント『ザクセン人の事績』第三巻七五章)。国王登位以来、辺境伯ゲーロとともにオットーを背後から支え続けた最も信頼すべき忠臣であった。若き日から苦楽をともにした家族・家臣たちの多くも、もはやこの世にはいない。妻のエディット、弟のハインリヒとブルーノ、それにヴィルヘルム、リウドルフ、コンラートとリウトガルトらの子供たち……。今や六〇歳になったオットーは悲嘆に暮れると同時に、一人後に取り残されたような寂寥感《せきりょうかん》にも襲われたであろう。

次にキリスト昇天祭(五月一日)を祝うために向かった先は、メールゼブルクの王宮である。同地では「国王の名誉と贈り物をもって訪問してきたアフリカからの使節を接見し、彼らを身近に留め置かせた」(同前)。これはコルドバのカリフ、アブド・アッラフマーンの使者として中東欧各地を旅行し、貴重な歴史記録を残したユダヤ人、イブラヒム・イブン・ヤクブの一行を指していると考えられる。フレネのサラセン人討伐問題が協議された可能性もある。同年にフレネは在地のキリスト教徒の軍隊によって攻略されることになるが、イスラーム教徒の宗主であるカリフはこれに軍事介入しなかった。このときの交渉の成果なのかもしれない。

良きキリスト教徒としての死

このときオットーは、最期を迎える地を探し求めて彷徨していたのではなかろうか?

父が亡くなったメムレーベンの王宮に到着したのは五月六日。一一日の聖霊降臨祭の前の火曜日である。ヴィドゥキントは、普段通りに始まった翌七日の様子を鮮やかに描写している。

それに続く夜、いつもと変わらず黎明《れいめい》とともに起床し、夜と朝の讃歌に参列した。その後暫《しば》しの休息をとった。さらに、ミサの儀式が挙行され、それから普段通りに貧者に施し物を授けると、軽い食事を摂り、再び床で休息した。しかし、時が来たので上機嫌で起き上がり、快活に昼食の席に着いた。執務を済ませた後は晩課に参列した。ところが、福音書が唱われているときに発熱と疲労を感じ始めた。周囲の君侯たちはこれに気付き、彼を椅子の上に腰掛けさせた。しかし、死んだかの如く頭《こうべ》を垂れたため、再び目を覚まさせた。彼は神の肉体と血の秘蹟に与《あずか》ることを求め、それを授かった。そして、呻吟《しんぎん》することなく大いなる平安に包まれて、典礼の挽歌《ばんか》が唱われる中、最後の吐息を万物の創造主の御慈悲に向けて吐き出した。

（『ザクセン人の事績』第三巻七五章）

苦悶することもなく短時間で訪れた穏やかな死であった。常に己の死に備えて準備を怠らず、貧者には日頃から施し物を授け、「そのとき」に臨んで最後の告悔を済ませ、終油の秘蹟を授かる、良きキリスト教徒としての模範的な死である。それは、死生学の権威フィリップ・アリエスの言うところの「飼い慣らされた死」にほかならない。享年は父と同じ六〇。

7―6　オットーの石棺（マクデブルク大聖堂内）

そこから寝室に移されると、すでに遅い時刻ではあったが、その死が人民に告げられた。人民は皇帝に手向ける讃辞として、感謝すべき事績の記憶《メモリア》から多くを語った。いかにして彼が、父の如き慈悲深さをもって服する者たちを統べ、彼らを敵から解放したか、アヴァール人、サラセン人、デーン人、スラヴ人といった傲慢な敵たちに武器で勝利を収めたか、イタリアを服従させ、隣接する諸民族の神々の社殿を破壊し、教会と聖職者の諸身分を据えたかについて。そして、互いにその他の数多くの善行について語りながら、人々は国王の埋葬に参列したのであった。

（同前）

「すでに遅い時刻ではあった」とは、十字架におけるイエスの死を伝える『マルコによる福音書』（一五・四二）からの借用である。

翌五月八日の朝、息子のオットー二世は、その場に居合わせた有力者たちの臣従宣誓を受けた。

オットーの遺骸に関しては、腐敗しやすい内臓は直ちに取り出され、瓶に納められて同地の教会に埋葬された。亡骸は、特殊な香料で防腐処置を施された上で、その後マクデブルクへと厳かに移送された。

六月三日ないし四日、人々の深い悲嘆の声に包まれつつ大聖堂に迎え入れられると、大理石製の石棺に横たえられ、最初の妻エディットの棺の横へと据えられた。埋葬と追悼ミサを執り行ったのは、同地の大司教アーダルベルトとケルン大司教ゲーロであった。

『ザクセン人の事績』は次の言葉で結ばれる。「かくして五月七日、聖霊降臨祭前の水曜日、ローマ人の皇帝にして諸民族の国王は逝去した。神と人間に関わる幾多の輝かしき偉業を後世に遺しつつ」（同第三巻七六章）——。

終　章
オットーの遺産
――神聖ローマ帝国とドイツ人

マクデブルクの皇帝騎馬像

マクデブルクの皇帝騎馬像

1240年頃、マクデブルク。理想的皇帝像のモデルが誰であるかは伝わっていないが、都市マクデブルクの事実上の建設者であるオットーであると考えるのが通説である。左右に立つ二人の若い女性は、支配者が民衆の前に登場する際の先導役。正面右手の女性は楯を、左手の女性は旗槍（伝存せず）をそれぞれ手にしている。いずれも皇帝のシンボルであり、楯には帝国鷲《わし》の紋章が描かれていたと推定される。

マクデブルク市民は13～14世紀になると、大司教による都市支配からの自由を主張し、皇帝に直属する帝国都市の地位の獲得を目指すようになる。皇帝は当時、市民により担われた都市自治の保護者と見なされていた。本来の設置場所は不明であるが、1966年までは市中心部の旧市場（アルテ・マルクト）に立っていた。今日ではオリジナルは、大聖堂近くの文化歴史博物館に移設されており、アルテ・マルクトの天蓋の下に立つ金色に彩色された像は、そのレプリカである。

オットー〝大帝〟？

〝大帝〟と呼ばれるに値するオットーの業績は何であろうか。主要な歴史的偉業としては以下の五点を挙げることができる。二度にわたる内乱の平定、西フランク王国の内紛の仲裁、ハンガリー人に対する歴史的大勝利、エルベ＝オーデル間のスラヴ人伝道組織の確立、それに一八〇六年にナポレオンによって解体されるまで存続した「神聖ローマ帝国」の樹立。

同時代人にとってのオットーの偉業は、数々の逆境を不屈の意志をもって克服し、幾多の戦争を見事に勝ち抜き、西欧カトリック世界に君臨する覇者として王国の版図を拡大したことにある。「政治」とはすなわち「戦争」を意味したアルカイックな戦士社会である。『メールゼブルク死者祈念の書』の八月一〇日の項には、レヒフェルトの勝利を念頭に置きつつ、「偉大なる皇帝オットー」と記載された。教皇ヨハネス一三世は、「歴代皇帝たちすべての中で（中略）最も尊厳なる者」としてコンスタンティヌス大帝、カール大帝と並べて、異教徒ハンガリー人に勝利したオットーを賞讃していた（二四〇頁）。

二世代の時を経たティートマルも、カールの名を挙げつつオットーの統治期を「古き良き黄金時代」と評する。「カール大帝以来このかた、彼に比肩しうる祖国の統治者にして防衛者が玉座に坐した例しはない。（中略）彼の死後も生き続けた人々は、古き良き時代を決して忘れ去ることなく、その後に登場した新たな様式を好まず、また後追いすることもなかった。（中略）そのときすでに、賢明な予言者の言葉が成就するさまを目の当たりにしていたのだから

――〝最初に黄金の時代が支配し、次いで青銅の、さらに鉄の時代が続く〟」（『年代記』第二巻四五章、末尾の一節は前一世紀のローマの詩人ホラティウスの詩作からの引用）。

こうした評価に対しては、もとより様々な批判が可能である。二度にわたる内乱は、父が採用した友誼に基づく大公たちとの協調路線を放棄し、オットーが強権的な統治スタイルに転じたこと、あるいはオットー自身の再婚が家族間に軋轢を惹き起こしたことに主たる原因がある。軍事指揮官としての能力にも疑問が残る。度重なる勝利は多分に偶然的要因に負うところが大きい。その意味では、列強を相手に孤軍奮闘し、〝大王〟と呼ばれたプロイセンのフリードリヒ二世（在位一七四〇～八六年）に似ていると言える。

加えて、対外的な戦争の勝者は、被征服者の眼には領土獲得に血眼《ちまなこ》になった侵略者と映ったであろう。歴史は勝者によって書き記されるのが常である。ただし、敗者の貴重な証言も一部伝わっている。ローマの北、ソラッテ山麓の聖アンドレア修道院の不詳の修道士ベネデットが著した、一〇世紀のイタリア王国に由来する唯一の『年代記』（九六八／九七二年以降）がそれである。その叙述はまさに「よそ者支配」に対する嘆き節――「嗚呼、イタリア王国が幾多の民族によっていかに衰退させられたことか」――に満ち溢れている。(1)

嗚呼、ローマよ！　汝はこれまでかくも数多くの民族によって圧迫され、踏みつけられてきた。汝は今やザクセン人の国王によって捕らえられた。汝の民は剣で裁かれ、汝の力は無に帰した。汝の金銀を、彼らは袋に詰め運び去った。汝はかつて母であったが、今や娘とされた。汝がかつて有していた物は今や失われた。（中略）汝はその力の絶頂にあって多くの民族に勝利を収め、世界を平身低頭させ、この世の国王を幾人も縛り首にした。汝は笏をもち大きな力を振るった。しかし、汝は今、ザクセン人の国王によって完全に荒廃させられ、略奪の憂き目に遭っているのだ。（中略）汝の姿はあまりにも美しかった。汝の市壁、そして塔や鋸壁《きょへき》はかくも多数であった。汝が有したのは三八一の塔、城塞は四六、鋸壁は六八〇〇であり、汝の門は一五を数えた……。

「ドイツとは何か？」

「彼らは定義から滑り出るもので、そのためにもうフランス人を絶望させてしまう。彼らの間で「ドイツ的とは何か」という問いが決して絶えることがないこと、これがドイツ人の特徴である」（ニーチェ『善悪の彼岸』一八八六年、八章「民族と祖国」二四四節）――。国民国家的統一をようやく一八七一年になって、しかもオーストリアを排除したプロイセン主導の「小ドイツ」というねじれた形でしか達成しえなかった「遅れてきた国民」の焦燥と悩みである。

ビスマルクによる「上から」のドイツ統一に先立つ時期、学界では「中世皇帝政策論争」（一八五九～六二年）が繰り広げられていた。プロテスタント＝小ドイツ主義を標榜するハインリヒ・フォン・ジーベルは――カトリック＝大ドイツ主義のオーストリアを睨みつつ――、中世の歴代皇帝によるイタリア政策をドイツ人の利益を蔑ろにしたものとして糾弾し、イタリア政策に精力を傾注したオットー一世やフリードリヒ一世バルバロッサを槍玉に挙げる一方、東方政策に重点を置いたオットーの父ハインリヒ一世やザクセン大公ハインリヒ獅子公（在位一一四二～八〇年）の姿に〝国益〟に適う〝正しい〟現実的政策を見出した。

問題をカール大帝以来の中世皇帝権の伝統からではなく、近代の産物である「国民国家」を基準として論じ、中世王権の強化と近代的主権国家による国民統合の進展を同一視する点において時代錯誤《アナクロニズム》の、すなわち「近代主義」的思考に特徴的な言説の典型と言えよう。また、そもそも一〇世紀のオットーの時代に〝ドイツ〟なる国家と民族が存在したことを自明の前提とする点も同じである。

ところで、筆者が本書全体を通底する基本的視点として常に念頭に置いていたのは、こうした一九世紀以降の「国民史」、ナショナル・ヒストリーが標榜した「ドイツ」の一国史でもなければ、単なる権力史でもない。前近代のヨーロッパ伝統社会における支配の正当性をめぐる問題（M・ウェーバー）である。若き日のオットーを規定したのは、荒々しい「ザクセン人」の戦士社会である。国王登位以後は、カール大帝に接合する「フランク的伝統」がそれに加わる。皇帝戴冠以後は、およそ中世人が知っていた最高の正当性原理、すなわち普遍的・キリスト教的形象としての「ローマ帝国」が舞台となる。「ドイツ」なる王国や民族は、まだこの時代の政治地図には登場していなかったのである。

ドイツ人のローマ帝国

ところが、である。オットー朝は、ザクセン人とフランク人のみにより担われた弱体な王権としてスタートした。このため、南のシュヴァーベン人とバイエルン人の大公領の統治は、国王に次ぐ存在である大公の手に委ねられていた（一八六頁）。しかし、オットー一世以降三代の同名の皇帝による集中的なイタリア政策（九六二〜一〇〇二年）は、南ドイツの両大公領を含めた王国内の諸民族を大規模かつ継続的な軍事遠征へと動員した。彼らは対外活動を共同で担い、かつ高度なイタリアの文明世界との接触という体験を通じて一個の「運命共同体」へと変貌し、従来の民族間の競合関係を超越した、より高次の共属意識を育んでいった。こうした個々の民族の対等性を前提として、その上位に新たに形成された大民族こそ「ドイツ人」にほかならない。

この民族名は、中世ラテン語形容詞 ***theodiscus / teutonicus***（各々七八六年、八七六年史料初出）に由来し、本来は「ラテン語」と対比された「民族／民衆の（言葉）」という普通辞の意味で、ゲルマン語系の諸々の俗語（ゴート語、ランゴバルド語、フランク語、ザクセン語、古英語、古ノルド語ほか）を広く指していた。ところが、ラテン語から派生したロマンス語を母語とするアルプス以南のイタリア人は、九世紀前半以降この普通辞を、特定の言語集団、すなわち北方の隣国である東フランク王国から到来するゲルマン語系の人々の表記へと限定し、これら

終―1 『オットー3世の福音書』挿絵 ライヒェナウ修道院（998～1001年頃）。天蓋下で玉座に坐し、聖俗諸侯に囲まれた皇帝（右図）に対し、恭しく贈り物を献げる擬人化された4つの統治領域（左図）。右から「ローマ」「ガリア」「ゲルマーニア」「スラヴ」（ミュンヘン、バイエルン州立図書館蔵）

「ドイツ語を話す人々」を一括して *Theodisci*／*Teutonici* と総称するようになった。さらに、オットーの第一次イタリア遠征がおこなわれた一〇世紀半ば以降になると、それは言語の次元を超えた民族名へと転用された。この意味で「ドイツ人」を初めて用いたのは、実はランゴバルド＝イタリア人のリウトプランドである（『報復の書』第一巻五章、第三巻二〇章、『コンスタンティノープル使節記』第三三、三七節）。

こうした言語に着目したイタリア人による他称用法は一〇〇〇年頃、今度は「ドイツ人」自身によって自称として受容された。その先鞭《せんべん》を付けたのは、大帝の孫のオットー三世であった。彼は、支配の中心をアルプス以北からローマに移し、古代帝国の伝統を復活させ、教皇との提携により普遍的・キリスト教的皇帝権を樹立するという壮大な統治プログラム、「ローマ帝国の改新」を構想した。九九八年に始まる斬新な様々の試みは、アルプスを挟む南北世界の政治的・文化的融合を促したのみならず、帝国の外のポーランド、ハンガリーでの初の大司教座設置をも実現させた（iii頁）。それまでの皇帝の公式称号「尊厳なる皇帝（*imperator augustus*）」に代わって「ローマ人の皇帝（*imperator Romanorum*）」を採用したのも三世である。

なお、現代ドイツ語の形容詞 **deutsch**（"ドイツの"）の古形である *diutisk* が初出するのは、ラテン語表記よりもはるかに遅い一〇〇〇年頃である。民族表記の登場は一〇八〇年頃まで待たねばならない。俗語の語法は常に、先行するラテン語の影響下に置かれていたのである。

ところで、この「ローマ帝国」という一種の仮想空間は、西欧カトリック世界を構成する諸民族が多元的に共生する巨大な「場」を提供していた。それは同時に、諸民族の遭遇が引き起こす、「よそ者」に対するネガティヴな他者認識（二〇八、二二八頁）への反作用として、内に向かっての新たな「我々意識」の醸成を促すプラットホームとしても機能した。「ローマ帝国」は、今日のドイツや隣接する中東欧諸国の国家・民族形成にとって、母胎ないし触媒の役割を担っていたのである。

こうした普遍的皇帝権に内在する民族形成作用を初めて指摘したのは、一二世紀半ばに『年代記』（一二二頁）を著した中世最大の歴史家、フライジング司教オットーである。

彼〔オットー一世〕は、最初のドイツ人（*Teutonici*）の国王と呼ばれたが、その理由はおそらく、彼がドイツ人を統治した最初の国王だったからではあるまい。むしろ、彼が（中略）カール〔大帝〕にちなんでカロラーないしカロリンガーと呼ばれた支配者の後に、別の血統、すなわちザクセン人に生まれた者として、初めて皇帝位を〔イタリア人から〕ドイツのフランク人〔東フランク人〕の手に取り戻した人物だったからである。

（第六巻一七章）

「ローマ帝国」の皇帝位獲得と「ドイツ人」の形成の因果関係、すなわち「ローマ帝国を担うドイツ人」という特殊中世的なアイデンティティを見事に喝破した一節である——「ローマ帝国なくしてドイツ・ネーションなし(2)」。

複合国家であるイタリア王国の住民の総称としての「イタリア人」という民族名もまた、一〇世紀半ばまでは存在しなかった（一二三頁）。それが出現するのは、奇《く》しくもオットーの第一次イタリア遠征の時期である。彼らもまた、「よそ者」に対する「差異化」の裏返しとして、遅まきながらも共通の民族感情の萌芽《ほうが》を育み始めたのである。

中東欧諸国を含めた今日の「ヨーロッパ」の原型が形作られたのは、まさにこの「長い一〇世紀」を通じてであった。もちろん、こうした民族意識の覚醒は、オットー一世自身がまったく意図していなかった副産物である。歴史のパラドックスがここにある。

ドイツ人のねじれたアイデンティティ

それでは、「ドイツ王国」という政治的術語はいつ出現したのだろうか？

実はこれもイタリア人による命名である。一〇二四年に始まったザーリアー朝（一七六頁）は、一〇三三年にブルグント王国を支配下に編入した。「アルプス以北の王国」、ブルグント王国、イタリア王国の〝三位一体〟から構成される多民族国家としての中世ローマ帝国の形がここに出来上がった。新王朝はまた、オットー朝の帝国教会政策を継承、発展させたが、「教会の自由」を掲げる教皇グレゴリウス七世（在位一〇七三～八五年）が「叙任権闘争」を開始したことで、教皇権と真正面から衝突する展開となった。この争いの本質は「聖俗分離革命」、すなわち皇帝による高位聖職者の叙任の是非という問題を超えた、「聖」と「俗」の区分の明確化にあったからである。

一〇七六年、グレゴリウスは国王ハインリヒ四世（国王在位一〇五四～一一〇五年、皇帝在位一〇八四～一一〇五年）を破門に処することで、その聖性を剥ぎ取り、「神権的君主観念《テオクラシー》」（八二頁）を全面的に否定した。翌年のカノッサ事件でハインリヒが屈服したことは、彼が現世における「神の代理人」たる地位を事実上放棄することを意味した。加えて、教皇は、「ローマ帝国を担うドイツ人」という王権側の主張さえも否認した。グレゴリウスは、ローマで皇帝として戴冠する以前の国王、すなわち「ドイツ人の国王（*rex Teutonicorum*）」の統治権が妥当する領域を、本来の権力基盤であるアルプス以北の王国、すなわち「ドイツ王国（*regnum Teutonicum*）」に限定したのである。

皇帝権が主張する「ドイツ人のローマ帝国」に対するアンチテーゼとしての「ドイツ王国・国王」というプロパガンダの言葉は、以後教皇書簡を通じて広く普及・定着することになった。長年の闘争に終止符を打ったのは、一一二二年に締結されたヴォルムス協約である。教皇側によって作成された協約文書は、国王による高位聖職者の叙任手続きに関して、まさに「ドイツ王国」と「帝国のその他の領域」（＝イタリア・ブルグント両王国）を明確に峻別したのである。[3]

あくまでも「ローマ帝国」を志向する皇帝権と、それを「ドイツ王国」に限定しようとする教皇権。両者の狭間《はざま》で揺れ動く「ドイツ人」の複雑にねじれたアイデンティティ。ここに垣間《かいま》見《み》えたのは、中世盛期・後期の政治史を規定する特殊〝ドイツ的〟な基本モチーフである。

〝グレゴリウスの実験〟、すなわちアンチテーゼとしての「ドイツ王国・国王」というネガティヴな含意のプロパガンダに対して、ハインリヒ四世の息子の国王ハインリヒ五世（国王在位一一〇六～二五年、皇帝在位一一一一～二五年）が返した回答は、もちろん「ドイツ人の国王」などへの自己限定ではなかった――「ローマ人の国王（*rex Romanorum*）」。旧来の「国王」に代わり、「ローマ人の皇帝」を王国の次元で先取りし、「ローマ」なる国王位と皇帝位の不可分な結び付きを表明するこの奇妙な称号は、皇帝称号と同じく一八〇六年の帝国の終焉《しゅうえん》まで公式に用いられ続けることになる。

一方、カノッサで剝ぎ取られた「神の代理人」としての皇帝の聖性を、「帝国」の次元で甦らせる試みは、シュタウフェン朝の皇帝フリードリヒ一世バルバロッサ（一二二頁）の時代に始まる。オットー一世によって九六二年に樹立された帝国は、当時は単に「帝国（*imperium*）」あるいは「ローマ帝国（*imperium Romanum*）」と呼ばれた。「ローマ帝国」が帝国の公式の自称となったのは一二世紀半ばである。もっとも同じ頃、バルバロッサの側近の一書記は、「神聖帝国（*sacrum imperium*）」という名称をすでに考案していた（一一五七年）。「聖ローマ教会（*sancta Romana ecclesia*）」を模して両者を統合した「神聖ローマ帝国（*sacrum imperium Romanum*）」が初出するのは、一一八四年の皇帝証書においてである（それゆえ、「神聖ローマ皇帝」という表記は厳密には正しくない。「神聖」なのはあくまでも「帝国」であって、「皇帝」ではない）。

この新名称は、一二五四年に国王ヴィルヘルム・フォン・ホラント（在位一二四八～五六年）の書記局により採用され、以後一般化していくことになる。もっとも、「聖ローマ教会」を差し置き、神と皇帝権との直結性を前面に打ち出した「神聖帝国」、あるいはその変形としての「神聖ローマ帝国」の名称を、中世後期の歴代教皇たちは一度も用いることはなかった。

「ローマ」との決別

希求すべき理念としての「ローマ」と、現実の権力基盤としての「ドイツ」との間に横たわる溝は、一三世紀半ばの「大空位時代」（一二五四〜七三年）以降、イタリア＝ローマに対する実効的支配が急速に失われていく中で、ますます実態との乖離《かいり》を深めていくことになる。そして、ローマでの最後の皇帝戴冠（一四五二年、ハプスブルク家のフリードリヒ三世）を経た一四七〇年代、「ドイツ」の名辞は、ようやく帝国の公式の呼称に取り込まれるようになる――「ドイツ・ネーションの神聖ローマ帝国（*Heiliges Römisches Reich deutscher Nation*）」。ただし、「ドイツ・ネーションの」が付記されたのは、ローマ帝国を担う支配民族としての彼らの普遍的権力主張を明示する目的のためではない。それは皮肉なことに、彼らの権力が政治の現実世界において実効的に妥当しうる支配領域――「ドイツ人の王国」――を間接的に表現するためであった。「ドイツ」たることは、ここでもまた「帝国」を構成する一政治空間への限定を意味したのである。

「帝国」と「王国」の狭間で揺れ動く「ドイツ人」のアイデンティティ。それはその後、「宗教」（ルターによる「ローマ」との決別と宗派化の進行）、そして「政治」（ウェストファリア〔ヴェストファーレン〕条約による領邦分立体制の確定）の双方の領域で、幾重にも引き裂かれていくことになるであろう。

一八世紀末、ローマなき「ドイツ・ネーションの神聖ローマ帝国」は、フランス革命政府への敗北を通じて統合の求心力を失い、今や「国家」というよりもむしろ「状態」に近い観を呈していた。残されたほとんど唯一の絆は、革命前夜にゲーテの友人の哲学者・思想家のヨハン・ゴットフリート・ヘルダーによって唱えられた「民族精神論」に基づく、「言語」の共通性というフィクションである。すなわち、ロマン主義時代のドイツの知識人は、フランスの自由・平等な個人に立脚した「国民《ナシオン》」という啓蒙《けいもう》主義流の政治的原理に対するアンチテーゼとして、〃自然〃に生成し、共通の「言語」を結節点として固有の成長を遂げていく有機的《オルガーニシュ》な生命体としての「民族《フォルク》」なるものを〃発見〃した。それは、タキトゥスの『ゲルマーニア』を再発見した一六世紀の人文主義者に発する、ゲルマン人とドイツ人を同一視する「ゲルマン・イデオロギー」（二六、一七八頁）と結合し、遠き太古の古ゲルマン社会にまで遡るドイツ人の「歴史」の不断の連続性という言説を、新たに構築し始めるのである(4)。

「ドイツとはどこにあるのか、私はその国を見出すことができない。教養あるドイツが始まるところ、政治的ドイツは終わるのだ」（ゲーテ、シラー『クセーニエン』一七九七年）。その一〇年後、「帝国」は人知れず終焉の時を迎える。一八〇六年八月六日、ナポレオンの圧力でハプスブルク家の皇帝フランツ二世（在位一七九二〜一八〇六年）がローマ皇帝の地位を退いたまさにその日、湯治先のカールスバートからヴァイマルへの帰途にあったゲーテは、日記に次のように書き留めた。「御者台での御者と召使いの口論。それは我々をローマ帝国の分裂よりも興奮させた(5)」——。

あとがき

西欧中世史と言われて誰もが最初に思い浮かべるのは、カール大帝、カノッサの屈辱、十字軍と騎士、ジャンヌ・ダルクと百年戦争などであろう。前二者の狭間に位置するオットー朝の一世紀（九一九～一〇二四年）の歴史は、正直なところ我が国ではほとんど馴染《なじ》みがないのが実情である。確かに、「オットー大帝」と「神聖ローマ帝国」の名は、高校の世界史の教科書に登場する。だが、「暗黒の一〇世紀」のイメージが影を落としているのか、オットーについては、カール大帝とは対照的に日本では話題に上ることもない。ドイツの中世史学界では、一九九〇年の東西ドイツ統一以来、その「統一と分裂」の起点に位置する「長い一〇世紀」の再評価が唱えられ、新たな歴史像が次々に提示されつつあるのであるが……。

かねてより素朴な「明暗史観」に疑問を抱いていた筆者は、先に大帝の孫のオットー三世、すなわち「紀元千年の皇帝」について、中世ローマ帝国を枠組みとするラテン・キリスト教的ヨーロッパの形成、それに黙示録的終末論の観点から評伝を上梓《じょうし》した。その過程で研究の出発点となる史料の重要性を改めて認識するに至り、オットー朝の四大叙述史料の翻訳に着手した。血気に逸った無謀な試みではあったが、一応完成にまでこぎ着けることができた。本書は、その史料研究に基づくささやかな成果である。

執筆に際して常に念頭にあったのは、主人公を（ともすれば月並みになりがちな）英雄、すなわち「大帝」としてではなく、いつかは死すべき一人の人間として等身大の姿で描き出すことであった。ときにその過剰なまでの自信が禍いして葛藤する若き日の苦悩、家族の死にひたすら涙する家長としての素顔、苦難の渦中にあっても揺るがない強靭《きょうじん》な精神性――。史料の少なさを逆手にとっての試みが、はたして功を奏したかは分からないが、この人物の個性の一端と、彼が駆け抜けた時代の敬虔さと険しい息遣いを幾分なりとも伝えることができたとするならば、一応目的を達成したと考えたい。

それはともかく、オットー朝の歴史を通観して興味を惹かれるのは、中世のその他の時代では類例を見ないほどに女性たちが活躍している事実である。武骨で荒々しい男たちの血腥い戦いの日々と、政治の表舞台における女性たちの華やかな活躍は、実は表裏一体の関係にあるのである。本書ではこの点について充分に触れることができなかった。同じく、「オットー朝ルネサンス」と称される文化史上の興隆についても、取り上げることができなかった。それが最盛期を迎えるのは、孫のオットー三世の時代である。さしあたり、パトリック・コルベ「オットー朝皇帝一族における家族関係」、それに拙著『紀元千年の皇帝』の参照を請いたい。

なお、同じ人名が複数の人物に対して繰り返し使用されることは、読者を混乱させたかもしれない。中世前期は「姓」を欠く単一名の時代であった。加えて、高名な先祖にちなむ命名には、家門意識の表象という意味合いが込められていたため、同一名の反復は不可避となる。区別のためにあだ名（〝大〟、〝赤〟〝禿頭〟等々）が多用される原因である。ちなみに、○○○一世、二世、三世という序数による呼び方が普及した契機は、このオットー三代の各人を区別する必要性に由来している。詳しくは、岡地稔『あだ名で読む中世史』を参照されたい。

本書の刊行に際しては、佐藤彰一先生（名古屋大学名誉教授、日本学士院会員、フランス学士院会員）に中公新書編集部への仲介の労を取っていただくことができた。編集担当の酒井孝博氏は最初の読者として、タイトルから細部に至るまでいつも適切な助言を与えて下さった。ゼミ出身の新進作家の東美波さんからは、教養書の表現リテラシーについて貴重な教示を受けた。安達未菜さん（東海大学文明研究所助教）には、校正に際して繰り返し助力を仰いだ。校閲担当の方々の真に丁寧な仕事ぶりには、ただただ感服させられた。お世話になった皆様方に、この場を借りて心より感謝申し上げる。

最後に本書を、渡辺節夫（青山学院大学名誉教授）、河原温（放送大学教授）、堀越宏一（早稲田大学教授）、藤崎衛（東京大学准教授）の各先生をはじめとする「西洋中世史研究会」（通称REN研）の研究仲間の皆さんに捧げたい。

二〇二三年六月

著　者

怪物で、一種のヴァンパイア的存在。
(5) Staubach, Historia oder Satira ?
(6) Flodoard, *Les Annales*, 950年の項。Prinzing, Emperor Constantine VII and Margrave Berengar II of Ivrea under Suspicion of Murder.
(7) Weinfurter, Kaiserin Adelheid und das ottonische Kaisertum, S. 199.
(8) DOI 138。
(9) Prinzing, Emperor Constantine VII and Margrave Berengar II of Ivrea under Suspicion of Murder.
(10) Bowlus, *Die Schlacht auf dem Lechfeld*, S. 138f.

第五章
(1) Bowlus, *Die Schlacht auf dem Lechfeld*, S. 144ff.
(2) 堀越宏一「中世ヨーロッパにおける騎士と弓矢」69頁以下。
(3) Becher, *Otto der Große*. S. 29f.
(4) Becher, *Otto der Große*. S. 45.
(5) Müller-Mertens, *Die Reichsstruktur im Spiegel der Herrschaftspraxis Ottos des Grossen*.

第六章
(1) Tellenbach, Kaiser, Rom und Renovatio, S. 780.
(2) DOI 293、345。
(3) アウグスティヌス『神の国』第20巻23章。
(4) PUU 154。
(5) DOI 235。
(6) Zimmermann, Parteiungen und Papstwahlen in Rom zur Zeit Kaiser Ottos des Großen.

第七章
(1) PUU 177。
(2) 井上浩一『ビザンツ皇妃列伝』156頁。
(3) DOII 21。
(4) Althoff, Das Bett des Königs in Magdeburg.

終章
(1) Benedetto di S. Andrea, *Chronicon*, p.37, 186.
(2) Moraw, Vom deutschen Zusammenhalt in älterer Zeit, S. 39.
(3) Müller-Mertens, *Regnum Teutonicum*, S. 375-383.
(4) 村上淳一『ゲルマン法史における自由と誠実』。
(5) ただし、坂井栄八郎氏によれば、「ローマ帝国の分裂」とは、一般に考えられているのとは異なり、同日の出来事ではなく、8月1日に起きたライン連盟諸邦の帝国脱退宣言を指しているとされる。以上、引用文と併せ、同『ゲーテとその時代』朝日新聞社、1996年、10頁、208頁、221頁による。

注

はじめに

(1) Samsonowicz, *Das lange 10. Jahrhundert*.

第一章

(1) Hrotsvitha, *Primordia coenobii Gandeshemensis*, in: *Hrotsvithae Opera*, v. 561-564.

(2) Springer, *Die Sachsen*, S. 27f.

(3) Springer, *Die Sachsen*, S. 135ff.

(4) アインハルト『カール大帝伝』7章。

(5) 佐藤彰一『フランク史』II、65頁以下。

(6) 今日では自称の「マジャル人」と表記するのが通例であるが、本書では同時代の史料用語に即して「ハンガリー人」を用いる。

第二章

(1) Fried, Die Königserhebung Heinrichs I., S. 269.

(2) Fried, Die Königserhebung Heinrichs I., S. 269f.

(3) Hrotsvitha, *Gesta Ottonis*, in: *Hrotsvithae Opera*, v. 1-4.

(4) MGH Constitutiones, I, hg. v. Ludwig Weiland, Hannover, 1893, Nr. 1.

(5) Althoff, *Amicitiae und Pacta*.

第三章

(1) Keller, Widukinds Bericht über die Aachener Wahl und Krönung Ottos I.

(2) Beumann, Sachsen und Franken im werdenden Regnum Teutonicum, S. 207.

(3) Althoff, Zur Frage nach der Organisation sächsischer coniurationes in der Ottonenzeit.

(4) Althoff, Königsherrschaft und Konfliktbewältigung im 10. und 11. Jahrhundert.

(5) メールゼブルクのティートマル『オットー朝年代記』第2巻21章。

(6) Althoff, Das Privileg der deditio.

(7) ノートカー『カール大帝事績録』第2巻3章。アインハルト『カール大帝伝』第22〜25章。

第四章

(1) クレモナのリウトプランド『報復の書』第1巻32章。

(2) 竹部隆昌「『娼婦政治』再考」。

(3) フェニキア人の生まれの北イスラエル王国の王妃で、バアル信仰を宮廷に導入し、ユダヤ教の預言者たちを迫害・殺害した。『ヨハネの黙示録』2・20では、女預言者を自称する淫婦、教会の敵対者として言及される。

(4) ギリシア神話に登場する古代リビュアの女性。子供を喰らう

——, *Papstabsetzungen des Mittelalters*, Graz-Wien-Köln, 1968.
アリエス、フィリップ、伊藤晃・成瀬駒男訳『死と歴史——西欧中世から現代へ』みすず書房、1983年
井上浩一『ビザンツ皇妃列伝——憧れの都に咲いた花』白水社、2009年
大月康弘「ビザンツ帝国とイタリア」松本宣郎編『イタリア史　1：古代・初期中世』（世界歴史大系）、山川出版社、2021年、341〜356頁
岡地稔『あだ名で読む中世史——ヨーロッパ王侯貴族の名づけと家門意識をさかのぼる』八坂書房、2018年
コルベ、パトリック「オットー朝皇帝一族における家族関係」堀越宏一編『中世ヨーロッパの妃たち』山川出版社、2021年、41〜70頁
佐藤彰一『フランク史』I・II、名古屋大学出版会、2021〜22年
竹部隆昌「『娼婦政治』再考——10世紀ローマの都市貴族について」浅香正監修『ローマと地中海世界の展開』晃洋書房、2001年、215〜229頁
堀越宏一「中世ヨーロッパにおける騎士と弓矢」小島道裕編『武士と騎士——日欧比較中近世史の研究』思文閣出版、2010年、55〜88頁
三佐川亮宏『ドイツ史の始まり——中世ローマ帝国とドイツ人のエトノス生成』創文社、2013年
——『ドイツ——その起源と前史』創文社、2016年
——『紀元千年の皇帝——オットー三世とその時代』（刀水歴史全書95）、刀水書房、2018年
——「ヨーロッパにおける帝国観念と民族意識——中世ドイツ人のアイデンティティ問題」大黒俊二・林佳代子責任編集『西アジアとヨーロッパの形成　8〜10世紀』（岩波講座・世界歴史　第8巻）、岩波書店、2022年、181〜200頁
——「大公ハインリヒと黄金の首飾り——ヴィドゥキント『ザクセン人の事績』第1巻22章を読む」『東海大学文学部紀要』113、2023年、1〜26頁
村上淳一『ゲルマン法史における自由と誠実』東京大学出版会、1980年
矢内義顕「ゴルツェのヨハンネスとイスラーム」『文化論集』29、2006年、1〜20頁
山田欣吾「ザクセン朝下の「王国」と「帝国」」成瀬治・山田欣吾・木村靖二編『ドイツ史　1：先史〜1648年』（世界歴史大系）、山川出版社、1997年、111〜152頁

Moraw, Peter, Vom deutschen Zusammenhalt in älterer Zeit, in: *Identität und Geschichte*, hg. v. Matthias Werner, (Jenaer Beiträge zur Geschichte, 1), Weimar, 1997, S. 27-59.

Müller-Mertens, Eckhard, *Regnum Teutonicum. Aufkommen und Verbreitung der deutschen Reichs- und Königsauffassung im früheren Mittelalter*, (Forschungen zur mittelalterlichen Geschichte, 15), Berlin, 1970.

——, *Die Reichsstruktur im Spiegel der Herrschaftspraxis Ottos des Grossen*, (Forschungen zur mittelalterlichen Geschichte, 25), Berlin, 1980.

Prinzing, Günter, Emperor Constantine VII and Margrave Berengar II of Ivrea under Suspicion of Murder. Circumstantial Evidence of a Plot against Berta-Eudokia and Lothair (Lothar), the Children of King Hugh of Italy, in: *Center, Province and Periphery in the Age of Constantine VII Porphyrogennetos*, hg. v. Niels Gaul - Volker Menze - Csanád Bálint, (Mainzer Veröffentlichungen zur Byzantinistik, 15), Wiesbaden, 2018, S. 192-210.

Samsonowicz, Henryk, *Das lange 10. Jahrhundert. Über die Entstehung Europas*, (Klio in Polen, 11), Osnabrück, 2009.

Springer, Matthias, *Die Sachsen*, (Urban-Taschenbücher, 598), Stuttgart, 2004.

Staubach, Nikolaus, Historia oder Satira? Zur literarischen Stellung der Antapodosis Liudprands von Cremona, in: *Mittellateinisches Jahrbuch* 24/25 (1989/1990), S. 461-487.

Tellenbach, Gerd, Kaiser, Rom und Renovatio. Ein Beitrag zu einem großen Thema (1982), in: ders., *Ausgewählte Abhandlungen und Aufsätze*, Bd.2, Stuttgart, 1988, S .770-792.

Waitz, Georg, *Jahrbücher des Deutschen Reichs unter Heinrich I.*, (Jahrbücher der deutschen Geschichte), 3. Aufl., Leipzig, 1885.

Weinfurter, Stefan, Kaiserin Adelheid und das ottonische Kaisertum (1999), in: ders., *Gelebte Ordnung - Gedachte Ordnung*, Ostfildern, 2005, S. 189-211.

Zimmermann, Harald, Parteiungen und Papstwahlen in Rom zur Zeit Kaiser Ottos des Großen (1966), in: *Otto der Große*, hg. v. dems., (Wege der Forschung, 450), Darmstadt, 1976, S. 325-414.

Böhmer, Johann Friedrich, *Regesta Imperii*,
I.: Karolinger, 751-918 (926/962)
—Bd.1: *Die Regesten des Kaiserreichs unter den Karolingern 751-918*, neubearb. v. Engelbert Mühlbacher, 2. Aufl., Innsbruck, 1899-1908, ND. Hildesheim, 1966.
—Bd.3: Die Regesten des Regnum Italiae und der burgundischen Regna, bearb. v. Herbert Zielinski.
—Teil 2: *Das Regnum Italiae in der Zeit der Thronkämpfe und Reichsteilungen 888 (850) -926*, Köln-Weimar-Wien, 1998.
—Teil 3: *Das Regnum Italiae vom Regierungsantritt Hugos von Vienne bis zur Kaiserkrönung Ottos des Grossen (926-962)*, Wien-Weimar-Köln, 2006.
II: Sächsisches Haus, 919-1024
—Abt.1: *Die Regesten des Kaiserreichs unter den Heinrich I. und Otto I. 919-973*, neubearb. v. Emil von Ottenthal, Innsbruck, 1893, ND. Hildesheim, 1967.
—Abt.5: *Papstregesten 911-1024*, bearb. v. Harald Zimmermann, 2. Aufl., Wien-Köln-Weimar, 1998.

Bowlus, Charles R., *Die Schlacht auf dem Lechfeld*, Ostfildern, 2012.

Brühl, Carlrichard, *Deutschland - Frankreich. Die Geburt zweier Völker*, Köln-Wien, 1990.

Dümmler, Ernst, *Geschichte des Ostfränkischen Reiches*, 2. Aufl., 3 Bde., (Jahrbücher der deutschen Geschichte), Leipzig, 1887-88.

Fried, Johannes, *Der Weg in die Geschichte. Die Ursprünge Deutschlands bis 1024*, (Propyläen Geschichte Deutschlands, 1), Berlin, 1994.

——, Die Königserhebung Heinrichs I., Erinnerung, Mündlichkeit und Traditionsbildung im 10. Jahrhundert, in: *Mittelalterforschung nach der Wende 1989*, hg. v. Michael Borgolte, (Historische Zeitschrift, Beiheft 20), München, 1995, S. 267-318.

Giese, Wolfgang, *Heinrich I., Begründer der ottonischen Herrschaft*, (Gestalten des Mittelalters und der Renaissance), Darmstadt, 2008.

Keller, Hagen, Widukinds Bericht über die Aachener Wahl und Krönung Ottos I (1995), in: ders., *Ottonische Königsherrschaft. Organisation und Legitimation königlicher Macht*, Darmstadt, 2002, S. 91-130, 237-275.

メールゼブルクのティートマル、三佐川亮宏訳註『オットー朝年代記』知泉書館、2021年
リウトプランド、大月康弘訳『コンスタンティノープル使節記』知泉書館、2019年

【伝記的研究・評伝】

Althoff, Gerd - Keller, Hagen, *Heinrich I. und Otto der Grosse. Neubeginn auf karolingischem Erbe*, 2 Bde., (Persönlichkeit und Geschichte, 124, 125), Göttingen-Zürich, 1985.

Becher, Matthias, *Otto der Große. Kaiser und Reich. Eine Biographie*, München, 2012.

Köpke, Rudolf - Dümmler, Ernst, *Kaiser Otto der Große*, (Jahrbücher der deutschen Geschichte), Leipzig, 1876.

Laudage, Johannes, *Otto der Grosse (912-973)*, Regensburg, 2001.

Otto der Grosse, Magdeburg und Europa, 2 Bde., hg. v. Matthias Puhle, Mainz, 2001.

【主要参考文献】

Althoff, Gerd, Zur Frage nach der Organisation sächsischer coniurationes in der Ottonenzeit, in: *Frühmittelalterliche Studien* 16 (1982), S. 129-142.

——, Das Bett des Königs in Magdeburg. Zu Thietmar II, 28 (1982), in: ders., *Inszenierte Herrschaft. Geschichtsschreibung und politisches Handeln im Mittelalter*, Darmstadt, 2003, S. 211-229.

——, Königsherrschaft und Konfliktbewältigung im 10. und 11. Jahrhundert (1989), in: ders., *Spielregeln der Politik im Mittelalter. Kommunikation in Frieden und Fehde*, Darmstadt, 1997, S. 21-56.

——, *Amicitiae und Pacta. Bündnis, Einung, Politik und Gebets- gedenken im beginnenden 10. Jahrhundert*, (MGH, Schriften, 37), Hannover, 1992.

——, Das Privileg der deditio. Formen gütlicher Konfliktbeendigung in der mittelalterlichen Adelsgesellschaft, in: ders., *Spielregeln der Politik im Mittelalter*, S. 99-125.

Beumann, Helmut, Sachsen und Franken im werdenden Regnum Teutonicum (1986), in ders., *Kirche und Reich*, (Bibliotheca Eruditorum, 33), Goldbach, 2004, S. 201-226.

(Denkschriften d. Österr. Akad. d. Wiss., phil.-hist. Kl., 174, 177, 198), Wien, 1984/85/89. Bd.1-2, 2. Aufl., 1988.
Ruotger, *Lebensbeschreibung des Erzbischofs Bruno von Köln*, hg. v. Irene Ott, (MGH SS rer. Germ., N.S. 10), Weimar, 1951.
Die Totenbücher von Merseburg, Magdeburg und Lüneburg, hg. v. Gerd Althoff - Joachim Wollasch, (MGH Libri memoriales et Necrologia, N.S. 2), Hannover, 1983.
アインハルト『カール大帝伝』(エインハルドゥス/ノトケルス、國原吉之助訳・註『カロルス大帝伝』筑摩書房、1988年、1〜54頁)
アウグスティヌス、松田禎二・岡野昌雄・泉治典訳『神の国』5、『アウグスティヌス著作集』第15巻、教文館、1983年
ヴァイセンブルクのアーダルベルト「レーギノ年代記続編」(三佐川亮宏訳註『クレモナのリウトプランド『報復の書』/ヴァイセンブルクのアーダルベルト『レーギノ年代記続編』』知泉書館、2023年秋刊行予定所収)
旧約聖書翻訳委員会訳『旧約聖書』(全15冊)、岩波書店、1997〜2005年
クレモナのリウトプランド「報復の書」(三佐川亮宏訳註『クレモナのリウトプランド『報復の書』/ヴァイセンブルクのアーダルベルト『レーギノ年代記続編』』知泉書館、2023年秋刊行予定所収)
コルヴァイのヴィドゥキント、三佐川亮宏訳『ザクセン人の事績』知泉書館、2017年
『ザクセンシュピーゲル・ラント法』久保正幡・石川武・直居淳訳、(西洋法制史料叢書4)、創文社、1977年
新約聖書翻訳委員会訳『新約聖書』(全5冊)、岩波書店、1995〜96年
タキトゥス、國原吉之助訳『ゲルマニア・アグリコラ』ちくま学芸文庫、1996年
トゥールのグレゴリウス、兼岩正夫・臺幸夫訳註『歴史十巻(フランク史)』(全2巻)、東海大学出版会、1975〜77年
日本聖書学研究所編『聖書外典偽典、第1巻:旧約外典 I』教文館、1975年(『マカベア書』)
ノートカー『カール大帝事績録』(エインハルドゥス/ノトケルス、國原吉之助訳・註『カロルス大帝伝』筑摩書房、1988年、55〜163頁)
プリニウス、中野定雄・中野里美・中野美代訳『プリニウスの博物誌』(全3巻)、雄山閣出版、1986年

参考文献一覧

【主要史料】

＊略表記 MGH=Monumenta Germaniae Historica
DOI/II ＝オットー1世／2世の証書、PUU ＝教皇証書

Benedetto di S. Andrea, *Chronicon*, in: *Il Chronicon di Benedetto monaco di S. Andrea del Soratte e il Libellus de imperatoria potestate in urbe Roma*, ed. Giuseppe Zucchetti, (Fonti per la storia d'Italia, 55), Roma, 1920, pp. 3-187.

Der Brief Erzbischof Wilhelms von Mainz an Papst Agapit II., in: *Monumenta Mogontia*, hg. v. Philipp Jaffé, (Bibliotheca rerum Germanicarum, 3), Berlin, 1866, S. 347-350.

Brun von Querfurt, *Epistola ad Henricum regem*, ed. Jadwiga Karwasińska, in: *Monumenta Poloniae Historica*, Nova Series IV-3, Warszawa, 1973, pp. 85-106.

DOI: in: *Die Urkunden Konrad I., Heinrich I. und Otto I.*, hg. v. Theodor von Sickel, (MGH, Diplomata regum et imperatorum Germaniae, 1), Hannover, 1879-84, S. 80-638.

DOII: *Die Urkunden Otto des II.*, hg. v. Theodor von Sickel, (MGH, Diplomata regum et imperatorum Germaniae, 2-1), Hannover, 1888.

Flodoard, *Les Annales*, ed. Philippe Lauer, (Collection de textes pour servir à l'étude et à l'enseignement de l'histoire, 39), Paris, 1905.

Die Geschichte vom Leben des Johannes, Abt des Klosters Gorze, hg. v. Peter Christian Jacobsen, (MGH SS rer. Germ., 81), Wiesbaden, 2016.

Gesta episcoporum Halberstadensium, hg. v. Ludwig Weiland, in: MGH Scriptores XXIII, Hannover, 1874, S. 73-123.

Hrotsvithae Opera, hg. v. Paul von Winterfeld, (MGH SS rer. Germ., [34]), Berlin, 1902.

Liudprand, *Historia Ottonis*, in: *Die Werke Liudprands von Cremona*, hg. v. Josef Becker, (MGH SS rer. Germ., [41]), Hannover-Leipzig, 1915, S. 159-175.

Otto von Freising, *Chronica sive Historia de duabus civitatibus*, hg. v. Adolf Hofmeister, (MGH SS rer. Germ., [45]), Hannover-Leipzig, 1912.

PUU: *Papsturkunden 896-1046*, hg. v. Harald Zimmermann, 3 Bde.,

図版出典

第１章扉、１－１、第２章扉、２－２、２－３、２－５、終章扉　*Otto der Grosse, Magdeburg und Europa*, Bd. 1.

１－２、６－３　Marie-Lan Nguyen / CC-BY 2.5

１－８　Flodur63 / CC-BY-SA 4.0

２－４　*Otto der Grosse, Magdeburg und Europa*, Bd. 1, S. 66の地図を元に作成。

２－６　Hans K. Schulze, *Hegemoniales Kaisertum. Ottonen und Salier*, Berlin, 1991, S. 122.

第３章扉　Berthold Werner / CC-BY-SA 3.0

３－４　Willy Horsch / CC-BY-SA 3.0

３－５　Edelseider / CC-BY-SA 2.0

第４章扉、５－１、５－３、６－１、６－４、７－４　*Otto der Grosse, Magdeburg und Europa*, Bd. 2.

４－３　Bruck & Sohn

４－４　Geschichtsfanatiker / CC-BY-SA 4.0

５－２　Laudage, *Otto der Grosse (912-973)*, S. 241の図をトレース。

第７章扉　Laudage, *Otto der Grosse (912-973)*

７－２　Gregor Rom / CC BY-SA 4.0

７－３　*Thietmars Welt. Ein Merseburger Bischof schreibt Geschichte*, hg. v. Markus Cottin - Lisa Merkel, (Schriftenreihe der Vereinigten Domstifter zu Merseburg und Naumburg und des Kollegiatstifts Zeitz, 11), Petersberg, 2018.

７－５　Hans K. Schulze, *Die Heiratsurkunde der Kaiserin Theophanu. Die griechische Kaiserin und das römisch-deutsche Reich 972-991*, (Veröffentlichungen der niedersächsischen Archivverwaltung, Sonderband), Hannover, 2007.

７－６　Chris 73 / CC BY-SA 3.0

図版制作　関根美有

れたマクデブルク大司教座の初代大司教に登用された。981年歿。

ヴィドゥキント『ザクセン人の事績』（967／968年〜973年以降）　ヴィドゥキントは925年頃に生まれ、ヴェーザー川畔のコルヴァイ修道院の修道士となった。カール大帝のザクセン戦役で活躍した英雄ヴィドゥキントの子孫と推定されるが、詳細は不明。『事績』（全３巻）は、ザクセン人の伝説的起源からオットー一の死去までを英雄叙事詩的スタイルで劇的に物語る。３種類の稿本が伝承する。「修道院本」は、967／968年に第３巻69章をもって一旦締《し》め括《くく》られた初稿。「献呈本」は、「修道院本」に一部補筆・削除を施した上で968年にオットー一の娘、クヴェトリーンブルク女子修道院長マティルデに献呈された改訂稿。973年のオットー一の死去後、著者はこの間の事件を「修道院本」に70〜76章として追記した。「完結本」は、この完成稿に細かな補筆・削除を施した最終稿。

919年に東フランク国王位を獲得したリウドルフィング王家とザクセン人の歴史を、オットー１世期（第２・３巻）を中心に叙述した第一級の史料である。また、史料に乏しいハインリヒ１世期（第１巻）に関しても、最も詳細な情報を提供する。ただし、随所に盛り込まれた伝説、民間伝承的な寓話《ぐうわ》や、国王コンラート1世の死の床での遺言（918年）をめぐる歴史的信憑性については、口承社会における記憶の変容という観点から、近年激しく議論されている。また、962年のオットー一の皇帝戴冠や「マクデブルク問題」に沈黙を貫くなど、作品の党派性についても議論が絶えることはない。本文177頁も参照。973年以降歿。

ティートマル『年代記』（1012〜18年）　ティートマルは、975／976年に東ザクセン地方の伯家門に生まれ、マクデブルク大司教座聖堂学校で学んだ。1009年に国王ハインリヒ２世により第４代メールゼブルク司教に叙任され、968年に新設されたものの、981年に解体され、1004年に再興されたばかりの司教座の再建に取り組んだ。『年代記』（全８巻）は、オットー朝５代（919〜1024年）の君主の事績を枠組みとしつつ、同司教座の浮沈に富んだ歴史を叙述することを主題とする（本文246頁を参照）。ハインリヒ１世、オットー一１世の叙述は、ヴィドゥキントに依拠するものの、一部独自の情報も提供している。様々な話題を一見雑多に盛り込んだ作品は、同時に自身と家族、聖職者仲間の魂の救済を願う、ティートマル個人の祈念《メモリア》の記録としての性格も併せ持つ。1018年歿。

史料解題

リウトプランド『報復の書』（958〜962年）　リウトプランドは、920年頃ランゴバルド王国の旧都パヴィーアに生まれ、イタリア国王ユーグ、ベレンガーリオ2世に仕えた。しかし、950年代前半にベレンガーリオ夫妻と不和になり、オットー一の宮廷に亡命、961／962年にクレモナ司教に任じられた。亡命中に執筆された主著の『報復の書』（全6巻）は、おびただしい数のラテン語古典文学作品（ウェルギリウス、テレンティウス、キケロー、ユウェナーリス等々）からの引用に加え、ギリシア語古典文学作品、古代・中世のキリスト教作品の該博な知識に基づき、洗練された修辞的表現や韻律詩等を駆使した極めて特異な歴史叙述である。皇帝カール3世の死去（888年）頃から950年までのイタリア王国、東フランク王国、ビザンツ帝国の歴史を対象とするが、執筆は自身のコンスタンティノープル使節行の叙述をもって中断された。社会に対する鋭い批判、諧謔《かいぎゃく》、皮肉、そして自己顕示欲に満ち溢れたこの特異な作品は、既存の年代記や編年誌とは異なる、著者自身の個性と主張を前面に打ち出した「諷刺的同時代史叙述」に分類される。書名の由来と執筆意図については、本文134頁を参照。クレモナ司教に登位後は、オットー一の側近として内外で活躍すると同時に、第2次イタリア遠征と教皇ヨハネス12世罷免裁判を主題とする小品『オットー史』（964／965年）、および968年の失敗に終わった使節行の報告書『コンスタンティノープル使節記』（969年）を著した。本文200、251頁を参照。972年頃歿。

アーダルベルト『レーギノ年代記続編』（966〜968年）　アーダルベルトは、920年代後半にロートリンゲン（？）の貴族家門に生まれ、950年代にオットー一の宮廷で書記として仕えた後、トリーアの聖マクシミヌス修道院の修道士となった。966〜968年のヴァイセンブルク修道院長時代に、プリュム修道院長レーギノ（？〜915年）の『年代記』（908年）の続編として907〜967年の項を匿名で執筆。ただし、編年体という外形的枠組みによる制約や簡潔な分量のため、著者独自の主張が表明されることはほぼ皆無である（例外は自身の961〜962年のロシア伝道の記述）。本文203頁も参照。マインツ大司教ヴィルヘルムの庇護を受け、967年に国王オットー二2世の側近としてイタリア行にも随行し、第2次、第3次イタリア遠征について詳細な記事を伝える。968年にはエルベ川畔に創設さ

西暦	年齢	主な出来事
967	54	**4月**：ラヴェンナの教会会議、マクデブルク大司教座の新設を決定。**同月末**：ヴェネツィア人ドメニコを使節としてコンスタンティノープルに派遣。 **12月25日**：オットー2世、共同皇帝として戴冠。
968	55	**1月**：カープア、ベネヴェントに進軍、プッリア地方の港町バーリを包囲。 **春**：クレモナ司教リウトプランドを使節としてコンスタンティノープルに派遣。 **3月2日**：非嫡出子のマインツ大司教ヴィルヘルム死去（享年39前後）。**同月14日**：母マティルデ死去（享年72前後）。 **10月**：ラヴェンナの教会会議、初代マクデブルク大司教にヴァイセンブルク修道院長アーダルベルトを任命。 **11月**：プッリア地方での攻撃を再開。
969	56	**冬〜春**：カラーブリア地方に進攻。 **5月26日**：ベネヴェント司教座を大司教座に昇格させる。 **夏**：カープア＝ベネヴェント侯パンドルフォ、ビザンツ軍の捕虜となり、コンスタンティノープルに連行される。 **12月11日**：ビザンツ皇帝ニケフォロス2世、コンスタンティノープル宮殿で甥ヨハネス・ツィミスケスにより暗殺される。
970	57	**夏**：パンドルフォ解放される。
971	58	**秋**：ケルン大司教ゲーロ率いる求婚使節をコンスタンティノープルに派遣。
972	59	**春**：長期不在のザクセンで不穏な動き。 **4月14日**：共同皇帝オットー2世とビザンツ皇女テオファーヌ、ローマのサン・ピエトロ教会で結婚。 **夏**：第3次イタリア遠征終了、帰還。
973	60	**3月**：ザクセンに帰郷。 **同月23日**：クヴェトリーンブルクの王国会議。 **同月27日**：ザクセン大公ヘルマン死去。 **5月7日**：メムレーベンの王宮にて死去（享年60）。 **6月3／4日**：マクデブルク大聖堂内のエディットの棺の横に埋葬される。

西暦	年齢	主な出来事
961	48	5月中旬：オットー2世、ヴォルムスで国王に選出される。 同月26日：アーヘンにて共同国王として戴冠。 8月下旬：第2次イタリア遠征開始。 冬：パヴィーア滞在。
962	49	2月2日：ローマのサン・ピエトロ教会で、教皇ヨハネス12世により皇帝冠を授けられる。 春：ベレンガーリオ討伐戦開始。冬：パヴィーア滞在。
963	50	5月：サン・レーオ山にベレンガーリオを包囲。 11月初頭：ローマ到着、教皇ヨハネスは逃走。 12月4日：教会会議でヨハネスを罷免、新教皇レオ8世を任命。
964	51	1月：ローマ市民の謀議発覚。 同月11日：ベレンガーリオの息子の前イタリア国王アダルベルト討伐のためローマを出立。 2月：ヨハネス、ローマを奪還。2月末：ヨハネス、対抗教会会議で前年末の会議の決議を糾弾。 5月14日：ヨハネス急死（享年27前後）。同月末：ローマ市民、新教皇ベネディクトゥス5世を新教皇に擁立。 6月23日：オットー、ローマを攻略。 同月末：教皇レオ、教会会議でベネディクトゥスを罷免。
965	52	1月：第2次イタリア遠征終了、帰還。3月初頭：教皇レオ8世死去。5月20日：東方の辺境伯ゲーロ死去。 同月末：ケルンで家族と再会。 10月1日：ローマで新教皇ヨハネス13世登位。 同月11日：弟のケルン大司教ブルーノ死去（享年40）。 12月16日：教皇ヨハネス13世、ローマの都市総督らによって捕縛、カンパーニャ地方に監禁される。
966	53	4月：娘マティルデ、クヴェトリーンブルク女子修道院長に就任。秋：第3次イタリア遠征開始。 11月14日：教皇ヨハネス13世、ローマに帰還。 12月：ローマ到着。
967	54	1月：教皇捕縛の首謀者を処刑。 1～2月：カープア、ベネヴェントを歴訪。

西暦	年齢	主な出来事
952	39	２月：第１次イタリア遠征終了、帰還。 ８月：アウクスブルクの王国＝教会会議、ベレンガーリオ父子、オットーに臣従し、イタリア王位を回復。
953	40	春：長男リウドルフと義息のロートリンゲン大公コンラートの蜂起勃発。 ７月：マインツ包囲戦開始。８～９月：弟ブルーノをケルン大司教、ロートリンゲン大公に任命。 ９月：レーゲンスブルク包囲戦開始。11月：娘リウトガルト死去（享年22前後）。12月：ザクセンに帰還。
954	41	初頭：ハンガリー人、王国内に侵入。６月：義息コンラートとマインツ大司教フリードリヒ降伏。 夏：レーゲンスブルク包囲戦開始。 10月末頃：リウドルフ降伏、叛乱収束。 12月17日：アルンシュタットの宮廷会議で非嫡出子ヴィルヘルムをマインツ大司教に任命。 同年頃、次男ハインリヒ死去（享年２前後）。
955	42	２月：バイエルン遠征。８月10日：アウクスブルク近郊のレヒフェルトでハンガリー人に歴史的大勝利。義息コンラート戦死（享年37前後）。 夏：フルダ修道院長ハダマールをローマ教皇の下に派遣。 10月頃：マインツ大司教ヴィルヘルム、教皇宛書簡でマクデブルク大司教座設置計画に抗議。 11月１日：弟のバイエルン大公ハインリヒ死去（享年35前後）。年末：四男オットー（２世）誕生。
956	43	２月：後ウマイヤ朝のカリフ、アブド・アッラフマーン３世の使節のレセムンド、フランクフルトに到来。 秋：リウドルフ、ベレンガーリオ追討のためイタリア遠征開始。
957	44	９月６日：リウドルフ、北イタリアでの戦闘中に病死（享年27前後）。同月８日：三男ブルーノ死去（享年３前後）。
958	45	夏：大病を患うがその後回復。
959	46	キエフ大公の寡婦オリガの使節、伝道要請のため到来。
960	47	12月25日：教皇ヨハネス12世の使節、救援要請のためレーゲンスブルクに到来。

オットー大帝年譜

＊オットーの年齢は当該年の誕生日（11月23日）をむかえる前の年齢を示す

西暦	年齢	主な出来事
912	0	11月23日：リウドルフィング家のハインリヒ、イメディング家のマティルデの長男として誕生。
919	6	5月：父ハインリヒ1世、東フランク国王に選出、オットー朝の始まり（〜1024）。
929	16	将来の王位単独継承の決定。9月：エディットと結婚。
933	20	3月15日：国王ハインリヒ、リアーデの戦いでハンガリー人に勝利。
936	23	7月2日：ハインリヒ、メムレーベンにて死去（享年60前後）。8月7日：アーヘンにて東フランク国王に即位。
937	24	8月：フランケン大公エーベルハルトの騒擾勃発。
938	25	春：バイエルン遠征、失敗に終わる。 夏：エーベルハルトと異母兄タンクマルの蜂起。 7月28日：タンクマル戦死。 秋：バイエルン遠征、同大公エーベルハルトを追放。
939	26	初頭：フランケン大公エーベルハルトの叛乱にロートリンゲン大公ギーゼルベルト、王弟ハインリヒも加わり蜂起。3月：ビルテンの戦いで勝利。9月：ブライザッハの包囲戦。10月：アンダーナッハの戦いでエーベルハルト、ギーゼルベルト戦死、叛乱収束。
940	27	夏：西フランク遠征。
941	28	4月：弟ハインリヒによるオットー暗殺未遂事件。
944	31	コンラート（赤）をロートリンゲン大公に任命。
946	33	1月26日：王妃エディット死去（享年33/34）。 夏：西フランク遠征、内紛を調停。
948	35	弟ハインリヒをバイエルン大公に任命。 6月：インゲルハイムの教会会議。
950	37	長男リウドルフをシュヴァーベン大公に任命。
951	38	夏：第1次イタリア遠征開始。 秋：パヴィーアにて前イタリア国王の寡婦アーデルハイトと再婚。

【ら　行】

【さ　行】

【た　行】

【な　行】

【は　行】

人名索引

【あ　行】

アインハルト（770頃～840。『カール大帝伝』の著者）　v, 10, 111

アガピトゥス２世（？～955。教皇946）　116, 140, 181-183

アダルベルト（932頃～972/975。ベレンガーリオ２世の子、イタリア国王950～961）　136, 143, 195, 201, 216-218, 222

アーダルベルト（？～906。バーベンベルク家の伯）　22, 23, 45

アーダルベルト（920年代後半～981。伝道司教961～962、ヴァイセンブルク修道院院長966～968、初代マクデブルク大司教968～981、『レーギノ年代記続編』の著者）　v, 40-42, 70, 107, 119, 137, 140, 142, 145, 149, 161, 168, 200, 203, 204, 219, 223-225, 227, 235, 242, 248, 257, 263

アツォー（ローマ教皇庁の書記）　201, 223

アーデルハイト（931頃～999。イタリア国王ロターリオの妃947～950、オットーの２番目の妃951～973）　131, 132, 135-138, 140, 145, 161, 194, 195, 205, 207, 209, 217, 221, 231

アブド・アッラフマーン３世（889～961。後ウマイヤ朝第８代アミール912、初代カリフ929）　191, 193, 260

アルトー（900頃～961。ランス大司教931～940、946～961）　115, 116

アルヌルフ（850頃～899。東フランク国王887、皇帝896）　18, 20, 21, 47, 124-126

アルヌルフ（？～937。バイエルン大公922？）　31, 36-38, 42, 45, 46, 69, 76, 85, 90, 110, 137

アルヌルフ（？～954。バイエルン大公アルヌルフの子、バイエルン宮中伯）　153, 157, 160, 168

アルベリーコ１世（？～917以降。マロツィアの最初の夫、スポレート大公898）　128

アルベリーコ２世（？～954。ローマの支配者）　130, 131, 140, 183, 201

アンナ（963～1011頃。ロマノス２世の娘）　246, 248, 254, 256

イーダ（932/934～985。シュヴァーベン大公ヘルマンの娘、シュヴァーベン大公リウドルフの妃947）　106, 119, 137

ヴァーツラフ１世（？～929/935。ベーメン大公921）　55

ヴァルペルト（？～970。ミラノ大司教953頃）　201, 205

ヴィクフリート（？～953。ケルン大司教923/924）　78, 152

三佐川亮宏（みさがわ・あきひろ）

1961年，札幌市に生まれる．1991年，北海道大学大学院文学研究科博士課程中途退学（1987～90年，DAAD 奨学生としてボン大学留学）．北海道大学文学部助手等を経て，現在，東海大学文学部教授．博士（文学）．専攻・ドイツ中世史．

著書『ドイツ史の始まり——中世ローマ帝国とドイツ人のエトノス生成』（創文社，2013，第108回日本学士院賞受賞），『ドイツ——その起源と前史』（創文社，2016），『ドイツの歴史を知るための50章』（森井裕一編，明石書店，2016），『紀元千年の皇帝——オットー三世とその時代』（刀水書房，2018），『岩波講座・世界歴史』第8巻（共著，岩波書店，2022）他．

訳書『中世の「ドイツ」——カール大帝からルターまで』（ハインツ・トーマス著，山田欣吾との共編訳，創文社，2005），『ザクセン人の事績』（コルヴァイのヴィドゥキント著，知泉書館，2017），『オットー朝年代記』（メールゼブルクのティートマル著，知泉書館，2021），『クレモナのリウトプランド『報復の書』／ヴァイセンブルクのアーダルベルト『レーギノ年代記続編』』（知泉書館，2023年秋刊行予定）他．

オットー大帝《たいてい》
——辺境《へんきょう》の戦士《せんし》から「神聖《しんせい》ローマ帝国《ていこく》」樹立者《じゅりつしゃ》へ
中公新書 *2766*

2023年8月25日発行

著　者　三佐川亮宏
発行者　安部順一

本文印刷　三晃印刷
カバー印刷　大熊整美堂
製　　本　小泉製本

発行所　中央公論新社
〒100-8152
東京都千代田区大手町 1-7-1
電話　販売 03-5299-1730
　　　編集 03-5299-1830
URL https://www.chuko.co.jp/

Published by CHUOKORON-SHINSHA, INC.
Printed in Japan　ISBN978-4-12-102766-5 C1222

RC 1886 中公新書

世界史